Martin Haidinger

Franz Josephs Land

Eine kleine Geschichte Österreichs

D1666202

AMALTHEA

*Meinen Eltern Hans († 2005) und Hertha Haidinger
in Liebe und Dankbarkeit gewidmet*

Besuchen Sie uns im Internet unter
www.amalthea.at

© 2016 by Amalthea Signum Verlag, Wien
Umschlaggestaltung: Elisabeth Pirker/OFFBEAT
Umschlagzeichung: Markus Szyszkowitz
Lektorat: Martin Bruny
Herstellung und Satz: VerlagsService Dietmar Schmitz GmbH, Heimstetten
Gesetzt aus der 11,3/14,3 Punkt Minion Pro
Printed in the EU
ISBN 978-3-99050-028-6

Martin Haidinger
Franz Josephs Land

Inhalt

»Im ersten Momente standen wir alle gebannt und voll Unglauben da, dann brachen wir, hingerissen von der unverscheuchbaren Wahrhaftigkeit unseres Glückes, in den stürmischen Jubelruf aus: Land, Land, endlich Land!«

Es war Julius von Peyers glücklichster Moment. An der Spitze einer Nordpolexpedition erblickte der Polarpionier am 30. August 1873 vom Forschungsschiff Tegetthoff aus im Eis der Barentssee eine unbekannte Inselgruppe. Peyer benannte den Archipel nach seinem Kaiser »Franz-Josef-Land«. Dort hat es im Winter minus 22 Grad, im Hochsommer bis zu plus 2 Grad Celsius. Außer Walrossen, Wetterforschern und Eisbären hält es da auf Dauer kaum jemand aus.

Zunächst war es Niemandsland. 1926 nahm es die Sowjetunion in Besitz. Heute ist es russisch. Den Habsburgern gehörte es nie. Es ging ihnen nicht ab. Franz Joseph I. hatte genug andere Territorien. Dort war es eine Spur gemütlicher als im Packeis. Ihr Name war trotzdem nicht Franz Josephs Land, sondern kurz und gut: Österreich.

Am Beginn:
Die Erkenntnis

Das östlichste und jüngste Denkmal seiner Art: die Franz-Joseph
(Франц Йосиф)-Statue im Park bei der Jesuitenkirche in Czernowitz, heute Ukraine,
gestiftet 2009 vom späteren ukrainischen Ministerpräsidenten Arsenij Jazenjuk

Es macht sich immer gut, wenn am Beginn gelehrter Ausführungen eine schlaue Erkenntnis steht. Unsere gründet darin, dass Österreich eigentlich nur im Inland weltberühmt ist. Schon ein paar Kilometer jenseits unserer Staatsgrenzen enden häufig Wissen und Verständnis für vermeintlich universell gültige Sitten und Gebräuche – wie jene, dass wir Hofräte ohne einen Hof haben oder dass die Verkehrsampeln grün blinken, ehe sie auf Gelb schalten. Da dürfen wir uns wahrlich nicht wundern, dass erst recht ganz weit weg, drüben im fernen Westen Europas, die Frage aufkommt:

»Pardon me?« – Wie bitte? Der junge Österreicher war einigermaßen verblüfft. Es war Hochsommer 1984 und ich – gerade einmal 15 Jahre alt – als jugendlicher Fremdsprachenschüler von der Anglo Austrian Society bei einer Gastfamilie im Süden Englands untergebracht.

Zu meinem Entzücken kam es gleich am ersten Tag zu einer Gartenparty mit Nachbarn und Freunden der Host Family, und ich durfte nicht nur den teuflisch starken hausgebrauten Apfelsekt, den ortsüblichen Cider verkosten, sondern auch die neugierigen Fragen der Anwesenden beantworten.

So fragte ein gemütlich aussehender Nachbar mittleren Alters mit einem Glas vergorenen Apfelsafts in der Hand: »Was it difficult for you to come to England, Martin?«

»No, why?«

»Out of the political situation in your home country!«

»???«

»So, Austria is a socialist country, you are behind the iron curtain …!«

Wie bitte? Die hielten Österreich für ein Land des kommunistischen Ostblocks? Meine Verblüffung war grenzenlos. Wie konnten sie nur so etwas denken? Wie konnten sie nicht wissen, wer und wie wir Österreicher waren? Ein bisschen beleidigt war ich schon …

In dieser Plauderei wurde nicht nur der Wissensstand der Briten (bei den Gastgebern handelte es sich übrigens um ein nettes, junges Lehrer-Ehepaar, das auch meinte, im Westen Österreichs werde Französisch gesprochen) bloßgestellt, sondern auch eine Frucht der Thatcher-Jahre geerntet. Denn in ihrer ersten Zeit als Premierministerin sprach die konservative »Eiserne Lady« Margret Thatcher in Interviews oder Unterhausreden ganz gern von »sozialistischen« Ländern innerhalb des europäischen Westens und rechnete offenbar das SPÖ-regierte Österreich der Post-

Kreisky-Ära rhetorisch mit dazu. Ein nettes Bonmot, das seine Wirkung allerdings nicht verfehlte und den Briten eine so herbe wie selektive Sicht von Österreich vermittelte.

Oder handelte es sich eher um eine komplette Unterbelichtung? Je länger ich damals in England weilte, desto mehr beschlich mich der Verdacht, dass dort in Wahrheit keine falsche, sondern gar keine Meinung zu Österreich existierte. Mit Ausnahme eines älteren Herrn in einem Pub, der sich als ehemaliger Besatzungssoldat im Wien der 1940er-Jahre entpuppte und mich fragte, ob denn das kriegsbeschädigte Riesenrad im Prater schon wieder instand gesetzt sei, beschränkten sich die Assoziationen mit unserem Land auf ein erwartbares Minimalprogramm ohne greifbare Verbindung mit der Realität: Strauß-Walzer, *Sound of Music* (ein mir damals gar nicht bekannter, rührseliger Kinofilm mit Julie Andrews und Christopher Plummer aus dem Jahr 1965) und allenfalls noch Mozart. Nicht einmal Hitler (bekanntlich ohnehin ein »Deutscher«) oder Waldheim (wir schrieben erst 1984) kamen ins Spiel.

Wie man es auch drehte und wendete, war ich kleiner Austrian Boy der Repräsentant eines blinden Flecks auf dem Radar des einfachen Engländers.

Als etwas größerer Bub wurde ich Jahre später dann gewahr, dass diese unverfälscht ehrliche Ignoranz auch bei den politischen Eliten Tradition hatte. »Was ist schon Österreich? Fünf Habsburger und ein paar hundert Juden«, antwortete mitten im Zweiten Weltkrieg der britische Außenminister Anthony Eden dem verdatterten exilierten Kaisersohn Otto von Habsburg, als dieser ihn wegen der Zukunft Österreichs nach dem erhofften Sieg über NS-Deutschland befragte. Zum Glück hatte Edens Chef Winston Churchill eine weitere Sicht der Dinge.

Vielleicht können sich Inselbewohner auch nur schwer in Gestalt und Schicksal eines Binnenlandes hineinleben. Es fehlen die von der Natur gesetzten und damit logisch erscheinenden Grenzen, denn der Bodensee, die Donau oder die Alpen sind nicht so unüberwindlich wie die Meere, welche die britischen Inseln umgeben. Bei Pevensey in Sussex kamen – sieht man von den internationalen Migrationsbewegungen des 20. und 21. Jahrhunderts ab – mit den Normannen zuletzt im Jahr 1066 Invasoren von außen nach England.

Aber es geht ja nicht nur um die Briten und ihre Kenntnis und Meinung von Österreich. Was sollte man zum Beispiel davon halten, wenn ein kontinentaler Staatsmann wie der französische Präsident François Mitterrand noch 1993 dem EU-Beitritt Österreichs nur widerstrebend zustimmte – mit dem Seufzer, dass damit der »deutsche Block« in Europa erweitert und gestärkt würde? Wohl kaum konnte er damit nur den an die D-Mark gebundenen Schilling, den wahrhaft furchterregenden »Alpendollar« gemeint haben. Auch Österreichs Beteiligung am Großdeutschland Adolf Hitlers war ein halbes Jahrhundert her, die Entwöhnung der österreichischen Bevölkerung vom »Anschluss«-Gedanken glaubwürdig vollzogen. Da steckte also etwas anderes dahinter. Ist Österreich denn wirklich nur als Anhängsel irgendwelcher Blöcke denkbar?

Zugegeben, immerhin kann man das von dem Kleinstaat dieses Namens eher annehmen als vom einstigen, dem größeren Österreich – der Habsburgermonarchie. Auch wenn Mitterrands Landsmann Ministerpräsident Georges Clemenceau den ihm zugeschriebenen berüchtigten Ausspruch »Der Rest ist Österreich« nach dem Ersten Weltkrieg so nie getätigt hat, ist die Marke Austria/Autriche seit 1918 nicht mehr für Großmachtansprüche gestanden.

Bis dahin eher schon.

MEHR ALS EIN FAMILIENNAME

Seinerzeit, als noch Herzogshüte, Königs- und Kaiserkronen über Mitteleuropa hingen, da verstand man unter Österreich in aller Welt zunächst einmal einen Familiennamen. Denn »das Österreich«, das in der Dichtung des deutschen Schriftstellers Ernst Moritz Arndt etwas süffisant als »an Ehren und an Siegen reich« besungen wird, meinte seit dem Spätmittelalter die Habsburger, die »Domus Austriae« oder »Casa de Austria«, das Haus Österreich. Schon 1282 nannte sich der Landesfürst von Österreich und Steiermark, Albrecht I., nach dem ranghöheren Herzogtum »Albrecht von Österreich« – aber davon später mehr.

Kurioserweise wurden die Habsburger von den Geschichtsschreibern erst ab Mitte des 15. Jahrhunderts – und das nicht frei von Spott – als solche bezeichnet, als der namensgebende Stammsitz, die »Habichtsburg« oder eben »Habsburg« im Aargau, bereits an die Schweizer Eidgenossen verloren gegangen war (1415). Sogar die Exponenten der spanischen Linie wurden in der frühen Neuzeit allgemein als »von Österreich« und nicht als »von Habsburg« tituliert – man denke an den Sieger der Seeschlacht von Lepanto, Don Juan de Austria, oder an die Frau des französischen Königs Ludwig XIII. und Mutter des »Sonnenkönigs«, Anna von Österreich. Ja genau, das ist die Königin, deren Romanversion in Alexandre Dumas' *Die drei Musketiere* eine Affäre mit dem Herzog von Buckingham hat und der die Musketiere gegen die Intrigen Kardinal Richelieus helfen müssen, und … aber das können Sie ja bei Dumas selbst nachlesen.

Wie lange die Gleichsetzung von Österreich mit Habsburg andauerte, mag man daran ermessen, dass sich der Kaiserstaat erst 1915, also kurz vor dem Ende, dazu durchringen konnte, den im Volksmund immer schon »Österreich« genannten Teil der Monarchie, der so amtlich wie sperrig »die im Reichsrat vertretenen Königreiche und Länder« hieß, auch offiziell in »österreichische Länder« umzutaufen, womit der Produktname vom Herrscherhaus wieder auf das Land überzugehen schien.

Wenn sie überhaupt – was zu bezweifeln ist – beabsichtigt gewesen sein sollte, so war es eine sehr begrenzte emotionale Emanzipation des Österreichbegriffs von der Familie Habsburg. Der letzte Ministerpräsident, und als solcher quasi Liquidator des Reichs, der pazifistisch gesinnte Völkerrechtsprofessor Heinrich Lammasch, dachte 1918 daran, unter Rückgriff auf das antike Noricum den Reststaat »Norische Republik« zu benennen. Mit dem Fall der Dynastie war für viele ein Staat namens Österreich nicht mehr vorstellbar. Oder, um es kurz und knapp mit dem patriotischen Senior-Protagonisten von Joseph Roths Jahrhundertroman *Radetzkymarsch* zu sagen: »Mit großer Anstrengung brachte Herr von Trotta noch die Frage zustande: ›Ich verstehe nicht! Wie sollte die Monarchie nicht mehr dasein?‹«

Streng genommen war das mit der konsequenten Bindung Österreichs an Habsburg und an den Kaiser aber schon damals nur die halbe Wahrheit, denn ursprünglich gab es ein noch viel eigentlicheres Österreich, was bis ins 20. Jahrhundert hinein noch jedem heimischen Schulkind bekannt war: ein kleines Gebiet rund um Neuhofen an der Ybbs, in einer Urkunde von 996 als »Ostarrichi« bezeichnet, das im Lauf von mehr als 900 Jahren so mancher Gegend in Europa seinen Namen lieh – mehr oder weniger lang und von deren Bewohnern mal mehr und mal weniger freudig angenommen –, von Belgrad bis nach Flandern, von Dalmatien bis Podwolotschyska und von schwäbischen Flecken bis hinunter in die Karpaten, hinauf nach Schlesien und hinüber in die Bukowina. Diese Erweiterungen gingen natürlich nicht von den Einwohnern vom Neuhofen des Jahres 996 aus, die etwa beschlossen hätten, ihren Einflussbereich zu vergrößern, sondern es lief ganz anders.

Wie ein heißes Eisen wurde Österreich von vielen Schmieden immer neu zurechtgehämmert und ummodelliert – ein Objekt staatsmännischer und herrscherlicher Handwerkskunst. »Es gibt kein historisch-politisches Gebilde in Europa, das so sehr außengesteuert ist wie Österreich«, meinte im 20. Jahrhundert der linkskatholische Historiker Friedrich Heer und widersprach damit jenen konservativen Betrachtern der Geschichte, die vor allem an ein dominantes intrinsisches, also aus sich selbst kommendes österreichisches Sendungsbewusstsein glaubten, das erst ein großes Reich möglich gemacht hatte. Vielleicht stimmt aber auch beides, nur nicht zu allen Zeiten und in allen Ländern, die jeweils in das »Österreich« miteinbezogen wurden.

Um es noch verwirrender zu machen, bezeichneten die Alten schon das ostfränkische Reich Ludwigs des Deutschen, eines Enkels Karls des Großen, im 9. Jahrhundert als »Ostarrichi«. Dieses karolingische Ostreich, die Vorform Deutschlands, reichte von Schleswig-Holstein bis Bayern und war riesig im Vergleich zu dem Fleckchen Erde um Neuhofen.

Unser kleines Ostarrichi geriet bald in den Einflussbereich der Bayern (manche schreiben die alten Bayern auch »Baiern«, aber das irritiert hier nur, finde ich …), wovon wir später noch hören werden, hatte aber zunächst keinen festen bayerischen Namen. Vielleicht weil es schon bald von den Awaren und den Slawen eingenommen wurde? Der östliche Ankick zur Westverschiebung hatte übrigens schon früher bewirkt, dass drüben, ganz im Westen, die Angeln und die Sachsen um das Jahr 440 vom Festland übers Wasser ins bis dahin keltische Britannien übersetzten, womit wir schon mit Biegen und Brechen den ersten Bezug der österreichischen zur englischen Geschichte hergestellt haben! Hätte ich das 1984 meinen Engländern erzählt, die wären vor Verblüffung glatt vom Gartenstühlchen gefallen …

Der nachmals durch den Gebrauch der Nationalsozialisten im 20. Jahrhundert vergiftete Begriff »Ostmark« tauchte um 1074 auf, als unser Beobachtungsraum schon längst wieder in bayerisches Fahrwasser gekommen war. Eine Mark, das war nichts anderes als ein Gebiet an der Außengrenze des Deutschen Reiches, und neben der Mark Österreich sind dann später auch aus der Mark Brandenburg mit Preußen und der Mark Meißen mit Sachsen große Staaten geworden.

Mehr oder weniger vorbei mit der Ostmark war's 1156, als Österreich ein eigenes Herzogtum wurde und sein Name sich verfestigt hatte. Seine damaligen Herrscher, die Babenberger, wollten feine Herren sein und ihr Land für die Gebildeten der Zeit erkennbar machen, die vor allem Latein lasen. Also musste ein altrömisch klingender Landesname her. Ab Mitte des 12. Jahrhunderts ließen die Babenberger ihre Gelehrten und Schreiber den lateinischen Begriff »Austria« verwenden. Sprachzutaten waren das fränkische Wort für Ostland »Austrasia« und der althochdeutsche Stamm »Ostar«. Noch dazu hatte seinerzeit auch Mainfranken, aus dem die Babenberger (der Name kommt vom Ort Bamberg) nach ihrer eigenen Überlieferung angeblich herstammten, Austria geheißen. Welch schöne Parallele!

Lange konnten sie das alles nicht genießen, denn die Habsburger standen schon in der Warteschlange, überdribbelten spektakulär das Zwischenspiel des Böhmenkönigs Ottokar und übernahmen 1282 Herzogtum und Name.

Fortan wanderte das Signet Österreich über die Landkarten und wurde durch den portugiesisch-spanischen Seefahrer und Entdecker Pedro Fernández de Quirós 1606 sogar der Hebriden-Insel Espiritu Santo verliehen, die er für den bis dahin noch unentdeckten fünften Kontinent hielt und der er die Bezeichnung »Australia« gab. Erst die Engländer tilgten mit der Streichung des mittleren »i« dann den Habsburg-Bezug und erschufen für den tatsächlichen Südkontinent die Marke »Australia«. Also besitzt das Land der Kängurus, das so oft mit der Alpenrepublik verwechselt wird, tatsächlich eine historische Tangente zu Österreich.

Derweilen gerieten im guten alten Europa immer mehr Länder unter die Oberhoheit des Hauses Österreich – eine höchst vielfältige Sammlung, mit illustren Völkern in ihrer Streubüchse.

Ende 1918 hießen dann gleich drei Gebilde Österreich, die einander überlappten:

- das *Erzherzogtum unter und ob der Enns* (die heutigen Nieder- und Oberösterreich),
- der österreichische Reichsteil, auch *Cisleithanien* genannt,
- und das große ganze *Österreich-Ungarn* – die viel verklärte, verzerrte, verkitschte Donaumonarchie, die doch nur ein Intermezzo in der Geschichte dieses Patchworks war.

Die Österreich-Story ist also nicht nur eine Ländergeschichte, sondern auch eine Familienserie mit vielen Staffeln und Folgen. Und ihr langlebigster Darsteller ist – erraten – jene reale Persönlichkeit, die das Bild Alt-Österreichs schlechthin geprägt hat: Kaiser Franz Joseph I.

Von 1848 bis 1916 hat er Österreich 68 Jahre durchgehend regiert – länger hat das die Zweite Republik nur unter Verbrauch einiger gewählter Staatsoberhäupter geschafft. Anlass genug, um 100 Jahre nach dem Tod des stilprägenden Monarchen nachzuzeichnen, woraus sich sein Reich einst historisch entwickelt hat.

Dieses Unterfangen sei jenen Österreichern gewidmet, die so wie ich seinerzeit als kleiner Tourist im Ausland feststellen müssen: »Na geh! Die anderen, also 7,2 Milliarden Menschen minus 8,49 Millionen Österreicher, kennen uns ja gar nicht …« Und wir selbst – seien wir ehrlich – finden uns in diesem komplizierten Heimatroman auch nicht immer zurecht.

Lasst uns das ändern und gleich mit dem prominenten Protagonisten beginnen. Franz Joseph wollen wir vor allen anderen kennenlernen, seine prägende Ära entgegen dem Uhrzeigersinn der Geschichte vorziehen, weil sie bis heute so präsent nachwirkt. Hernach gilt es herauszufinden, wie die Ländermasse zustande gekommen ist, die er geerbt hat.

Die Ära oder
Von Olmütz nach Ischl

»Gestatten! Franz Joseph!« Selten in Zivil gesichtet:
der junge Kaiser 1849 zu Pferd

D er 1830 geborene Habsburger Franz Joseph hat einen weiten Weg
genommen: vom Despoten zum Friedenskaiser. Einer, der 1848
mit Kanonen für Ruhe sorgte und 1914 mit der Feder einen Weltkrieg
eröffnete. Vom blutjungen, als Kaiser hergerichteten 18-Jährigen
zum guten alten Herrn in Schönbrunn, der vielen Österreichern eine
Vaterfigur abgab, nur nicht seinem eigenen Sohn. Einer, der eine Ära
verwaltete, die gewaltige Kulturleistungen hervorbrachte, mit denen
er selber sich allerdings nicht belastete. Ein nüchterner Schreibtisch-
typ, der indes so sehr verehrt wurde, dass sein Bewunderer, der

Schriftsteller Joseph Roth, sagen konnte: »Österreich-Ungarn, das ist jenes Stück Erde, das der liebe Gott Kaiser Franz Joseph anvertraut hat.« Vielleicht der letzte Monarch alten Typs, ein apostolischer Herrscher von Gottes Gnaden. Mehr Mythos als Mensch? Jedenfalls einer, dessen Nachruhm heute bisweilen groteske Züge hat. Banalitäten inklusive.

FRANZL! – SISSI!

Wenn man in Bad Ischl nach einer Führung durch die Kaiservilla, einem anschließenden Gang über den Kreuzplatz und einem kleinen Schwarzen im Café Ramsauer in der Kaiser-Franz-Joseph-Straße in die enge Schulgasse neben der Pfarrkirche einbiegt, gelangt man in ein hübsches Kaffeehaus, das originellerweise Katharina heißt – nach der großen russischen Zarin des 18. Jahrhunderts! Ein bunter Fleck in der Salzkammergutmetropole, in der doch sonst alles ausschließlich vom Fluidum der Habsburger bestimmt ist.

83 seiner 86 Sommer verbrachte Franz Joseph auf Sommerfrische in Ischl, ja, er wurde wie seine drei jüngeren Brüder sogar hier gezeugt – so sagt es zumindest eine der unzähligen Sagen und Legenden rund um die Kaiserfamilie.

In der frischen, häufig verregneten Atmosphäre des Salzkammerguts regierte Franz Joseph allsommers sein Reich vom Schreibtisch seiner Villa aus, konsequent begleitet und umzingelt von einem Schwarm aus Nachzüglern, Hofangehörigen, Adabeis und Kurgästen.

Wir nehmen im nostalgisch ausgestalteten Café Katharina eine Jause zu uns und kommen mit dem Wirt ins Gespräch.

Vor welchem der vielen hier ausgestellten authentischen Bilder historischer Persönlichkeiten werden Ihre Gäste denn wohl am liebsten fotografiert?

Wortlos deutet er vorbei an den Reproduktionen schöner Gemälde auf ein kleines Bildchen an der Wand hinter der Bar. Neugierig treten wir näher heran und sehen – ein simples Szenenfoto aus einem Sissi-Film! Romy Schneider und Karlheinz Böhm geben das Kaiserpaar … nein, falsch: Sie *sind* das Kaiserpaar! Vor diesem, und fast nur vor diesem Foto aus einem Heimatfilm als Hintergrund schießen die Touristen aus Japan, den USA und anderer Herren Länder ihre Selfies! Die Darstellungen der tatsächlichen historischen Personen lassen sie links liegen. Typisch ignorante, ungebildete, nichts wissende …?

Moment einmal, liebe Österreicher, nicht so vorschnell geurteilt! Ich erinnere mich da an einen Wiener Touristen in Budapest, der angesichts einer kunstvollen Büste der Kaiserin Elisabeth zu seiner Frau gewendet den Ausruf »Ah! Da ist's ja, die Romy!« tätigte.

Derart wirkmächtig haben sich die zuckerlfarbig kolorierten Szenen der erfolgreichsten deutschsprachigen Filme der Nachkriegszeit vor die Ahnung einer historischen Realität geschoben, dass auch das kollektive Gedächtnis der Österreicher eher von den Fantasien der kitschtriefenden 1950er-Jahre geprägt wird als von anderen, ohnehin schon durch Nostalgie verzerrten Geschichten und Anekdoten der Zeugen der Zeit vor 1916. Die großartigen Schauspieler Romy Schneider und Karlheinz Böhm sind an den Neben- und Nachwirkungen dieser klebrigen Etikettierung künstlerisch fast zerbrochen, Schneider vielleicht sogar als Mensch.

Manche nehmen's leichter. Den coolsten, wenn auch nicht gesundheitsfördernden Umgang mit der »Sissi«-Trilogie bekam ich bei einer Studentengruppe aus Würzburg mit, die sich gerne vor dem Fernseher zum »Sissi-Saufen« einfand. Die Regeln des Trinkspiels: Immer wenn im Film der Name »Sissi« fällt, muss kollektiv ein Stamperl Schnaps geleert werden! Rechnen Sie einmal nach, wie oft einander die beiden Hauptdarsteller allein im ersten Teil »Franzl!«– »Sissi!« zurufen …

Zur Ehrenrettung und Würdigung des Filmwerks des österreichischen Autors und Regisseurs Ernst Marischka sei gesagt, dass »Sissi« nicht nur unbeschwerte Unterhaltung bietet (auch ohne »Sissi-Saufen«), sondern zudem einige Körnchen der wahren

Geschichte in sich birgt. So hat die bayerische Wittelsbacher-Prinzessin Elisabeth wie im Film auch in Wirklichkeit ihren Cousin Franz Joseph 1854 in der Wiener Augustinerkirche geheiratet. Und selbst, wenn die kaum 17-jährige Braut Elisabeth familienintern nicht wie im Film Sissi, sondern Sisi oder Lisi gerufen wurde, so stimmt auch, dass die Tochter des Herzogs Max in Bayern, eines reichen, lebenslustigen Aristokraten, der froh war, nichts mit Politik oder anderer Arbeit zu tun zu haben, genau das war, was ihre Schwiegermutter Erzherzogin Sophie in ihr sah: ein »Fratz«.

Dieser bayerisch-österreichische Ausdruck für eine Göre birgt die Doppelbödigkeit in sich, dass das Mädchen wirklich reizend gewesen sein muss, von springlebendigem Wesen und so süß, dass sie das Herz des 23 Jahre alten Kaisers im Sturm eroberte, der sie der eigentlichen Heiratskandidatin, ihrer älteren Schwester Helene, genannt Néné, vorzog. Andererseits war Elisabeth selbst für eine hocharistokratische Tochter überaus verwöhnt und vor allem zwanglos erzogen worden. Nicht nur das Zeremoniell am Kaiserhof sollte ihr zu schaffen machen, sondern, dass sie im Gegensatz zu ihrem Ehemann keine Sekunde lang darauf vorbereitet worden war, Kaiserwürden zu tragen. Und sie wollte das auch gar nicht, wie sie nicht nur ihren Poesiealben anvertraute (»Ich bin erwacht in einem Kerker – Und Fesseln sind an meiner Hand«), sondern auch Teilen ihrer Umgebung nicht verschwieg.

Ihr angeblich so nachhaltiger politischer Einfluss zugunsten der Ungarn in der Monarchie entspross sicherlich einer ehrlichen Haltung, wird aber gewöhnlich stark übertrieben dargestellt und ist gleichermaßen ein Mythos wie eine Mär. Der Kaiser orientierte sich in seiner Politik nicht so sehr an der Meinung seiner Frau, sondern an ganz anderen Kriterien, wie wir gegen Ende unserer Zeitreise noch sehen werden.

Nach dem frühen Tod ihrer ersten Tochter 1857 hatte ihr die böse Schwiegermutter Sophie, eine hantige Bayerin, die zugleich ihre Tante war, noch dazu den 1858 geborenen Sohn Rudolf zwecks strenger Erziehung zum Thronfolger abgenommen, und Elisabeth suchte ihr Heil in der Flucht. 1860 verreiste sie und kam nur mehr gelegentlich nach Wien zurück.

Die Popularität Franz Josephs war nach der verlorenen Schlacht von Solferino 1859 auf dem Tiefpunkt angelangt, und wie man sich erzählte, ging er fremd. Noch im 20. Jahrhundert wollte der Schriftsteller Alexander Lernet-Holenia in Ischl mehrere einheimische Männer besten Alters gesehen haben, die dem Monarchen verdächtig ähnlich sahen …

Alles Gründe für die Kaiserin, bis zu ihrem gewaltsamen Tod durch Anarchistenhand 1898 in Genf mehr oder weniger permanent auf Reisen zu sein und sich nur mehr um sich selbst und die Menschen ihres Herzens zu kümmern. Vergleiche mit einer britischen Prinzessin des 20. Jahrhunderts drängen sich geradezu zwangsläufig auf – jedem Volk seine Lady Diana.

Die kaiserliche Ehe war nach sechs Jahren bereits de facto gescheitert. Ein gerüttelt Maß Anteil daran hatte Franz Josephs Mutter Sophie, die seit seiner Geburt darauf hingearbeitet hatte, ihn zum Kaiser zu machen.

Diese Tochter von König Maximilian I. von Bayern und Karoline von Baden hatte bald nach ihrer Übersiedlung nach Wien 1824 den Ruf, der »einzige Mann bei Hof« zu sein. Umgeben von schlappen, vom langfristigen Inzest gezeichneten Habsburgern hatte sie einen der schlappsten von ihnen, ihren Ehemann Erzherzog Franz Karl, so weit in der Hand, dass er einwilligen sollte, zugunsten des Sohnes auf die ihm zustehende Erbfolge nach seinem Bruder, dem regierenden Kaiser Ferdinand I., zu verzichten. Und der Thron würde bald zur Disposition stehen.

DIE PRÄGUNG

Wieder einmal war es Sonntag. Der junge Mann atmete kurz durch, dann machte er sich auf den Weg. Selbst heute hatte er Unterricht, und zwar auswärts, nicht daheim wie an den anderen Tagen.

Eine anstrengende Woche lag hinter ihm. Tag für Tag war er von 6 Uhr früh bis 9 Uhr abends Sklave eines dichten Stundenplans. Während 32 Unterrichtsstunden wurden ihm Astronomie, Buchhaltung, Tschechisch, Ungarisch, Französisch, Geografie, Tanzen, Fechten, Italienisch, Polnisch, Mathematik, Latein, Griechisch, Jurisprudenz, Turnen und Schwimmen, Naturgeschichte, Philosophie und Technologie beigebracht, dazu noch Religion und jede Menge militärisches Exerzierreglement. Widerwillig musste er auch Musikstunden über sich ergehen lassen. Seit er sechs Jahre alt war wurde er solcherart dressiert, stand von früh bis spät unter der Fuchtel seiner Erzieher Heinrich Bombelles und Major Franz von Hauslab. Bis in kleinste Details hinein wurde er von seiner Umgebung überwacht, sein Tagebuch fleißig gelesen – da war keine Chance auf Freiraum, die kleinste Privatheit. Und dennoch war dieser passive, etwas gedrückte und einsilbige Jüngling mit seinen 17 Jahren bereits Oberst eines Dragonerregiments, wurde von den Freundinnen seiner Mutter scherzhaft »Gottheitel« genannt!

»Das österreichische System«, so schärfte ihm an diesem Wochenende im Jahr 1847 sein prominenter Sonntagslehrer ein, »muss um jeden Preis erhalten bleiben. Nur so ist der Frieden in Europa zu retten!«

Klemens Wenzel Lothar von Metternich, so hieß der 74 Jahre alte Lehrer, wusste wohl, dass mit dem jungen Mann der künftige Kaiser von Österreich vor ihm saß. Denn Metternich selbst hatte als allmächtiger Staatskanzler des Kaiserreiches im Verein mit der vifen Erzherzogin Sophie beschlossen, dass der jugendliche Erzherzog bald dem derzeit waltenden Staatsoberhaupt nachfolgen sollte.

Auf Erzherzog Franz Joseph, dem Neffen des seit 1835 amtierenden Kaisers Ferdinand I., ruhte seit seiner Kindheit die Hoffnung des Hauses Habsburg. Ferdinand, genannt »der Gütige«, galt als krank und geistig minderbemittelt, sein Bruder und logischer Nachfolger Franz Karl als schwach und antriebslos. Und so sollte nun dessen Sohn Franz Joseph neuer Kaiser von Österreich werden. Metternich, seit Jahrzehnten der eigentliche Regent im Land, nahm den jungen Mann ab November 1847 tüchtig in die Mangel und brachte ihm an den Sonntagen bei, wie Staatskunst zu laufen hatte. Vor allem, so sagte der Alte, sei der Kaiser Herrscher von Gottes Gnaden und entgegen aller anderswo in Kauf genommenen Verfassungen und da und dort von den Zeitläuften aufgezwungenen demokratischen Modeerscheinungen der unumschränkte Herr.

Mit des Kaisers Autorität sei nicht zu spaßen, meinte der alte Fuchs und rechnete selbstverständlich sich selbst in diese Autorität mit ein. Denn wer sonst außer ihm, der seit der Zeit Napoleons die habsburgische Politik bestimmte, sollte einen Teenager als Nachwuchskaiser anleiten? Die Sonntagslektionen schweißten Metternich und Franz Joseph zusammen, hier wurde die politische Stafette von Alt zu Jung weitergereicht.

Seine klammheimlichen Zweifel am System verschwieg der Kanzler dem jungen Erzherzog. »Ich bin kein Prophet, und ich weiß nicht, was wird«, sagte Metternich 1847 zum preußischen Diplomaten Graf Guido Usedom, »aber ich bin ein alter Arzt, und kann vorübergehende von tödlichen Krankheiten unterscheiden. An diesen stehen wir jetzt. Wir halten hier fest, solange wir können, aber ich verzweifle fast an dem Ausgang.«

Das bekam Franz Joseph von seinem Sonntagslehrer freilich nicht zu hören. Die Liberalen, so Metternich, »schießen nur die Bresche, über welche die Radikalen in die Festung eindringen ... Der irrtümliche Begriff der Nationalität ist gleichbedeutend mit dem Rufe Krieg ohne Ende – von allen gegen alle.«

Franz Joseph lauschte und sog alles auf. Auch wenn Metternichs Lektionen sich nur über wenige Monate erstreckten, so würde der Einfluss des Alten doch lange nachwirken. Geradezu eine halbe Ewigkeit.

Der zweite wichtige Lehrmeister jener Tage war dem jungen Erzherzog der katholische Geistliche Joseph Othmar von Rauscher. Die fromme Mutter Sophie hatte den betont konservativen

Mann ausgewählt, weil er zurück hinter die Unterordnung der Kirche unter den Staat wollte, die Kaiser Joseph II. ein halbes Jahrhundert zuvor eingeführt hatte. Rauscher sollte dann später Erzbischof von Wien und danach Kardinal werden, und 1855 das Konkordat, den Staatsvertrag zwischen Österreich und dem Vatikan einfädeln, was den Einfluss der Kirche auf den Staat und seine Menschen entscheidend vergrößerte. Das Bewusstsein für das Gottesgnadentum des Herrschers bekam Franz Joseph auch von ihm gelehrt. Zeitlebens blieb er als Kaiser gegenüber dem Gedanken an eine Teilhabe des Volkes an der Macht skeptisch bis feindselig eingestellt. Nie hätte Franz Joseph eine Krone aus den Händen des Volkes oder seiner Vertreter entgegengenommen, wie es in Frankreich Napoleon III. tat. Vielleicht erklärt das aber auf der anderen Seite auch seine politische Langlebigkeit und Stabilität; ein wie aus der Zeit gefallener Monarch, der nicht um Popularität heischte, konsequent antimodern und antimodernistisch, mochte zeitlos und genau dadurch unsterblich wirken.

Überschätzen darf man die wenigen Lektionen von Metternich und Rauscher allerdings auch nicht, denn viel tiefer als die paar Monate ihres Einflusses saß das militärische Gepräge, das Franz Joseph vor allem von Hauslab erhalten hatte. Von Kindheit an hatte der körperlich robuste Bub große Freude an allem Militärischen. An seinem 13. Geburtstag war er Oberst und Inhaber des Dragonerregiments Nr. 3 geworden und durfte erstmals an einer Jagd teilnehmen. Die Armee und das Waidwerk – beides wurden seine großen Leidenschaften. Auf das Militär verließ er sich als Kaiser besonders, die Armee sollte die wichtigste Stütze seiner Herrschaft werden, was kommende politische Entscheidungen und auch Fehleinschätzungen bis 1914 erklärt; und als passionierter Jäger erlegte er während 66 Ischler Sommern 50 556 Tiere.

Dazu kam noch die alles überwölbende Gestalt seiner dominanten Mutter, die den österreichischen Psychiater Erwin Ringel 1984 zur immer wieder zitierten Herabwürdigung in seinem Buch

»Die Österreichische Seele« bewog: »Der Mann wurde schon in der Kindheit durch seine Mutter und die Erziehung vernichtet, hat dann 68 Jahre regiert, hat in dieser überlangen Zeit keine einzige konstruktive Idee gehabt, keine einzige …«

Für des Kaisers Fantasielosigkeit sprächen auch die in zahllosen Büchern und Erzählungen breitgewalzten Eigenschaften wie die pedantische Pflichterfüllung am Schreibtisch ab den frühen Morgenstunden, seine Beratungsresistenz und angebliche Unbelehrbarkeit in politischen wie privaten Angelegenheiten. Entsprang das alles sturem Eigensinn oder konsequenter Geradlinigkeit? Möglicherweise war er auch zu jung, als er die Macht erhielt, und zu alt, als sie ihm der Tod aus der Hand nahm.

DER FLUCH

Dezember 1848. Die kaiserliche Familie und der Hof sind aus dem revolutionären Wien nach Olmütz in Mähren geflüchtet. Der Aufstand im Oktober des Jahres in der Hauptstadt trägt bedrohliche Züge. Vielleicht reift da im jungen Thronanwärter Franz Joseph schon die Idee, dass man die einengenden Stadtmauern rund um Wien niederreißen muss, damit nie wieder Aufständische die Stadt so einfach übernehmen und zur Festung machen, oder umgekehrt die kaiserliche Familie darin belagern können. Breite und schnelle Zugangswege für helfende Entsatztruppen gehören her, die ständig in Garnison rund um die Stadt liegen müssen. Am geistigen Horizont des Erzherzogs taucht möglicherweise bereits die Idee zu einem breiten Boulevard und zu jenen Militärbauten auf, die später als Arsenal und Kronprinz-Rudolf-Kaserne (die nachmalige Rossauer Kaserne) errichtet werden … Jedenfalls wird der traumatisierte Habsburger seine Skepsis gegenüber Wien und seinen Bewohnern seit dem Herbst 1848 nicht mehr ganz ablegen und sie mit vollbesetzten Kasernen umzingeln.

Am 2. Dezember übergibt Kaiser Ferdinand im Prunksaal der fürsterzbischöflichen Residenz zu Olmütz seinem 18-jährigen Neffen Franz Joseph die Kaiserwürde. »Es ist gerne geschehen«, sagt der Gütige zu seinem vor ihm knienden Nachfolger.

Franz Joseph führt auch als Kaiser den Doppelnamen, der an zwei seiner Vor-Vorgänger gemahnt, den Reaktionär Franz I. und den Reformer Joseph II., wählt als Devise »Viribus unitis« (»Mit vereinten Kräften«) und erklärt in seinem Manifest zur Thronbesteigung, dass er die Herrschaft der Krone wiederherstellen will, aber bereit sei, die Vertreter des Volkes dabei mitreden zu lassen. Das ist – mit Verlaub – eine Lüge, die ihm sein schlauer Ministerpräsident Fürst Felix Schwarzenberg diktiert hat. Denn in Kremsier, ebenfalls in Mähren, tagt gerade ein Reichstag, eine Versammlung von Delegierten, die eine neue Organisation der Monarchie ausarbeiten – eine Verfassung. Sie sollen durch das Versprechen des neuen Kaisers ebenso hingehalten werden wie die aufständischen Ungarn und Italiener.

Die Tatsache, dass die erste Aufgabe des jungen Kaisers sein wird, diese revolutionären Tumulte endgültig niederzuschlagen, war eine schwere Hypothek gleich zu Beginn seiner Regierung. Um die politischen Umstände zu verstehen muss man mehr darüber wissen, und das werden wir erst gegen Ende unserer Reise.

Nur so viel vorweg: Als der ungarische Ministerpräsident und Revolutionär Graf Lajos Batthyány dem jungen Kaiser sicherheitshalber huldigen wollte, wurde er in Pest auf Betreiben des österreichischen Generals Haynau gleichzeitig mit 13 ungarischen Revolutionsführern und Generälen (diese in Arad) hingerichtet. Jener 6. Oktober 1849 ging als ein bitterer Tag in die ungarische Geschichte ein und schuf Märtyrer und Nationalhelden, die über viele Generationen verehrt wurden und noch werden.

Diese und andere Bluttaten wurden im Namen des Kaisers verübt. Viele Menschen verfluchten Franz Joseph in den Tagen der Gräuel, aber besonders wirkungsvoll soll es Batthyánys Frau getan haben: »Himmel und Hölle sollen sein Glück vernichten, sein Geschlecht soll vom Erdboden verschwinden, und er selbst soll heimgesucht werden in den Personen derer, die er liebt! Sein Leben sei der Zerstörung geweiht und seine Kinder sollen elend zugrunde gehen!« – Und so geschah es auch. Franz Joseph konnte ja angesichts dieser Verwünschung nichts anderes als Pech im Leben haben.

So sehen es zumindest Fatalisten.

Realisten hingegen wissen, dass alle Monarchen des 19. Jahrhunderts an Leib und Leben gefährdet und Attentate an der Tagesordnung waren. Trotzdem werden gerade beim langlebigen Franz Joseph gerne die Schicksalsschläge aufgezählt, die ihn in den folgenden Jahrzehnten trafen:

- 1854 überlebte er durch Glück und Tapferkeit zweier besonnener Retter ein Attentat.
- 1867 wurde sein (ihm denkbar unähnlicher) Bruder Maximilian als Kaiser von Mexiko erschossen.
- 1889 schied sein (von ihm unverstandener) Sohn Rudolf aus dem Leben.
- 1898 wurde (die ihm entfremdete) Kaiserin Elisabeth in Genf ermordet.
- 1914 schließlich schoss der serbische Attentäter Gavrilo Princip auch noch den (von ihm ungeliebten) Thronfolger Franz Ferdinand samt Gemahlin Sophie tot.

Doppelt tragisch, wichtige Menschen zu verlieren, denen man persönlich nicht oder nicht mehr nahe ist.

Ja, es stimmte, es blieb ihm sprichwörtlich »nichts erspart«. Und par distance litten viele mit ihm. Je älter er wurde, desto schwerer wog die Tragik, die auf diesem entrückten Mann lastete, wurde er zum Schmerzensmann, in dem viele Untertanen die Sorgen ihres eigenen Lebenskampfes wiederzuerkennen meinten, der doch so ungleich härter war als das Dasein der kaiserlichen Herrschaften.

Meine eigene Großmutter, Katharina Haidinger (1896–1983), gemeinsam mit ihren Geschwistern aus Zlabings in Südmähren eingewandert, seit den 1910er-Jahren wohnhaft in der Brigittenau, dem 20. Wiener Gemeindebezirk, eine arme Frau in einer armen

Gegend, verdiente das Geld für sich und ihre Familie mit Wäsche-
waschen, und es langte gerade für das Notwendigste. Schon als
junges Mädchen hatte sie ein Hobby: Sie sammelte Zeitungsaus-
schnitte und Bilder des alten Kaisers! Sie, die Bitterarme, die schon
durch ihre soziale Stellung wie selbstverständlich sozialistisch eingestellt war und dann in den 1920er-Jahren die erste rote Eman-
zenzeitschrift *Die Unzufriedene* (Kampfruf: »Wenn die Frauen
vorwärtskommen wollen, müssen auch sie unzufrieden sein!«) las,
lebte und fühlte offenbar mit dem konservativen Monarchen mit.
Wem das paradox vorkommt, der analysiere die Psyche der Min-
destpensionistinnen unter den Leserinnen der bunten Blätter der
Gegenwart, die sich über die schweren Schicksale so machtloser
wie steinreicher Königinnen und Adelshäuser Sorgen machen. Im
Unterschied zu diesen war Franz Joseph wenigstens das eigene
Staatsoberhaupt, mit einiger Machtfülle ausgestattet, und solcherart sicher eher der Beachtung wert.

Einen realpolitischen Hintergrund hatte die Liebe zum Kaiser
vor allem für die »kleinen Völker«. Als sich in ganz Europa Nationen im Sinn eines Nationalismus bildeten, kristallisierte sich
heraus, dass Österreich von »historischen Nationen« dominiert
wurde, die eigene Eliten hatten, Adelige, Bürger und Intellektuelle,
die entweder etwas besaßen oder vor allem die Gebildeten in ihren
Reihen hatten: Deutsche, Ungarn, Italiener und Polen. Benachtei-
ligt waren hier die Tschechen, die sich politisch und ethnisch von
den Deutschen und die Kroaten, die sich von den Ungarn bedrängt
fühlten. Andere, wie Slowaken und Ruthenen (also Ukrainer),
Rumänen und Illyrer (alle nichtkroatischen Südslawen am Balkan,
orthodoxe Serben, muslimische Bosnier), wurden gar nicht als
eigene Ethnien wahrgenommen und allenfalls als Bauern- oder
Hirtenvölker gesehen. Ein Sonderfall waren die Juden, deren im
18. Jahrhundert begonnene Anpassung (heute würde man von
Integration sprechen) an die christlichen Gesellschaften durch
einen wachsenden Antisemitismus wieder zunichtegemacht
wurde.

Wenn nun das Habsburgerreich zerfiele und die großen Nationen sich an ein geeintes Deutschland, ein vereinigtes Italien oder ein neues Polen anschließen würden oder ein selbstständiges Ungarn entstünde, wo blieben dann die Kleinen? Das war der springende Punkt, warum der tschechische Historiker und Revolutionär František Palacký 1848 die Reißleine zog, eine Teilnahme als Delegierter im gesamtdeutschen Parlament in der Paulskirche ablehnte und meinte, man müsse Österreich erfinden, wenn es nicht schon bestünde.

Der »Autroslawismus« band also Teile der Tschechen, Slowaken, Ukrainer, Slowenen, Bosnier, Serben und auch die Kroaten an ein Österreich, das ihnen Schutz vor den Zudringlichkeiten der Großen versprach. Das war einer der Gründe, warum 1848 gerade der kroatische Banus (Vizekönig) Joseph Jellacic mit besonderer Energie die ungarisch-deutsche Revolution niederzuschlagen half und warum Wien mit serbischen und (nichtslawischen) rumänischen Rebellen in ihrer Agitation gegen Ungarn gemeinsame Sache machte. Und solange Russland die Entstehung eines neuen Polen blockierte, waren auch die Polen der Monarchie froh, Obhut unter dem Dach Österreichs zu finden. Franz Joseph schien der Garant dafür zu sein. Er wusste das auch und regierte in einem komplizierten Schaukelspiel mithilfe der kleinen Völker durch eine Balance der Gewichte. Eine vertrackte Situation, deren Ursachen in früheren Jahrhunderten wurzeln, die wir noch kennenlernen werden.

Wer als einfacher Untertan jedweder Nationalität direkten Kontakt mit dem Kaiser haben wollte, musste um eine öffentliche Audienz ansuchen. Eingeführt hatte sie einst Joseph II. und parallel dazu »alle diejenigen noch von den Kaisern aus Spanien hergebrachten Gebräuche (…) abgestellt«, wie der Reformer selbst sich ausdrückte. So waren zu Zeiten Franz Josephs I. auch das spanische Mantelkleid und andere Mätzchen verschwunden, die den Österreichern »spanisch vorgekommen« waren.

Nach den morgendlichen Rapporten der Obersten Hofchargen ging der Kaiser in ein Kabinett am sogenannten Kontrollgang im Mezzanin des Leopoldinischen Trakts der Hofburg. Dort warteten meistens viele Bittsteller. Franz Joseph hörte sie an und ließ ihre Bittschriften an seine Sekretäre aushändigen. Das Besondere daran: Zum Kontrollgang war jedermann zugelassen, einerlei welche Kleidung er trug – einzigartig am sonst so formenversessenen Wiener Hof!

Jeden Freitag wurden zusätzlich Bürger in Achtergruppen vom Kaiser empfangen. »Was wollen Sie, wie heißen Sie, haben S' etwas Schriftliches bei sich?«, lautete die stereotype Frage des Allerhöchsten. Dann hörte er das Anliegen an und endete mit dem Satz »Nun wollen wir schon sehen, was zu machen ist.«

Das alles spielte sich Freitag für Freitag von 7 Uhr früh bis 13.30 Uhr nachmittags ab.

Formeller waren die vorgeschriebenen Audienzen für Diplomaten und Hofbeamte. Sie hatten in »hoffähiger Kleidung« zu erscheinen. Selbst der Leibarzt Josef Ritter von Kerzl hatte Frack anzulegen, wenn er den Kaiser untersuchte. Der Doktor, so heißt es in einer gern erzählten Geschichte, wurde einmal in Straßenkleidung ans Bett des alten Kaisers gerufen, da der in einem plötzlichen schweren Anfall nach Luft rang. Der Monarch hätte ihn verscheucht, nur das Wort »Frack … Frack …« japsend.

Wahr ist jedenfalls, dass sich Franz Joseph um untergeordnete Details selbst kümmerte. Jeden Gesandten, jeden Beamten, jeden Offizier ernannte er persönlich. In seiner Regierungszeit kamen mehr als 250 000 Audienzen in der Hofburg, in Schönbrunn, in Prag und in Budapest zusammen. Dabei vereinsamte er inmitten der Hofgesellschaft und seiner beiden bürgerlichen Mätressen (oder »Bekannten«, wie das in Wien so fesch und augenzwinkernd genannt wird), Anna Nahowski und Katharina Schratt.

Die Hofburgschauspielerin Schratt bevölkert bis heute ganze Bände von Anekdoten – zusammen mit dem Kammerdiener Eugen Ketterl oder dem ständig besoffenen Badediener, der den kaiserlichen Leib allmorgendlich im portablen Gummibassin in Schönbrunn zu säubern pflegte und dabei einmal volltrunken in die Wanne fiel – oder dem Schauspieler Alexander Girardi, der als Gast des Monarchen ob seiner Nervosität von Franz Joseph befragt und zum Possenreißen aufgefordert wurde und zur Antwort gab: »Jausnen Sie einmal mit einem Kaiser, Majestät!« Und so weiter und so fort.

Die bekannten Worte »Es war sehr schön, es hat mich sehr gefreut!« soll sich der Kaiser zugelegt haben, da er wusste, dass ein ehrliches, womöglich negatives Urteil über Personen, Dinge oder Zustände in der Öffentlichkeit genau registriert wurde und schwerwiegende Folgen haben konnte. So erhängte sich der Architekt Van der Nüll angeblich wegen der kaiserlichen Kritik an Mängeln an der von ihm und Siccardsburg erbauten neuen Hofoper.

Franz Josephs nachhaltigste Großtat in und für Wien war ab 1858 der Abriss der Stadtmauern und die Errichtung der Ringstraße samt jenen Prachtbauten, die bis heute im wahrsten Sinn des Wortes das Kapital der Stadt sind. Da bekam der Kaiser seinen repräsentativen Boulevard und zugleich die breiten Zufahrtsmöglichkeiten für Polizei und Militär.

Die alten Wiener dagegen jammerten vor allem wegen des Verlusts ihrer Erholungsgebiete im Umfeld der Stadtmauern, des Glacis und des sogenannte »Paradeisgartels« mit den beliebten Grünflächen. Das heute so berühmte »Alte Wien« hat also auch einmal als umstrittenes »Neues Wien« angefangen.

Nebenbei wurden die Riesenbaustellen und danach die Wiener Weltausstellung 1873 zum Nährboden für gewaltige politische Umwälzungen. Denn die aus anderen Kronländern, vor allem aus Böhmen, zugewanderten Bau- und Ziegelarbeiter ließen das Proletariat und die Vororte rapide anwachsen. Das veränderte nicht nur die Wiener Sprache, den Dialekt, der tschechische Laute und Färbungen wie das »Meidlinger L« in sich aufnahm, sondern die Platzprobleme, die Wohnungsnot und die von den liberalen Fabrikanten gebotenen harten Arbeitsbedingungen schnürten den armen Menschen auch die Luft ab. Findige Intellektuelle wie der Wiener Armenarzt und Journalist Victor Adler schufen auf dieser Grundlage nach reichsdeutschem Vorbild eine mal mehr, mal weniger revolutionäre sozialdemokratische Arbeiterbewegung, deren Geschichte uns später noch beschäftigen wird. Ebenso wie eine weitere Massenbewegung, die christlichsoziale, und diverse deutschnationale, liberale und völkische Parteien. Sie alle lösten die altliberalen und konservativen Kräfte ab, die unmittelbar nach 1848 die politische Bühne dominiert hatten. Der neuen Bewegungen Herr zu werden oder gar die soziale Frage zu lösen, gelang ebenso wenig, wie das ausweglose Dilemma der unterschiedlichen Völker zu meistern.

Nach und nach gestand man nur mehr dem Kaiser selbst zu, sie alle zu vereinen – er wurde zur Personifikation seines Reichs, der echteste, ja der einzig echte Österreicher.

Zur vollkommenen Erfüllung dieses Klischees haperte es freilich in einem Punkt: Franz Joseph hat bis heute den Ruf eines Kunst- und Kulturbanausen. Tatsächlich war er unmusikalisch und an Theater und Literatur desinteressiert, förderte weder die Künste übermäßig, noch behinderte er sie diesseits der sittlichen und moralischen Schranken seiner Zeit. Die zeitgenössische Malerei, die Wiener Secession – alles spanische Dörfer! Auch die moderne Technik wie Telefone und Autos verweigerte er.

Und so kam es, dass zwischen 1848 und 1916 unter Franz Joseph Kultur und Wissenschaft das Land und sogar die Welt veränderten, von ihm selbst aber weitgehend unbeachtet blieben. Zum Vergleich:

- 1848 wird der *Radetzkymarsch* von Johann Strauß Vater (1804–1849) uraufgeführt.
- 1916 wirken bereits die Komponisten und Vertreter der Atonalität, der »Wiener Schule«, Arnold Schönberg (1874–1951), Anton von Webern (1883–1945) und Alban Berg (1885–1935) in der Reichshaupt- und Residenzstadt.
- 1849 gelingt der österreichischen Marine zum ersten Mal das technische Kunststück, einen Ballon von einem Schiff aus zu

starten, um das aufständische Venedig zu bombardieren (Letzteres scheiterte allerdings am ungünstigen Wind).

■ 1911 ist Albert Einstein Professor für Theoretische Physik an der deutschen Universität Prag und wird österreichischer Staatsbürger. Zu diesem Zeitpunkt hat er längst die *Spezielle Relativitätstheorie* publiziert.

So verlief die Ära Franz Joseph zwischen *Radetzkymarsch* und Atonalität, zwischen trudelnden Luftballons und der Elektrodynamik bewegter Körper.

Von den aufkommenden Moden schenkte der Greis nur dem bewegten Bild, dem Film Aufmerksamkeit, wohl, weil er in hellen Momenten die volkstümliche Wirkung des neuen Mediums erkannte.

Die französische Firma Pathé erhielt bis 1914 praktisch ein Monopol auf kaiserliche Filmaufnahmen und kam dem Monarchen sehr nahe – ein glücklicher Umstand, dem wir packende Stummfilme des Kaisers und seiner Umgebung verdanken.

Auch hier wieder eine Analogie: Als Franz Joseph sein Amt antrat, war die Fotografie (Daguerreotypie) gerade einmal seit neun Jahren patentiert und die Abbildung lebender Personen wegen der langen Belichtungszeit noch eine ziemliche Prozedur. In seinem Todesjahr 1916 gab es schon die ersten Experimente mit frühen Tonfilmen unter Kombination von Laufbildern mit Grammophonaufnahmen.

In der Politik erlebte und überlebte Franz Joseph mehrere Generationen. Sein erster Ministerpräsident Fürst Felix Schwarzenberg war Geburtsjahrgang 1800 gewesen, sein vorletzter Karl Graf Stürgkh Jahrgang 1859, also beinahe 60 Jahre jünger.

Parallel dazu verging das Reich Schritt für Schritt, wich nach und nach von den Schauplätzen der Weltpolitik zurück, wurde zur »kleinsten Großmacht«. Als der junge Mann den Laden übernommen hatte, herrschten zwar Aufruhr und Finanznot, aber wenigstens erbte er einen zentralistischen Staat, dessen Macht nach vielen Seiten zu den Nachbarn hin ausstrahlte. Dann scheiterte Franz

Josephs Führungsstil sowohl diplomatisch (durch die Neutralität im Krimkrieg) als auch militärisch 1859 (Solferino) und 1866 (Königgrätz), Österreich wurde aus Deutschland und Italien hinauskomplimentiert, seine Einflusssphäre auf den Balkan reduziert, und der Kaiser musste außerdem nach etlichen Versuchen, sich mit Tricks darum herum zu mogeln, eine dauerhafte Verfassung zulassen. Gerade er, der 1851 in einem Brief an seine Mutter noch frohlockt hatte: »Wir haben das Konstitutionelle über Bord geworfen und Österreich hat nur mehr einen Herrn!« – »Gott sei gelobt!«, hatte die Frau Mama damals daneben notiert.

Vor allem aber erhielten die Ungarn im Ausgleich 1867 ihren eigenen Staat, was einerseits zur Unregierbarkeit des Länderhaufens beitrug und andererseits die k. u. k. »Doppelmonarchie« hervorbrachte, die im Rückblick einerseits verklärt (als »gute alte Zeit«), verniedlichend bespöttelt (»Kakanien«) oder wütend verdammt (»Völkerkerker«) wurde. Sie existierte nur 51 Jahre lang und war eine späte Blüte – die letzte, knapp vor dem Verwelken des Habsburgerreiches, das bis dahin eine ganze Ewigkeit bestanden hatte und keine halbe mehr vor sich hatte.

Die Stellung hielten als einende Klammern die Beamten und Militärs mit dem Kaiser an der Spitze, der – wenigstens hierin egalitär – eine Uniformkappe trug, die denselben einfachen Schnitt hatte wie jene seiner Generäle und Briefträger.

DIE HALBE EWIGKEIT

Wie lange dauert eine halbe Ewigkeit? Stellen wir uns einmal vor, nur so als Gedankenexperiment, wir schreiben das Jahr 2014 in Österreich. Das Staatsoberhaupt ist 84 Jahre alt. Nach wie vor trifft der Mann weitreichende Entscheidungen für das Land. An der Macht ist er schon seit 1948. Da war der Zweite Weltkrieg erst drei Jahre vorbei gewesen, Österreich von vier Mächten besetzt, die Lebensmittel rationiert. Überall im Land bestimmten die Trümmer der Bombenkriege das Bild auf den Straßen. Das ist lange her, doch der 84-Jährige entscheidet 66 Jahre danach, 2014, immer noch, über Krieg und Frieden.

Als er nun einem Nachbarland den Krieg erklärt, schöpft er aus einem reichen Erfahrungsschatz. Es tue ihm leid, schreibt er seiner Bevölkerung in einem offenen Brief, dass es so kommen muss, aber die Vorsehung hat es gewollt, dass ein hasserfüllter Feind weiteres Friedenhalten unmöglich macht. So eine Kriegserklärung ist keine leichte Entscheidung, und wahrscheinlich denkt der Greis an die Tage zurück, als er das politische Handwerk gelernt hat, und zwar von einem Mann, der seinerseits im Jahr 1889 politisch erwacht war, als Pferdedroschken durch Straßen rumpelten, die Sozialdemokratische Arbeiterpartei gegründet und Adolf Hitler geboren wurde.

Können Sie sich das vorstellen? Im Jahr 2014 entscheidet einer über Wohl und Wehe mehrerer Länder, der von einem Charakter des 19. Jahrhunderts erzogen worden ist?

Undenkbar? Skandalös? Nun, versetzen Sie das Ganze um genau 100 Jahre zurück, und sie haben die Geschichte von Metternich, geboren 1773, und Franz Joseph, der im Sommer 1914 in Bad Ischl seinen Namen unter das Kriegsmanifest gegen Serbien setzte und damit den sogenannten Ersten Weltkrieg eröffnete. Diese Daten markieren also das lange 19. Jahrhundert der Revolutionen von Robespierre bis Lenin, der Weltkriege von Napoleon bis Franz Joseph, und die Beteiligten an all dem kannten einander zum Teil eben noch persönlich und wirkten aufeinander ein.

Damit erscheint die Geschichte ziemlich relativ, und zugleich wird auch deutlich, warum wir uns mit Dingen beschäftigen sollen, die so unvorstellbar lange zurückliegen, aber dennoch bis in die Gegenwart hereinragen.

Für den Ersten Weltkrieg, die Urkatastrophe des 20. Jahrhunderts, ist das ohnehin unbestritten. Franz Joseph begann ihn, zwar von Beratern angetrieben, doch sehenden Auges, tat so, als sei es ein weiterer Balkankrieg. Er unterschätzte wohl die Gegner und überschätzte ganz sicherlich die österreichische Armee.

Oder doch nicht? »Wenn wir schon zugrunde gehen müssen, dann wenigstens anständig!« soll er gesagt haben. Wenigstens *eine* Vision …

Dabei hätte der Mann das Zeug zum Friedensnobelpreisträger gehabt, wie die Historikerin Alma Hannig 2014 der Vergessenheit entrissen hat. »Nach reiflicher Überlegung erlaube ich mir, dem geehrten Komitee als Kandidaten für den diesjährigen Nobelpreis abermals den Kaiser von Österreich und König von Ungarn: Franz Joseph I. in Vorschlag zu bringen«, schrieb am 25. Januar 1914 der ungarische Friedensaktivist Ferenc Kemény an das Nobelkomitee in Oslo.

Er war nicht der Erste seiner Art, denn es fanden sich noch zwei Monarchen auf den Listen, deren Reiche bald darauf am Krieg zerschellen sollten: Im Jahr 1901 wurde Zar Nikolaus II. wegen seines Engagements für die Haager Friedenskonferenz 1899 von vier Österreichern, darunter dem international anerkannten Staats- und Völkerrechtler und späteren letzten kaiserlichen Ministerpräsidenten Heinrich Lammasch, nominiert. Auch der deutsche Kaiser Wilhelm II. wurde 1911 vorgeschlagen. Der Habsburger war jedoch der am häufigsten nominierte Herrscher in den Jahren vor dem Ersten Weltkrieg: 1908, 1913 und 1914. Die österreichische Friedensbewegung um Bertha von Suttner pries Franz Joseph als »Friedensfürsten«, da er die Balkankriege durch Verständigung mit Russland nicht in einen »Weltenbrand« hatte ausarten lassen. Die Pazifistin und Autorin von *Die Waffen nieder!* musste das große Schlachten nicht mehr miterleben – sie starb am 21. Juni 1914, wenige Wochen vor Kriegsausbruch. Und sie sollte recht behalten mit ihrer Prophezeiung: »Der nächste Krieg wird von einer Furchtbarkeit sein wie noch keiner seiner Vorgänger.«

Der alte Kaiser starb mitten im Krieg, am 21. November 1916, mit 86 Jahren. Ein Schlussstrich unter die Ära Franz Joseph ist nach wie vor nicht gezogen, da seine letzte schwerwiegende politische Tat die Welt aus den Angeln gehoben hat.

Der Literat und schärfste Kritiker an den Umständen der Zeit, Karl Kraus, zog 1920 in seiner Zeitschrift *Die Fackel* ein fast ratloses Resümee:

Wie war er? War er dumm? War er gescheit?
Wie fühlt' er? Hat es wirklich ihn gefreut?
War er ein Körper? War er nur ein Kleid?
War eine Seele in dem Staatsgewand?
Formte das Land ihn? Formte er das Land?
Wer, der ihn kannte, hat ihn auch gekannt?
Trug ein Gesicht er oder einen Bart?
Von wannen kam er und von welcher Art?
Blieb nichts ihm, nur das Wesen selbst erspart?
War die Figur er oder nur das Bild?
War er so grausam, wie er altersmild?
Zählt' er Gefallene wie frisches Wild?
Hat er's erwogen oder frisch gewagt?
Hat er auch sich, nicht nur die Welt geplagt?
Wollt' er die Handlung oder bloß den Akt?
Wollt' er den Krieg? Wollt' eigentlich er nur
Soldaten, und von diesen die Montur,
Von der den Knopf nur? Hat er eine Spur
Von Tod und Liebe und vom Menschenleid?
Nie prägte mächtiger in ihre Zeit
Jemals ihr Bild die Unpersönlichkeit.

Zurück an den Start:
Von Wandervögeln und Durchfahrtsstraßen

Der heilige Severin (†482), Apostel Noricums, in Ausübung seiner
Funktion als Ombudsmann und Wohltäter der Armen.
Idealisierte Fantasieszene des 19. Jahrhunderts

Wenden wir uns vom bitteren Ende ab und blenden ganz weit zurück an den Start! Obwohl sich die Habsburger in ihrer Familiensaga von antiken trojanischen Helden wie Aeneas herleiteten oder sich Könige von Jerusalem nannten, haben sie doch erst im Mittelalter als Provinzgrafen in der Schweiz angefangen. Das heutige Österreich begann indes lange vor ihnen als Grenz- und Transitland. Hier dürfte nicht gerade die Wiege der Menschheit geschaukelt haben, doch finden sich immerhin eine 300 000 Jahre alte Feuerstelle in der steirischen Repolusthöhle und so mancher Faustkeil kälteresistenter Neandertaler in eiszeitlichen Gewölben Nieder- und Oberösterreichs. Und auch wenn die Niederösterreicher nicht direkt von den Neandertalern und die Kärntner nicht von einem sagenhaften Primaten namens Orang-Utnig abstammen, wie es in wenig sensiblen Scherzen immer wieder einmal behauptet wird, schimmert die Frühzeit doch bis heute durch die Jahrtausende. Manchmal apert sie auch aus Eis und Schnee und wird mit hartem Gerät traktiert.

ALTE ZEITEN

Das Fest des Huhns heißt ein satirischer Film aus dem Jahr 1992 von Walter Wippersberg, der die Sitten und Gebräuche der oberösterreichischen Ureinwohner aus der Sicht afrikanischer Dokumentarfilmer zeigt – verlassene Kirchen, stattdessen kultische Verehrung knuspriger Brathühner in Festzelten.

Wir haben es immer geahnt. Das eigentliche österreichische Wappentier ist nicht der ein- oder doppelköpfige Adler, sondern das kopflose, dafür umso reschere Grillhendl!

In seinen Haxen hält es Eispickel und Skistock, denn diese Utensilien sind in die Geschichte eingegangen, und das kam so: Wir schreiben ungefähr das Jahr 3200 vor Christus, obwohl da in der Gegend des Ötztals vermutlich noch keiner schreiben konnte. Die moderne Wissenschaft nennt diese Periode der Vorgeschichte die Kupfersteinzeit. Wir sehen einen Mann auf einen Berg steigen. Wohin er mit seinem Gepäck samt Pfeil und Bogen und Kupferbeil so eilig auf dem Weg ist, wissen wir nicht. Nur dass es ihn irgendwie auf den heute sogenannten Similaungletscher in den Ötztaler Alpen verschlagen hat, wo er auch gewaltsam zu Tode kommt. Er ist nicht nur der erste Wandersmann auf Tiroler und österreichischem Boden, dessen wir gewahr werden, sondern auch der erste, den wir irgendwie persönlich kennen – zumindest sind der Nachwelt seine sterblichen Überreste erhalten geblieben, 1991 zufällig aufgefunden im abgetauten Gletscher durch ein deutsches Alpinistenehepaar.

»Ötzi«, wie ihn der Wiener Journalist Niki Glattauer tauft, oder »Frozen Fritz«, wie ihn die Amis und die Briten kess bezeichnen, wird zunächst für das Opfer eines neuzeitlichen Mordes gehalten und von Bergsteigern und Polizisten mit den Attributen unseres

Nationalgrillhendls grob aus Eis und Erde herausgehackt – mit Skistock und Eispickel. Erst nachdem ihm die Arme gebrochen worden sind und ihn ein Gerichtsmediziner als unbekannten Toten zur Beerdigung freigeben will, setzt sich die Erkenntnis durch, wessen Körper das wirklich ist – aber ja, wer war er denn eigentlich?

Genetisch gesehen besaß dieser Spätsteinzeitler vom Vater her Vettern in Korsika und Sardinien und mütterlicherseits eine nicht minder spannende Verwandtschaft, die auf Einwanderer aus dem Vorderen Orient und aus Südeuropa hindeutet. Kurz vor seinem Tod hatte er noch ein Steinbocksteak samt Beilagen zu sich genommen, ehe ihm ein heimtückischer Pfeil und ein wuchtiger Schlag auf den Kopf den Garaus machten. Ob er nun ein biederer Hirte, ein Handelsreisender, ein schamanischer Einsiedler, ein Erzsucher, ein Geächteter auf der Flucht von Süden nach Norden, oder, wie der vife, aus Tirol stammende Kärntner Frühgeschichtler Paul Gleirscher meint, ein Edelmann auf dem Kriegspfad gewesen ist, fasziniert die sterbliche Hülle des Eismannes all jene, die ihn ansehen und einen Blick in die Steinzeit zu werfen vermeinen.

Dass er tatsächlich »einer von uns« ist, durften die verblüfften Österreicher 2013 feststellen, als Tiroler Gerichtsmediziner anhand von Blutspenden in der Region durch einen Zufallsfund draufkamen, dass 19 noch heute lebende Tiroler ein paar entscheidende Gensegmente mit Ötzi gemeinsam haben und damit einen Vorfahren mit ihm teilen.

Die lebenden Nachfahren werden jedenfalls mit Sicherheit besser medizinisch betreut als seinerzeit er selbst. Ötzi war mit Fußpilz, Peitschenwürmern und Borreliose infiziert und von starken Gefäßverkalkungen geplagt, die ihn früher oder später ganz ohne Pfeil gekillt hätten.

Die Fundgegend wird übrigens auch als Hauslabjoch bezeichnet, so genannt nach dem General und Geologen Franz von Hauslab, den wir schon als Erzieher des jungen Erzherzogs Franz Joseph kennengelernt haben.

Es ist kein Zufall, dass sich der Mann mit dem südlichen Einschlag gerade dort ins Bergland gewagt hat, denn die Alpen östlich von Rhein und Bodensee sind nicht so hoch und unüberwindlich wie die West- und Zentralalpen und bieten seit jeher günstige Übergänge von der italienischen Tiefebene und dem Po-Tal Richtung Norden, aber auch gangbare Routen von Westen nach Osten. Sie sind also wie geschaffen als Durchzugsgebiet bis hin ins Wiener Becken und in die Pannonische Tiefebene. So funktionierten Wanderungen, Kommunikation und Handel in diesem Gebiet also schon lange, ehe das Ganze ein zusammenhängendes politisches Gebilde namens Österreich wurde.

Apropos Osten. Weitaus älter als der Mann aus dem Tiroler Eis sind die frühesten Kunstwerke auf österreichischem Boden, die rund 30 000 Jahre vor Christus gefertigten Venusfiguren vom Galgenberg und von Willendorf, die weiblichen Schönheitsidealen in schlanker, tänzerischer und in matronenhaft beleibter Form entsprechen und ganz ohne Mittel aus dem Kulturbudget des Landes Niederösterreich zustande gekommen sind.

Als die Eiszeiten zu Ende gegangen waren, entstanden Sümpfe und weiteten sich die Wälder, und die Menschen drangen immer tiefer in die Alpentäler vor. In den Alpen setzte sich der als Räter bekannte Stamm drahtiger Bergler fest, die wohl schon so zäh gewesen sein müssen wie die knorrigen Tiroler und Vorarlberger der Gegenwart, für die es daran ohnehin keinen Zweifel gibt. Manche meinen, sie seien mit den italischen Etruskern verwandt gewesen. Zwischen ihnen und den sogenannten Illyrern der ostösterreichischen Niederungen liegt als Schnittpunkt zweier Kulturen der Ort Hallstatt, eine Siedlung reicher Salzhändler. 400 Jahre lang bestimmen die Hallstätter Kultur und Wirtschaft des heutigen Österreich.

Wer glaubt, dass sich hinter Illyrern und Rätern ethnisch einheitliche Völker verbergen, irrt. Diese Bezeichnungen sind vielmehr Krücken der Neuzeit, um den antiken Damen und Herren irgendwelche Namen geben zu können. Die Forschung auf diesem Gebiet (die den Begriff Illyrer neuerdings wissenschaftlich gar nicht mehr verwendet) kann einen ganz schön verwirren …

»Als Adam grub und Eva spann – wo war denn da der Edelmann?« lautet ein Sprüchlein klassenkämpferischer Polemik der Neuzeit. Was für paradiesische Zustände gegolten haben mag, ist spätestens mit der boomenden Wirtschaft durch Erzbergbau und Eisenverarbeitung zu Ende. Aus Sippen werden Stämme, und ihre Häuptlinge sind wohl die ersten Aristokraten Österreichs – eine bestimmende Schicht der Gesellschaft formiert sich. Die Führer wachen über wohlhabende, sinnenfreudige Völkchen von Bauern, Handwerkern und Händlern, die auch das zweite wichtige Phänomen von Kultur und Zusammengehörigkeit entwickeln, eine identitätsstiftende Religion. Sie sah anders aus als die alten Kulte der frühgeschichtlichen Jäger und Sammler. Nach dem Wegfall von Realitäten, die die Nomadengesellschaften einst geeint hatten, wie etwa die Kameraderie der Jagdgemeinschaft, mussten die Sesshaften etwas »Heiliges« schaffen, repräsentiert durch Kultgegenstände und Symbole. Der im Grabhügel von Strettweg bei Judenburg in der Steiermark gefundene Sonnenwagen gibt einen Eindruck von regem kultischen Leben.

Doch die Idylle hat bald ein Ende. Während die Räter vorerst unbeirrt ihre Berge und Täler bewachen, wird das lieblichere Tiefland um 400 vor Christus zum Schauplatz einer blutigen Invasion.

KELTENS(T)AAT

Die Illyrer, wer immer sie gewesen sind, haben keine Chance. Schwer bewaffnet fallen die Kelten über sie her. Ihr Stammland Gallien, also weitgehend das heutige Frankreich, ist überbevölkert, und sie suchen neue Lebensräume.

Für die Kelten gilt nun erst recht die schon bei den Illyrern ausgesprochene Unschärfevermutung. Denn wie genau man sich Kelten zwischen Britannien und Westungarn vorzustellen hat, von der Hallstatt- zur Laténe-Zeit und anderen kulturellen Ausformungen und das in einem Zeitraum von 600 vor bis wer weiß schon wie viel nach Christus, ist vollkommen unklar. Die vielen Stämme, die unter diesen Sammelbegriff fallen, nannten sich selbst sicher nicht »Kelten«. So schade das für Comic-Fans sein mag, waren sie nicht einmal herrliche Asterix-Gestalten, und auch wenn der österreichische Bundeskanzler Bruno Kreisky im August 1975 im Herrenmagazin *Playboy* bemerkt hat, die Österreicher stammten seiner Meinung nach von den Kelten ab, so war das doch nur eine von vielen Versuchen, die durch die Nazizeit in Verruf geratenen Germanen nachträglich loszuwerden und die unverfänglichere Keltenkarte auszuspielen.

Ich benutze den Begriff trotzdem weiter, weil sich in diesem Völkerreigen sonst überhaupt keiner mehr auskennt – die penible Fachwelt möge es mir nachsehen …

Im Westen setzen die Kelten irgendwann nach Britannien über, werden im Süden 387 nur durch schnatternde kapitolinische Gänse an der Eroberung Roms gehindert, dringen ostwärts nach Böhmen vor (das von den keltischen Boiern seinen Namen erhält), und überfallen von Mur- und Drautal kommend die Illyrer. Noriker heißen die Kelten dieses großen Stammes, und sie machen sich das Land zwischen den Karawanken im Süden und der Donau im Norden untertan. Ihr Hauptquartier schlagen sie am Magdalensberg in Kärnten auf. Zunächst installieren sie einen Adelsclub als Regierungsteam, das sich dann irgendwann zu einem Königtum auswächst. Anarchistisch eingestellte Zeitgenossen haben nun Anlass für Weh und Klage, denn die Noriker schleppen nicht nur ihr Konzept von Staatlichkeit ein, sondern stellen auch den ersten uns bekannten Herrscher Österreichs. Cincibilus wird jener König Noricums von den lateinischen Chronisten genannt, der mit den südlichen Nachbarn, den Römern, einen Freundschaftsvertrag über die Duldung keltischer Stämme im Grenzgebiet und die Lieferung norischen Eisens abschließt.

Gemeinsam ist Kelten und Römern das Grauen vor dem unbekannten und unheimlichen Norden des Kontinents. Von dort, jenseits der Donau, erhält man alsbald unsanfte Liebesgrüße in Form von durchziehenden und marodierenden germanischen Stämmen der Kimbern und Teutonen. Angesichts dieser Gefahr lassen die Kelten erstmals römische Soldaten ins Land, die aber nicht etwa die Grenzen Noricums eisern absichern, sondern das tun, was 2000 Jahre später als »Raumverteidigungskonzept« des österreichischen Bundesheeres den Schutz bedeutender Schlüsselpositionen statt das krampfhafte Halten von linearen Grenzen vorsehen wird. Einer dieser wichtigen Punkte ist im Jahr 113 vor Christus jener sagenhafte Ort, der nach der keltischen Muttergöttin Noreia benannt und möglicherweise am Magdalensberg, vielleicht aber auch beim Berg Gračarca südlich des Klopeinersees gelegen ist. Oder auch ganz woanders – wir wissen es nicht. Bekannt ist nur, dass bei Noreia die römische Armee zum ersten Mal eine dermaßen gewaltige Ohrfeige von den Germanen ausfasst, dass noch die österreichischen Deutschnationalen im fernen 19. und 20. Jahrhundert ihre eigene Zeitrechnung triefend vor Hohn mit diesem Jahr der ersten vernichtenden Niederlage der Römer 113 vor Christus beginnen lassen werden.

Die Geschlagenen haben indes Glück im Unglück, denn die Kimbern und Teutonen ziehen von Noreia nicht südwärts nach Italien und Rom weiter, sondern wenden sich nach Westen in Richtung Rhein.

Für alle Beteiligten, ob Römer oder Kelten, steht nun fest, dass der Feind aus dem Norden kommt und Noricum ein Grenzland ist, ein durch Invasoren gefährdetes Gebiet. Ein bestimmender Charakterzug späterer österreichischer Mentalität ist geprägt. Sie beinhaltet die so felsenfeste wie illusionäre Meinung, dass die Amerikan… ähhh die Römer oder andere starke Mächte dem liebenswerten kleinen Volk schon irgendwie aus der Patsche helfen werden, wenn ein Feind ins Land hereindrängt.

Machen wir's kurz! Als nun die Germanen auch die keltischen Boier aus Böhmen vertrieben haben und der norische König Voccio dem mächtigen Germanenführer Ariovist ganz diplomatisch seine Schwester zur Frau gegeben hat, macht Julius Caesar 58 vor Christus mit der Schlacht im Elsass der germanischen Südwest-Tournee ein vorläufiges Ende. König Voccio nützt die Gunst der Stunde, fügt seinem Königreich alles hinzu, was noch südlich der Donau liegt, und nimmt sich im Osten einen Landzipfel der Pannonischen Tiefebene – heute nennt man dieses Gebiet Wien und Umgebung.

Jetzt haben die Noriker entlang der Donau die Kontrolle über einen Abschnitt der Bernsteinstraße, einer der wichtigsten Handelsrouten der Zeit. Aber wie das halt so ist mit den Römern – reicht man ihnen den kleinen Finger, so kassieren sie gleich die ganze Hand! Verdattert nehmen die Noriker zur Kenntnis, dass Caesars Nachfolger Kaiser Octavian, genannt Augustus, in einem Kraftakt die Grenzen des Imperiums bis zur Elbe vorschieben will und das Königreich Noricum als Hinterland dafür benötigt.

Nachdem schon das Tirolische und das Vorarlbergische in der römischen Provinz Rätien aufgegangen sind und die Römer das norische Gebiet östlich des Wienerwaldes ihrer Nordostprovinz Pannonien zuschlagen, okkupieren sie im Jahr 15 vor Christus das ganze keltische Königreich Noricum mit seiner Hauptstadt am Magdalensberg. Gewehrt haben sich die Noriker dagegen wohlweislich nicht, denn zum einen hat sich ihre Elite schon längst mit südlichen Importwaren versorgt (Stadtarchäologen haben solche Luxusgüter erst jüngst in Wien zutage gefördert) und ihren Lebensstil dem römischen angepasst, und außerdem hatte das Königreich schon ein Jahr zuvor von den Römern eins auf die Mütze bekommen, da es einen Keltenaufstand in Istrien unterstützte. So gibt es also keine Eroberungsschlacht, aber die Römer füllen Noricum bis unters Dach mit Militär, und das bleibt auch so, als sie sich nach ihrer vernichtenden Niederlage gegen die Germanen im Teutoburger Wald zur Donau zurückziehen und sich dort festkrallen. Um das Jahr 50 nach Christus finden wir Noricum als römische Provinz und als Teil des Limes vor, des Grenzwalls, der quer durch Europa verläuft. Römischer Sitte folgend dürfen die Kelten neben den importierten römischen und orientalischen auch ihre eigenen Götter behalten – es sind vor allem weibliche Gottheiten, deren einige möglicherweise noch heute in so mancher alten Sage in veränderter Form als verwunschene Wesen in Wäldern und an Quellen herumgeistern …

Viel wichtiger ist den Römern die Befestigung des Limes, und sie gründen, ob mit oder ohne keltische Vorgänger, Legionslager, Kastelle und Zivilstädte entlang des rechten Donauufers – von Castra Batava (Passau) und Juvavum (Salzburg) über Lentia (Linz) bis Vindobona (Wien) und bis zur pannonischen Metropole Carnuntum (Petronell). Verbunden wird das alles mit Römerstraßen, deren Verläufe die Verkehrsplaner bis heute nicht gänzlich ignorieren, und es ist fein zu wissen, dass nicht erst Adolf Hitler, sondern bereits die Römer im Prinzip die Idee zur Westautobahn hatten.

Kaiser Probus (der so um 280 nach Christus herrschte) gilt rotnasigen Weingenießern als Schutzpatron des österreichischen Weinbaus entlang der Donau und im Burgenland, dabei hat er doch nur die schon lange bestehende kelto-romanische Weinkultur veredelt und in die Verantwortung der Einheimischen gelegt. Was Wunder? Die alkoholischen Tagesrationen der immer zahlreicher werdenden Legionäre konnten längst nicht mehr aus Italien importiert werden.

Mit der römischen Zivilisation kamen auch Brot und Spiele. Erst im 21. Jahrhundert entdeckten Archäologen in der Metropole Carnuntum unter der Erde eine Sensation. Gladiatoren sind die allen Konsumenten bluttriefender Kino- und TV-Schinken wohlbekannten Schaukämpfer der römischen Antike, Sklaven, die bis zum Tod kämpften und zum Teil echte Stars ihrer Zeit waren. Im mittlerweile zum Archäologischen Park gewordenen Carnuntum erspähten Archäologen eines Ludwig-Boltzmann-Instituts 2011 mit Bodenradargeräten eine Gladiatorenschule, deren Fundamente unter der Erde so gut erhalten sind wie kaum eine vergleichbare Einrichtung der Antike.

Das Besondere am Fund von Carnuntum ist, dass er den ersten vollständig erhaltenen Grundriss einer römischen Gladiatorenschule außerhalb Roms markiert. Und es war ein feudaler Bau – vom üppigen Portal über Abwasserkanäle bis zur Fußbodenheizung einer antiken Hauptstadt von 50 000 Einwohnern wohl würdig. 40 bis 60 Gladiatoren lebten und trainierten hier auf 11 000 Quadratmetern ihr brutales Gewerbe, ein Riesending mit eigenem Mini-Amphitheater und Gehege für die wilden Tiere.

Das große Amphitheater aus dem 2. Jahrhundert kannte man schon lange. Es war immerhin das viertgrößte des Römischen Reiches. Die Gladiatorenschule hingegen ist laut Befunden der Experten sogar in manchen Details interessanter als vergleichbare Funde in Rom selbst.

Von der Kampfarena abgesehen herrschte im 1. Jahrhundert nach Christus in Noricum weitgehend Frieden – eine trügerische Ruhe, denn da waren ja noch die Germanen nördlich der Donau. Man darf sie sich nicht als wilde Barbaren vorstellen, als die sie mancherseits so gerne verzeichnet werden. Einige von ihnen pflegten regen Kontakt mit der römischen Welt, und ihre alles andere als einigen Stämme waren ihrerseits immer wieder auf dem Kriegspfad und auch auf der Flucht vor anderen vazierenden Völkern Ostmitteleuropas. Wenn sie sich allerdings zusammenschlossen und gegen Dritte verbündeten, machten sie gewaltigen Druck.

Schluss mit der Pax Romana! Die Germanenstämme der Markomannen, Quaden und Sarmaten dringen in Pannonien ein und im Süden bis an die Adria und die Tore von Aquileia vor. Der große stoische Philosoph und nebenbei auch römische Kaiser Mark Aurel drängt sie zurück und stirbt überraschend 180 in

Vindobona, was das Legionslager erstmals berühmt macht. Von Westen dringen in den folgenden Jahrzehnten andere Germanen, die Alemannen, gegen den Bodensee vor. Im mittlerweile in vier kleinere Provinzen eingeteilten Noricum und in Pannonien versuchen die Amerikan... äääh die Römer das, was sie so gut können, nämlich die eingesickerten Germanen mit ihrer Kultur und Lebensart zu infizieren und zu Bundesgenossen zu machen. Das gelingt zum Teil, eröffnet den Neuen aber auch Karrierechancen. Bald sind im Römischen Heer mehr Germanen als Italiener unter Waffen! Die romanische oder romanisierte Bevölkerung in den norischen und pannonischen Provinzen fühlt sich kulturell und militärisch im Stich gelassen. Die Metropole Carnuntum (dem Aqincum, das spätere Budapest, als zweite pannonische Hauptstadt zur Seite gestellt worden ist) verwahrlost zusehends, wird nach 390 weitgehend zerstört, und 433 evakuieren die Römer Pannonien, weil ein Verband kampfeslustiger Reiterstämme aus dem Osten herangerückt ist, dem auch die germanischen Hilfstruppen nicht gewachsen sind: die Hunnen, die man wohl oder übel über die Reichsgrenzen hereinlassen muss. Nach deren König Attilas Tod 20 Jahre später übernehmen die germanischen Goten das Gebiet, und weiter nördlich tauchen andere Germanen, die Rugier, auf. Einigermaßen eilig rücken die römischen Truppen nun auch aus Noricum ab.

488 – längst sitzt in Rom statt dem Kaiser ein Germane namens Odoaker als »König von Italien« – ziehen die letzten römischen Legionäre nach Süden und überlassen die verbliebenen Einheimischen, eine Mischung aus Nachfahren der Kelten, aus Römern und Germanen, ihrem Schicksal. Die haben in den letzten Jahrzehnten ohnehin schon zur Selbsthilfe gegriffen und sich in lokalen Einheiten organisiert.

Hier sind wir an einem wichtigen Punkt angelangt. Er erweist, wie sich römisch geprägte Zivilisation in den von der Schutzmacht verlassenen Gebieten über die folgenden Jahrhunderte hinüberretten konnte.

Als wichtige Reliquie nehmen die abrückenden römischen Truppen des Jahres 488 die sterblichen Überreste eines sechs Jahre zuvor verschiedenen Mannes mit, die sie in der Nähe von Neapel beisetzen wollen: Severin von Noricum, genannt der heilige Severin.

Neben anderen orientalischen Religionen wie etwa dem Mithras-Kult war auch das Christentum in Pannonien und Noricum angekommen, und hatte nach dem Aufstieg zur römischen Staatsreligion im 4. Jahrhundert einen Boom erlebt.

Christliche Bischöfe saßen bereits in wichtigen Städten und organisierten ihre Einflussgebiete in sogenannten Diözesen. Den Provinzen übergeordnete Verwaltungseinheiten dieses Namens gab es als zivile Einrichtungen auch im Römischen Reich, eine Art Netz europäischer Regionen. Zur weltlichen Diözese Pannonia etwa gehörten um 400 sowohl Pannonien als auch Noricum.

Schon anhand der Wahl des Begriffs Diözese für ihre Kirche sieht man, dass sich die Bischöfe ebenso als Herren und als Verwalter empfanden, wie ihre weltlichen Kollegen, die Vicarii.

Als sich die römische zentrale Zivilverwaltung der Diözesen und Provinzen nach und nach auflöste, blieben vielleicht nur mehr die örtlichen Bürgerinitiativen oder, wenn man so will, Selbsthilfegruppen übrig … und da und dort ein Nachhall, eine Erinnerung an die Autorität der Bischöfe.

Militärische Macht hatten sie kaum anzubieten gehabt, besaßen aber etwas viel Wertvolleres: eine faszinierende Ideologie. Funktionierende Politik setzt in Europa so wie anderswo auch Vertrauen in politische Einrichtungen und ihre Führer voraus. Das Christentum aber hatte noch mehr in seiner Schatzkiste, es schürte den Glauben an ein besseres Leben im Jenseits, und das erforderte Opfer in der diesseitigen Welt. Das größte brachten jene, die in den Christenverfolgungen wegen ihres Glaubens getötet wurden, wie der heilige Florian von Lorch, der erste Märtyrer Noricums, der 304 in Lauriacum mit einem Stein um den Hals in der Enns versenkt wurde. Alle anderen Getauften sollten im Geist solcher Vorbilder die Regeln erfüllen, die – und das war das Wichtige daran – über alle Stämme und Völker hinweg gelten konnten und sollten. Ideal für eine Mischbevölkerung, von der Armee verlassen und bedroht von äußeren Invasoren! Gesellschaften, die das Opfer fordern, sind im Kampf denen, die menschliche Individualität im Diesseits betonen, notorisch überlegen. Wem die Heiligkeit winkt, der kämpft verwegener, wie uns im 21. Jahrhundert die Erfahrungen mit den Heiligen Kriegern des Islam lehren.

Um das Gesellschaftsgefüge in unsicherer Zeit zu festigen, setzte eine Werbeaktion, eine Missionierungswelle ein. Wichtigster Apostel Noricums war dabei der geheimnisvolle Herr Severin, von dem wir annehmen, dass er ein römischer Aristokrat war. Die Romanen sind immerhin die ersten Christen in der Gegend gewesen. Vor allem für sie, aber nach und nach auch für einige Kelten und Germanen, wurde Severin zur Autorität inmitten des politischen Umbruchs. Er organisierte alles von der Beschaffung von Lebensmitteln und Kleidern bis zum Gefangenenaustausch zwischen Kriegsparteien in Ober- und Niederösterreich. Sein Missionshandwerk dürfte er im Osten des Römischen Reichs bei Einsiedlern in der Wüste gelernt haben, und die erklärten laut dem irischen Historiker und Biografen des heiligen Augustinus, Peter Brown, ihrer Klientel im Nahen Osten das christliche Ordnungsprinzip mithilfe der Heiligen Dreifaltigkeit.

Die Spätantike kannte drei vorchristliche Idealtypen. Da waren der Patronus, der Herrscher oder sein Stellvertreter bis hinab zum Gutsherren; der Gladiator, also der Kämpfer bis zum Tod; und der Sanctus, der weise Heilige, der meistens außerhalb des Dorfes im Wald oder in der Wüste lebte und aus seiner Entrückung nur hereingeholt wurde, wenn die Menschen Ratschläge brauchten, wenn es Streitigkeiten zu schlichten gab und es galt, einen Sündenbock oder eine Sau durchs Dorf zu treiben.

Fortan waren eben Patronus durch Gottvater, Gladiator durch Christus und Sanctus durch den Heiligen Geist repräsentiert. Ein für die frisch getauften Christen der Zeit leicht fassliches und taugliches Trio, an das sie gerne glaubten, da sie solche Bilder ohnehin schon kannten. Das galt auch für die christliche Version des Arianismus, die besonders unter Germanen populär war und Jesus vor allem als Mensch und nicht als Gott betrachtete. Dieses System bildete die Heilige Dreifaltigkeit auf der Erde ab und überdauerte den Untergang der antiken Welt.

Im Mittelalter wurden aus dem Patronus der Fürst und der Bischof, aus dem Gladiator der aufopfernde Ritter und Soldat, und aus dem Sanctus der Mönch, der moderne, intellektuelle Superheld mit Durchblick und Wissen.

Die neuere Zeit brachte dann schließlich die Teilung des Patronus in weltliche und geistliche Macht, den für alles Mögliche streitenden Gladiator, der für Gott, Herrscher und Vaterland, eine gerechte oder auch nur die Sache einer Streitpartei in die Schlacht zog, und den gar nicht mehr unbedingt so heiligen Sanctus, der aus der Mönchsklause heraustrat und vom Schreiber über den Alchemisten, den Wissenschaftler bis zum tätigen oder auch nur schwatzhaften Intellektuellen den Berater abgab und noch gibt. Bei dieser Dreifaltigkeit ist es lange geblieben. Sie hatte mit Kirchenglauben nicht mehr viel zu tun, machte aber die Politik.

Vor 1600 Jahren, ab dem späten 4. Jahrhundert, der Zeit der sogenannten Völkerwanderung, war die Religion im unübersichtlichen Mitteleuropa eine Frage des Überlebens. Religiöses Bekenntnis und Wohlverhalten waren ein Gebot der Political Correctness. Wer sich gegen sie verging, verriet die Gemeinschaft und wurde als Bedrohung für die Existenz aller empfunden. Nicht Gut und Schlecht bildeten die beiden Pole solchen Lebensentwurfs, sondern Richtig oder Falsch. Ein letzter Nachhall dieser Zweiheit klingt noch in den alten Volksmärchen nach, in denen das Brutale richtig und das Duldsame falsch sein kann.

Das unter anderem ist eine Wurzel der gottgewollten Gesellschaftsordnung und der Sendung von Gottes Gnaden künftiger Herrscher, die uns in den nächsten eineinhalbtausend Jahren beschäftigen wird. Zunächst ist sie das Fundament des Mittelalters und macht die unerhörte Tragweite von Phänomenen wie Ketzerei, Zauberei, Hexerei und Andersgläubigkeit klar. Erst als sie den Prinzipien eines neuen Humanismus und danach der Aufklärung weicht, wird der Weg in die Neuzeit frei.

So weit sind wir allerdings in unsrer Zeitreise noch lange nicht fortgeschritten, und kritische Zungen meinen, wir seien bis heute nicht vollends angekommen.

WANDERTAG

Ich habe eine gute Nachricht, liebe Leser! Die feierlich ausgerufene Völkerwanderung, anlässlich derer die Barbaren bei uns alles kurz und klein schlugen, hat es so nicht gegeben. Sie ist ein Konstrukt späterer Geschichtsschreiber, um nationale Mythen mit packenden Geschichten von sagenhaften Landnahmen und heldenmütigen Eroberungen ihrer eigenen Völker zu unterfüttern. Vergessen Sie also die alten gemalten Schautafeln aus dem Schulunterricht von anno dazumal, auf denen pausbäckige germanische Rotschopfe blasse Römerlein vermöbeln.

Und weil wir gerade beim Zertrümmern von Mythen sind: Nein, das Weströmische Reich ist nicht an seiner angeblichen Dekadenz zugrunde gegangen und wurde auch nicht von jungen, frischen Barbaren mit Schnauzbärten übernommen. Sonst wäre es dem oströmischen Teil erst recht so ergangen, und der hat noch 1000 Jahre lang als Byzantinisches Reich munter weiter bestanden, inklusive »Dekadenz«; manche sagen auch Hochkultur dazu.

In Wahrheit ging ab dem Ende des 4. Jahrhunderts etwas weiter, was schon länger am Laufen war. Freilich mit voller Wucht, harten Brüchen und wechselnder Besetzungsliste. Aber was sind schon Namen?

Ich werde den Verdacht nicht los, dass in der Rückschau mit Bezeichnungen für Stämme, Verbände und Völker zwar freihändig jongliert wird, die Menschen, die das alles tatsächlich erlebten, einander aber nie:»Na, alter Mitgermane, was gibt's Neues von der Völkerwanderung?« zugerufen haben. Und schon gar nicht sagte der letzte Westgote zum ersten Ostgoten:»Drängel nicht so!«

Wir machen es uns oft sehr leicht und sehen die satten 500 Jahre der sagenumwobenen Völkerwanderung gerne in einem Zeitraffer im Schnelllauf an, durch den wir die Neuzeit niemals betrachten würden. Denn wer würde heute seine Familiengeschichte schon mit der großzügig bemessenen Anmerkung versehen: Meine Vorfahren wanderten irgendwann so zwischen 1490 bis 2016 ins Land XY ein? Das wäre doch ein wenig unpräzise.

Für den, der mittendrin steckte, gehörten Wanderungen, Anpassungen, Abgrenzungen und Vermischungen zum Alltag. Auch harte Abwehr- und Verteilungskämpfe entlang der Grenzen von Clans, Stämmen und Völkern – übrigens unter Verzicht auf Konsensfindung in basisdemokratischen Diskussionsrunden. Manche Grenzen waren freilich fließend, und ein Germane des 2. Jahrhunderts *vor*, hatte mit einem Germanen um das Jahr 500 *nach* Christus nicht mehr viel gemeinsam. Die größten unter den lateinisch »Gentes« genannten Volksverbänden, von denen wir hier sprechen, umfassten mithin nicht mehr als 15 000 Menschen – so viel zur »Überflutung« eines Kontinents.

Gerade die Germanen wurden später neben den Slawen besonders gerne für die Rechtfertigung nationaler Wünsche und ersehnter zukünftiger Größe zurechtgebogen und als Crash-Test-Dummies in allerlei nationale Vehikel gesetzt, die dann im 20. Jahrhundert fatal gegen die Wand fuhren. Mit der Folge, dass sich heutzutage sogar randständige Anhänger der Neuheiden-Bewegung sicherheitshalber lieber Keltensymbole samt Drudenfüßchen um den Hals hängen als germanische Runen zu bemühen – man will ja auch bei Heidens gewöhnlich nicht als Nazi-Spätfolge gelten, außer vielleicht jene, die ausdrücklich darauf Wert legen.

Den echten alten Germanen wird das in ihrer Zeit alles ziemlich wurscht gewesen sein. Sie adoptierten den römischen Way of Life und trugen ihn weiter ins Mittelalter. Die nachgeborenen Chronisten hingegen bedienten sich des antiken römische Autors Tacitus und interpretierten seine Schrift *Germania* über die Stämme des 1. Jahrhunderts nach Christus als Kitschroman über ein heimatverbundenes Volk, das vom angestammten Siedlungsgebiet freiwillig nie gewichen wäre und später nur unter Zugzwang das alte Rom zerstört hätte. Erst ein gewisser Wolfgang Lazius, Wiener Humanist und Hofgeschichtsschreiber des Habsburgerkaisers Ferdinand I., erfand 1557 für sein Buch *Über die Wanderungen einiger Völker* die sogenannte »migratio gentium« und mit ihr den angeblichen ur-deutschen Wandertrieb.

Alles nicht wahr.

Tatsache ist dagegen, dass das Donautal eine wichtige Durchzugsroute für viele Stämme, ob Germanen oder nicht, war und blieb. Um 500 erschienen dort die germanischen Langobarden, die bald dem Reiterverband der Awaren weichen mussten. Letztere waren vielleicht Verwandte der Hunnen oder Mongolen und schoben sich nicht nur für etwa 200 Jahre als Keil zwischen das oströmische Reich und die aufkommenden germanischen Franken im Westen, sondern brachten auch Vasallen mit, die unter ihrer Knute standen: die Slawen.

Die Awaren dürften nur eine kleine Oberschicht gewesen sein, weshalb die ursprünglich nördlich der Karpaten wohnenden Slawen in Noricum wohl die eigentliche Basisarbeit erledigten. Ebenso ließ sich von Westen her kaum ein Franke hier blicken, denn diese Westgermanen hatten ihrerseits wieder Vasallen, die sie losschickten, den wilden Osten zu gewinnen: die Bajuwaren, also niemand anderen als die Bayern. Mit ihnen rangelten nun die Slawen in awarischem Auftrag um unser Gebiet, das noch immer nicht Österreich hieß.

Den Slawen gelang es zwischenzeitlich, sich von der awarischen Knechtschaft zu befreien, und sie wählten eigene Könige, allerdings germanische Fachkräfte: im Norden einen Franken namens Samo und in den Alpen, in Karantanien, den Bayern Odilo. Noch einmal zeigten die Awaren, was sie konnten, und eroberten Samos Königreich. Karantanien, also Kärnten, blieb dagegen bayerisch.

Um 780 saßen alle so fest im Sattel, dass die Enns als Grenze zwischen Bayern und Slawen samt Awaren gelten konnte.

Die Bayern behielten die Oberhand, sie waren die kommende Macht. Noch dazu bekamen jetzt im Frankenreich nach den laschen Merowingern die dynamischeren Karolinger das Sagen.

Gemeinsam mit den Bajuwaren trieben die Franken die Awaren hinter die Flüsse Leitha und Fischa zurück. In den frei gewordenen Siedlungsgebieten gründeten die Bayern in fränkischem Auftrag Grenzmarken von der Donau bis zur Adria zur Abwehr neuer Gefahren. Denn von Norden drängte ein großer Slawenblock ins Land: das Großmährische Reich. Und ab dem späten 9. Jahrhundert dann das Reitervolk der Magyaren. Sie besetzten 896 die ungarische Tiefebene und überrollten durch ihre geniale Kampftechnik zunächst das Mährische Reich und dann die bayerische Armee bei Preßburg. Für ein halbes Jahrhundert, also damals immerhin mehr als ein durchschnittliches Menschenalter, musste die bayerische Grenze bis an die Enns zurückgenommen werden. Im Ungarnsturm, der noch lange im Gedächtnis der Menschen blieb, terrorisierten die Magyaren die Gegend des östlichen Noricum, das spätere Niederösterreich, schafften es aber nicht, die Bevölkerung dort gänzlich auszurotten.

Die Rettung blieb nicht aus. Am 10. August 955 schlug die Stunde null. Da besiegte der ostfränkische König Otto I. mit seinen germanischen Truppen die magyarische Armee auf dem Lechfeld bei Augsburg. War das die Geburt der deutschen Nation? Jedenfalls brachte dieser Sieg Otto eine heilige Krone ein, er wurde der erste in einer langen Reihe römisch-deutscher Kaiser. Als Otto der Große ging er in die Geschichtsbücher ein. Das Land östlich der Enns befreite er von den Magyaren und errichtete die Marcha orientalis neu, jene Mark, der sein Sohn und Nachfolger Otto II.

976 einen besonders treuen kaiserlichen Gefolgsmann namens Luitpold als Grafen vorsetzte.

Der wollte ohnehin versöhnt sein, denn ein halbes Jahrhundert zuvor hatte ein Vorfahr von ihm, ein gewisser Graf Adalbert, politisch auf die falsche Karte gesetzt und die im Abgang befindlichen Karolinger gegen die kommenden Kräfte unterstützt. 906 war er auf der Burg Theres am Main hingerichtet worden. Seitdem hatten sich die Nachfahren des Pechvogels besonders ins Zeug gelegt, um bei den Ottonen gute Stimmung zu erzeugen. Das macht sich jetzt bezahlt, Luitpold bekommt die Ostmark – nicht die Welt, aber immerhin. Angeblich stammt sein Geschlecht aus Bamberg; ein echter Babenberger also.

Nibelungentreue

Und sie drehen sich munter im Reigen ... Die »Neidhart-Fresken« in einem
Wiener Tanzsaal aus der Zeit um 1407 zeigen Szenen aus den Liedern
des Minnesängers Neidhart von Reuental (1180–1250)

Wenn Ihnen jetzt der Schädel brummt und Sie nächtens schweiß-
gebadet von mytho-germanisch-awarischen Grenzgebieten des
Ostfrankenreichs mit quasi-kelto-romanischer Restbevölkerung und
krypto-slawischen Hilfskräften gegen die brutalo-magyarische
Gefahr träumen, kann ich Sie beruhigen. Denn die Geisterbahnfahrt
durch das Gewirr von Namen, Stämmen und Völkern, die es heute
nicht mehr gibt, ist zu Ende. Ab sofort haben wir's schlicht mit Deutschen, Bayern, Ungarn und allerlei Slawen zu tun. Viele von ihnen
sind mittlerweile Christen, haben sich also der katholisch-römischen
»neuen Weltordnung« angeschlossen, oder ihrem Gegenstück, der
byzantinisch-oströmischen Kirche. Rom und Konstantinopel schicken ihre Agenten und Missionare aus und werben für ihre Lesart,
wie das Leben beschaffen sein soll. Die Geschicke der südöstlichen
Grenzmark des Heiligen Kaiserreichs der Deutschen und Norditalie-
ner liegen nun in den Händen der hier herrschenden Markgrafen.
Babenberger haben sie sich zwar selbst nie genannt, aber wir bezeichnen sie weiterhin als solche, weil's ein schöner Name ist. Zu Beginn
schnell noch ein Quäntchen markiger Literatur.

Sagen wir's offen und ohne unseren ungarischen Freunden von heute zu nahe treten zu wollen: Der Ungarnsturm saß den Menschen in der östlichen Mark noch lange tief in den Knochen. Sogar in ein weltberühmtes Epos sind sie eingeritten: In den Aventiuren des *Nibelungenlieds* spiegelt sich nicht nur der Untergang sagenhafter Burgunder am Rhein im 5. Jahrhundert, sondern dort tummeln sich auch die literarisch als Hunnen verkleideten wilden Magyaren, die, wir wissen es bereits, 907 bei Preßburg ein bayerisches Heer vernichteten. Im Buch zum Krieg, der Nibelungensaga, kommt ein Gefolgsmann des Hunnenherrschers vor, dessen Herkunftsort im Herz Ostarrichis liegt: Markgraf Rüdiger von Bechelaren.

Möglicherweise steckt hinter dieser Figur historisch ein gewisser Burkhard, den Otto der Große unmittelbar nach dem Sieg über die Ungarn als Übergangsmarkgraf eingesetzt hat. Fest steht, dass Bechelaren ziemlich sicher nichts anderes als Pöchlarn in Niederösterreich ist, heute stolze »Nibelungenstadt« mit etwas über 4000 Einwohnern.

Des sagenhaften Rüdigers Chef ist der von Hunnenkönig Attila inspirierte Etzel. Wenn man's genau liest, dann ist dieser Etzel ein recht duldsamer Barbar, denn an seinem heidnischen Hof dürfen auch Christen verkehren. Das alles hat mit dem historischen Hunnenkönig herzlich wenig zu tun, dafür haben die Passauer Dichter des *Nibelungenlieds* hier wiedergegeben, wie sie die Ungarn um das Jahr 1000 einschätzten, die ihr Bischof Pilgrim für das Christentum gewonnen hat.

Mithin stehen die Magyaren unter ihrem König Stephan nach dessen Taufe im Jahr 1000 in Treue zur christlichen Weltordnung. Die mittelalterliche »triuve« beschreibt die persönliche Bindung der im Lehenssystem miteinander verbundenen Herren und Vasallen. Stephan und sein Volk sind also nun die Vasallen von Gott, dem Herrn, und begnügen sich mit der Pannonischen Tiefebene als Westgrenze ihres Einflussgebiets. Das bedeutet zwar kein Ende der Raufereien, aber einen Stopp der großen magyarischen Westwanderung in unserem Gebiet. Die bajuwarische Mark bleibt die Grenzregion des Reichs.

Friede kehrt dadurch nicht ein, aber wenigstens der dauernde Durchzug ist vorbei. Damit sind alle östlichen Reichsgebiete und ihre Nachbarn, die Königreiche Polen, Böhmen und Ungarn, christlich. Der Marchio orientalis, der Babenberger Markgraf im Osten, herrscht nicht über ein geografisch genau eingrenzbares Territorium, sondern vielmehr über jene Freien und kleinadeligen Grafen, die zu seinen Gerichtstagen kommen oder mit ihm in den Krieg ziehen, wenn er ruft. Dieses Einzugsgebiet ist in historischen Landkarten meistens unscharf eingezeichnet und zeigt einen Farbklecks am Donautal zwischen den Flüssen Enns, Aist, March, Leitha und Thaya und dem nördlichsten Teil des Alpenhauptkamms. Die Achse bildete – einmal mehr – die Donau als Lebensstrom. Südlich davon liegen Kärnten und die Steiermark, die sich autonom als eigene Marken entwickeln.

Der stolze Kärntner Herzog wird in einer Doppelzeremonie nach slawisch-heidnischem Brauch zuerst auf dem sogenannten Fürstenstein, einem alten römischen Säulenrest, zum Herrscher erhoben und kann erst danach nach christlichem Ritus den Herzogsstuhl auf dem Zollfeld besteigen. Kärnten verliert früh seine Südgebiete bis hinunter nach Verona. Auch die Steirer lösen sich aus dem Kärntner Herzogtum und werden nunmehr von der Familie der Traungauer und nach deren Aussterben von nahen Verwandten, den Otakaren, regiert, die letzten sechs Jahre sogar als eigenes von Bayern unabhängiges Herzogtum. Nach dem Tod des kinderlosen Otakar IV. fällt es an die Babenberger – aber dazu kommt es erst 1192; wir sehen uns zunächst einmal an, mit welchen Menschen wir es zu tun haben.

Wer lebt denn da nun überhaupt kurz vor der Jahrtausendwende in Ostarrichi und Umgebung? Gesichert dürfte sein, dass sich in den Städten mit den alten römischen oder keltischen Namen wie Wienne (vormals Vindobona, um 800 althochdeutsch Wenia genannt, ab 1000 schließlich Wien am Fluss Vedunis, also dem Wienfluss), Tulln, Traismauer, Krems, Ybbs und Enns eine Stammbevölkerung über stürmische Zeiten gehalten hat. Westlich der Enns und hinüber bis nach Nordtirol und hinunter nach Südtirol bis Kaltern sitzen romanisierte Kelten, die von ihren germanischen Nachbarn ganz gern als Walsche oder Welsche bezeichnet werden.

Von der Mode der Alpenromanen, so meinte in unseren Tagen der österreichische Historiker Adam Wandruszka, sei auch noch etwas übrig geblieben, nämlich der einfache Wetterfleck, durch dessen Öffnungen man die Arme und den Kopf steckt …

In Vorarlberg leben alemannische und rätoromanische Menschen. Salzburg wird von freien romanischen Bauern bewohnt. Östlich der Enns und im Süden bis Kärnten und Osttirol sind noch ein paar Germanen, doch mehrheitlich Slawen zu Hause – aber es ist ein dünn besiedelter Boden. In diese Lücke stoßen nun die Bayern vor. Ihre Markgrafen, die Babenberger, vergeben Lehen an unternehmungslustige Herren, die den Osten kolonisieren wollen. Diese wiederum schicken eine Flut von deutschen Bauern in das fruchtbare und daher vielversprechende Land. An der Donau entlang kommen sie bis weit in den Osten nach Hainburg und bescheren Wien so schöne bayerische Dorfnamen wie Grinzing, Sievering und Ottakring. Bis 1063 raufen die Babenberger noch mit den Ungarn um Wien und Umgebung, dann steht die Grenze gegen die Ungarn aber einigermaßen fest und die Schwerter werden zu Pflugscharen. Vorerst.

Pfadfinder und Vordenker der Bayern sind katholische Ordensmänner und Mönche wie Benediktiner und Zisterzienser, die als Stützpunkte Klöster gründen und dabei helfen, nördlich der Donau und südwärts bis ins Steirische hinunter Wälder zu roden und neues Land urbar zu machen. So entstehen die Klöster und Abteien Melk, Göttweig, Stift Klosterneuburg, Heiligenkreuz, Rein bei Graz und Zwettl. Die bayerischen Siedlungsunternehmer machen das Deutsche endgültig zur allgemeinen Landessprache und bringen als Lehensherren ein fränkisches Gesellschaftsmodell mit, in dem der Bauer einmal das werden wird, was der Volksmund später einen »Leibeigenen« nennt. Die Bayern riskieren freudig das Abenteuer, in den wilden Osten vorzustoßen, weil sie im Neuland zunächst noch relativ wenige Abgaben und Steuern entrichten müssen. Dafür nehmen sie gern die paar Slawen in Kauf, neben denen sie sich dort ansiedeln und denen sie flugs die deutsche Leitkultur aufbrummen.

Westlich der Enns dagegen sind die Bauern zwar auch nicht unbedingt alle frei, aber etwas reicher und ungebundener. Sie werden künftige Abhängigkeiten nicht so demütig hinnehmen wie die Kolonisten im Osten. Findige Österreichkenner begründen damit den markanten Gegensatz zwischen der angeblichen Untertanenmentalität der Bewohner östlicher Bundesländer und dem herrlichen Selbstbewusstsein alpiner Westösterreicher.

Noch heute verspotten grobe Wiener die Menschen aus dem ländlichen Umland als »Gscherte«, also als jene bäuerischen Unfreien, die ihr Haar nicht lang tragen durften, sondern am Kopf durchwegs kurz geschoren waren. Die so Geschmähten nennen ihrerseits die proletoiden Hauptstädter »gscherte Weaner«. Man kennt sich, man liebt sich …

Das Kolonisieren und Germanisieren dauert jedenfalls ganz schön lang. Bis im 13. Jahrhundert endlich auch die entlegeneren Gebiete bis nach Böhmen und Mähren gerodet und besiedelt sind, machen derweilen die Babenberger Familien- und Reichspolitik.

DIE ROTWEISSROTEN BABENBERGER

Halten Sie mich bitte nicht für respektlos, aber an dieser Stelle sei mir als altem Wiener eine kleine Verniedlichung erlaubt, denn die Babenberger waren die ersten Herrscher in unserem Raum, die eine gewisse Popularität im Volk genossen. Also, es geht um die Poldln!

»Poldl« oder noch salopper »Poidi« belieben die Ostösterreicher gerne ihre Leopolds zu herzen. Insgesamt sechs Babenberger dieses erlauchten Namens geboten bis Mitte des 13. Jahrhunderts über Österreich, dazu kamen noch drei Heinrichs, zwei Friedrichs, ein Adalbert und ein Ernst. Sie alle bekamen neben Ordnungszahlen von den Chronisten mehr oder weniger heroische Beinamen wie »der Schöne«, »der Widerspenstige«, oder »der Siegreiche« verliehen.

Ihre Herrschaft darf man sich nicht wie aus einem Mittelalter-Märchenbuch zum Ausmalen vorstellen. Da saß kein alles überblickender Herrscher auf einem Thron, sondern die Markgrafen und Herzöge brauchten zum Regieren regionale Gehilfen, sogenannte Ministerialen, die in ihren Landstrichen obwalteten. Bisweilen waren diese Dienstadeligen – wie die berühmten Kuenringer auf ihrer Burg im Waldviertel – nur bessere Raubritter, die fast immer in die eigene Tasche arbeiteten, sich dann und wann einmal verselbständigten oder gar gegen die Landesherren erhoben.

Die Babenberger sahen auch bestimmt nicht so aus wie auf den Bildern, die wir von ihnen kennen, denn die populärsten und prächtigsten Darstellungen stammen aus dem 15. Jahrhundert, sind im Stift Klosterneuburg zu sehen und zeigen Herren mit Modebärten des Spätmittelalters.

Es war vor allem dem persönlichen Ehrgeiz dieser markgräflichen Familie zu verdanken, dass aus ihrem unwichtigen Stück Land, das an Bedeutung gegen Steiermark und Kärnten abfiel und im Vergleich mit mächtigen Königreichen wie Böhmen und Ungarn geradezu lächerlich wirkte, ein selbstständiges Herzogtum wurde. Sie pokerten hoch, drohten manchmal aus der Kurve zu fliegen, fingen sich aber durch politisches Geschick immer wieder.

Und das kam so: Wir erinnern uns noch an den Patronus der Antike, den Fürsten, der gottbegnadet auf Erden herrscht. Im Hochmittelalter hat er sich endgültig in weltliche und geistliche

Macht aufgespaltet, und die beiden streiten miteinander, wer von beiden wessen Oberherr ist, sprich die erste Geige spielt: Papst oder Kaiser!

Im sogenannten Investiturstreit befetzen sich Kaiser Heinrich IV. und Papst Gregor VII. Da macht der Babenberger Leopold II. den Fehler, sich für die Sache des Papstes zu engagieren. Prompt nimmt ihm der Kaiser seine Mark weg und schenkt sie den Böhmen, die auch sogleich einfallen, doch der Babenberger kann die Mark trotzdem halten. Sein Sohn macht alles wieder gut. Markgraf Leopold III. schlägt sich auf Seite des Sohns Heinrichs IV., der gegen seinen Vater rebelliert und schließlich als dessen Nachfolger zu Heinrich V. wird. Dem treuen Gefolgsmann Leopold III. gibt er seine Schwester zur Frau, und das Prestige der Babenberger steigt enorm.

Leopold III. ist an Prominenz kaum zu übertreffen. Er macht der Kirche viel Freude, gründet Klöster wie Klosterneuburg und Heiligenkreuz. Dafür wird er später zum Schutzheiligen Österreichs erklärt.

Wir erinnern uns, dass man damals nicht heiliggesprochen wird, weil man etwa ein Gutmensch gewesen ist, sondern weil man alles richtig gemacht hat. Und das hat Leopold III., denn immerhin hat er Frieden zwischen weltlicher und geistlicher Macht gestiftet und damit der göttlichen Ordnung gedient. Seine postume Heiligsprechung (1485) ist so etwas wie ein Großer Goldener Verdienstorden.

Zu Lebzeiten verlegt er seine Residenz von Melk nach Klosterneuburg und beginnt die lange Tradition der Heiratspolitik österreichischer Herrscher: Seine Kinder heiraten nach Italien, Ungarn, Böhmen, Polen und Byzanz, also in das oströmische Kaiserreich.

Im großen deutschen Reich streiten derweilen die verfeindeten Häuser der Welfen und der Hohenstaufen miteinander. Der staufische Kaiser nimmt den Welfen das Herzogtum Bayern weg und überträgt es dem Babenbergergrafen Leopold IV. Auf ihn folgt eine vorerst etwas ungünstige Gestalt namens Heinrich, die aber trotzdem letzten Endes Erfolg hat. Als nämlich des vierten Poldis Nachfolger Heinrich II. Markgraf von Österreich und Herzog von Bayern wird, hat sich das Rad schon wieder weitergedreht, denn der neue Kaiser Friedrich Barbarossa will die Welfen versöhnen und gibt ihnen Bayern zurück.

»Ja so mir Gott helf!«, soll der ausgebootete Babenberger ausgerufen haben, der als »Heinrich Jasomirgott« große Karriere gemacht hat. Denn als Trostpflaster wird sein Österreich von Bayern endgültig unabhängig und vom Kaiser zum eigenen Herzogtum erklärt. Es ist sowohl in männlicher als auch weiblicher Linie vererbbar, und der Herzog muss dem Kaiser nur in jenen Fällen mit Militär zu Hilfe kommen, da der Krieg Österreich selbst unmittelbar betrifft – ein Sechser im Lotto der damaligen strengen und vor allem teuren Heerfolgeregelungen.

Im »Privilegium minus« vom 17. September 1156 ist das alles festgeschrieben, und der frischgebackene Herzog legt sich eine neue Hauptstadt zu, nämlich Wien.

Mit seiner byzantinischen Frau hält Heinrich Jasomirgott nun stolz Hof in seinem neuen Stadtschloss (noch heute »Am Hof« benannt) und ruft gelehrte iro-schottische Mönche für die Gründung eines Schottenstifts in die Donaumetropole. Wien wird der wichtigste Ort einer Wirtschaftsregion, die weit über das Herzogtum hinausreicht. Entlang der Donau öffnen sich west- wie ostwärts die Tore zur Welt, flankiert von höchst ertragreichem Land, das mit neuen Geräten wie einem Pflug mit Eisenrädern effektiv bearbeitet wird. Als die Wiener dann später auch noch das Stapelrecht erhalten, ist das gleichbedeutend mit einem Handelsmonopol an der wichtigsten Wasserstraße zwischen dem Deutschen Reich und Ungarn bis hinunter nach Byzanz.

Die Erfolgsstory geht weiter, als die Babenberger nach dem Gewinn des westlichen Mühlviertels von Bayern durch einen raffinierten Vertrag, die »Georgenberger Handfeste«, vom kinderlosen Herrn Otakar das reiche Herzogtum Steiermark erben. Es bringt den Babenbergern fette Erträge aus dem Erzberg und öffnet die südliche Handelsroute nach Venedig. Da schert es den glücklichen Doppelherzog Leopold V. wenig, dass er vom Papst vorübergehend exkommuniziert wird, weil er 1192 einen prominenten Christenmenschen und Kreuzfahrer entführt und in Dürnstein eingesperrt hat. Als Gegenwert für den englischen König Richard I. Löwenherz bekommt Leopold so viel Lösegeld, dass er darum eine Straße von Wien in die damals steirische Metropole Wiener Neustadt bauen lassen kann. Er lässt neue Stadtmauern hochziehen und neue Münzen prägen.

Zerstritten hätten sich Poldl der Fünfte und der Engländer wegen einer leidigen Eitelkeitsaffäre auf den Mauern der Festung Akkon während des Dritten Kreuzzuges, heißt es. Jenem Leopold, »dem Tugendhaften«, verdanken wir angeblich die österreichische Farbkombination Rot-Weiß-Rot, da sich diese Couleur ergeben hätte, als von seinem blutgetränkten Gewand nur der Schwertgurt, die Binde, einen weißen Streifen freigelassen hätte – der Bindenschild war geboren! Eine martialische Legende – lernen Sie sie gut auswendig!

Tatsächlich waren die Farben Rot-Weiß-Rot einfach die Fahne der Kärntner Herzöge aus dem Geschlecht der Eppensteiner, und die Babenberger hatten sie so friedlich geerbt wie die ganze Steiermark. Aber vergessen Sie die Wahrheit gleich wieder! Die Blutoper aus Akkon ist viel süffiger und griffiger …

BÖHMEN-OTTO UND DER SCHWEIZER GRAF

Im 13. Jahrhundert ist Wien drauf und dran, ein Schmuckkästchen mittelalterlicher Architektur und Kultur zu werden. Leopold VI. holt weltberühmte Minnesänger wie Walther von der Vogelweide, Neidhart von Reuental und Tannhäuser an seinen Hof, die ihn umso inniger besingen, als er ihre Schulden bezahlt. Und Steinmetze beginnen mit der Arbeit am Stephansdom.

Dass die Babenberger in die vorderen Reihen der Macht gerückt sind, beweist, dass der sechste Poldl 1230 einen wieder einmal aufgeflammten Streit zwischen Papst und Kaiser erfolgreich schlichten kann.

Im selben Jahr stirbt er, und sein Sohn Friedrich »der Streitbare« geht sofort daran, das Erbe zu verspielen. Er streitet mit seinen Ministerialen, drückt das Volk mit Steuern, raubt die Güter seiner Mutter und Schwester und befehdet die Nachbarn. Alle rufen um Hilfe vor dem Wüterich, und der Kaiser setzt ihn kurzerhand ab. Das wirkt sich aber in der Praxis nicht aus, denn der Papst hat den Kaiser (der verwirrenderweise auch ein Friedrich II. ist) wieder einmal exkommuniziert, und zu allem Überfluss dringen die Mongolen in Osteuropa ein und der Babenbergerherzog eilt den Ungarn gegen sie zu Hilfe.

Jetzt könnte er darin schwelgen, dass ihn alle Welt umwirbt … Tut er aber nicht! Der Kauz führt seinerseits Krieg gegen die Ungarn. Mit der linken Hand ordnet er daneben sein Herzogtum, teilt es administrativ in »Ob der Enns« und »Unter der Enns« – und erschafft so das heutige Ober- und Niederösterreich. Er holt geistliche Orden wie die Johanniter (später Malteser genannt), Dominikaner, Minoriten und den Deutschen Orden nach Wien, stellt die jüdischen Finanzdienstleister unter seinen Schutz … Und dann, irgendwann, wird er größenwahnsinnig. Da er sieht, dass sein großer Namensvetter, Kaiser Friedrich II., von allen Seiten in Bedrängnis geraten ist, will er diesen zwingen, ihm die Königswürde zu verleihen. Daraus wird allerdings nichts. Denn der streitbare Babenberger Friedrich fällt 1246 in einer Schlacht gegen die Ungarn an der Leitha. Kinder hat er keine.

Und jetzt geht's los, jetzt geht's so richtig zur Sache um Österreich! Denn der Kaiser ist böse auf die Babenberger, und plötzlich zählt das »Privilegium minus« nichts mehr. Nix wird's mit der weiblichen Nachfolge! Er teilt den Babenberger-Besitz zwischen den bayerischen Wittelsbachern und den Grafen von Görz-Tirol auf, Chaos bricht aus. Man nennt so etwas allgemein ein »Interregnum«, eine herrscherlose Zeit. Der österreichische Adel, die Ministerialen, bekommt es mit der Angst zu tun und bittet einen mächtigen Nachbarn, die Ordnung wiederherzustellen. Dieser dynamische Herr lässt sich nicht zwei Mal bitten und sitzt bereits 1251 in Wien: Ottokar II., Markgraf von Mähren, König von Böhmen!

Selten hat sich ein Gast so schnell eingelebt wie Ottokar in Wien. Der 22-jährige Herr aus dem slawischen Geschlecht der Přemysliden heiratet die 48-jährige Schwester des letzten Babenbergers namens Margarete, lässt eine Hofburg hochziehen und forciert den Weiterbau des Stephansdoms.

Doch auch der König von Ungarn hätte Österreich gern gehabt. Einer seiner Verwandten heiratet die allerletzte Babenbergerprinzessin Gertrud. Nun beginnt der Kampf zwischen den verschwägerten Königen Ungarns und Böhmens um Österreich, Steiermark, Kärnten, Krain, Friaul und Aquileia, die sich Ottokar samt und sonders unter den Nagel gerissen hat.

Kurz gesagt: Der Böhmen-Otto siegt auf der ganzen Linie. Er kämpft die Ungarn nieder, gibt Margarete den Laufpass, heiratet die Enkelin des Ungarnkönigs und beherrscht ein Reich von Schlesien bis an die Adria – circa 150 000 Quadratkilometer!

Und er tut etwas Folgenreiches: Er holt deutsche Siedler ins Königreich Böhmen, die sich in Stadt und Land ansiedeln und Kultur, Reichtum und Wohlstand des Stammlandes der Přemysliden mehren.

»Den Deutschen will ich setzen euch in' Pelz. / Der soll euch kniepen, / bis euch Schmerz und Ärger / Aus eurer Dumpfheit wecken …«– lässt Franz Grillparzer »seinen« Ottokar 1825 im Drama *König Ottokars Glück und Ende* sagen. Und sie werden einander über Jahrhunderte kräftig »kniepen«, die Deutschen und die Tschechen …

Inzwischen ist ein Interregnum auch im Reich eingetreten, und Ottokar bewirbt sich als mächtigster deutscher Reichsfürst um die Krone des Heiligen Römischen Reiches.

Doch die sieben Königsmacher, die nachmals Kurfürsten genannt werden, spielen da nicht mit. Sie wollen zwar einen Herrscher, der Ordnung schafft, die Kirche schützt, die kleinen Ritter, Grafen und Städte im Zaum hält, aber sie, die großen Herzöge, unbehelligt schalten und walten lässt.

Sie finden Rudolf, einen reichen, frommen, nicht mehr allzu jungen Grafen, einen Nachfahren Guntrams »des Reichen« aus Muri im Aargau, der üppige Besitzungen im Elsass und der nördlichen Schweiz, aber sonst keine großen Landmassen oder militärischen Mittel hat. 1273 wird Rudolf von Habsburg in Frankfurt zum deutschen König gewählt und in Aachen gekrönt. Ottokar, der Unterlegene, schmollt und bleibt von Wahl und Krönung fern. Das kann sich der neue König nicht bieten lassen! Rudolf gewinnt den Ungarnkönig und den Bayernherzog, denen Ottokar ohnehin schon gefährlich übermütig geworden ist, für einen Feldzug. Er belagert Wien, das Ottokar treu bleibt, jedoch kapituliert, als der Habsburger droht, die Weinberge im Umland zu roden.

Ottokar gibt vorerst klein bei und Österreich samt Steiermark in die Obhut des deutschen Königs.

Rudolf will nun seine eigene Familie mit den österreichischen Ländern belehnen. Als das ruchbar wird, fällt der österreichische Adel von ihm ab. Ottokar fühlt sich stark, lockt Rudolf zur Schlacht auf dem Marchfeld. Bei Dürnkrut und Jedenspeigen, nordöstlich von Wien, kommt es am 26. August 1278 pünktlich um 9 Uhr Früh zum Gemetzel. 60 000 Mann dreschen aufeinander ein.

Rudolf siegt. Das sagt sich so leicht. Immerhin ist Ottokar tot, durchbohrt von 17 Lanzenstichen persönlicher Rivalen, die ihn am Schlachtfeld eingeholt haben, als er sich zur Flucht wenden wollte. Rudolfs Traum in der Nacht vor der Schlacht hat ihm einen Reichsadler gezeigt, der dem böhmischen Löwen den Garaus macht. Doch selbst in seinen kühnsten Träumen mag sich der alte Rudolf – er ist Anfang 60, also ein Greis – nicht gedacht haben, dass er 1282 mit der Ernennung seiner Söhne Albrecht und Rudolf als Doppelspitze das erste von 636 Jahren einläuten wird, die seine Familie über Österreich (was immer das auch meinen soll) herrschen wird.

Noch einmal haben die Wiener 1278 Gelegenheit, den beliebten Ottokar zu sehen. Wochenlang bleibt sein Leichnam bei den Minoriten zur Verabschiedung aufgebahrt. In den dumpf gewölbten Hallen mischt sich unter geflüsterte Gebete für den Gefallenen auch Murren. Von den neuen Herren erwartet man an der Donau nichts Gutes. Lauter Schwaben werden sie mitbringen. Ausländer also.

Das kann ja heiter werden.

Schlafmützen und »letzte Ritter«

Friderich der drit, genant der fridsam, ein liebhaber geistlicher personen, Römischer kaiser, hungarischer kunig vnd hertzog zu Osterreich, hat karolum, gewesen ein glaub des kriechi-
schen Planeten Martis, hertzogen zu Burgundi, betzwungen von Rege zu weichen, als er sich dar
fur gelegert hat. Hat auch bey seinem leben Maximilianum seinen sun dem heiligen Reich
mit Regieren gesetzt, vnd Ju ans der denckunss der von Prag, mit hereseraft erledigt
Auch die zwitracht, so sich zwischen Eugenio vnd Felicem Babsten gewesen, hingelegt Regenspurg
so von Jrm Reich gevallen, hat er widergestelt vnd Jr nichts entzogen Das land karsmu hat er
dem Osterland zaigniget vnnd landfrid gelassen, und hat Leonoram Edwardi Kunigs von Porti
cal xc. tochter zu gemahl gehebt Er zu Wien vnnd Leonora zu der Newstat begraben.

Vielfach als »des Heiligen Römischen Reiches Erzschlafmütze« verspottet,
und dennoch schuf er die Grundlagen von Habsburgs Macht und Größe:
Kaiser Friedrich III. (1415–1493) an der Seite seiner Frau Eleonore von Portugal
(1436–1467), der Mutter Kaiser Maximilians I., des »letzten Ritters«

Nein, verprellen wollen die Habsburger ihre neuen Untertanen nicht! Also passen sie sich an und geben ihrem Nachwuchs ortsübliche Namen wie Poldi oder Fritz, und tun so, als seien sie Österreicher. Gleichzeitig beabsichtigen sie, eine Landbrücke zu ihren Stammländern im alten Schwaben zu schaffen, und sichern sich in den nächsten 100 Jahren zusätzlich Kärnten, Tirol und große Teile Vorarlbergs. Dazu haben sie den Schweizer St.-Gotthard-Pass in ihrem Besitz, einen Saumpfad zwischen Nord und Süd, der im Mittelalter strategisch etwa so wertvoll wie der Panamakanal ist. Zum vollkommenen Glück fehlt ihnen aber noch ein nicht unwesentliches Stück als Krönung – die Kaiserwürde. Erringen wird sie ausgerechnet ein Verlierertyp, von dem sogar seine eigene Frau seufzend sagt, ihr größter Wunsch sei es, dass ihr gemeinsamer Sohn Mäxchen seinem Vater bitte, bitte nicht nachgeraten möge, und über den sich der Spott der Nachwelt ergossen hat wie über kaum einen anderen Habsburger.

Doch der Erfolg hat der alten Schlafmütze am Ende recht gegeben. Hat ihm alles nichts genützt. Er wurde bei lebendigem Leib tranchiert! Besser Sie lesen hier nicht weiter, falls Sie allzu sensibel sind. Oder legen Sie zumindest das Steakmesser beiseite, wenn Sie gerade beim Mahle sitzen …

AEIOUWEH!

Kaiserliche Burg zu Linz, 8. Juni 1493. Die Wundärzte haben ihm sein Bein in die Arme gelegt, als wär's ein neugeborenes Kind. Versonnen besieht sich der Patient das amputierte Teil und sagt – zumindest wollen es Anwesende so gehört haben: »Nun ist dem Kaiser und dem Reich zugleich ein Fuß abgesägt! Auf Kaiser Friedrichs Unversehrtheit gründete sich das Wohl des Reiches. Jetzt ist beiden die Hoffnung genommen, und beide sind nun vom Ruhmesgipfel auf den Unterkörper gefallen.«

Ich persönlich glaube eher, dass der alte Kaiser nur so etwas wie »Aeiouweh!« gestöhnt hat, aus dem sich dann der Wienerische Wehlaut »Auweh!« entwickelt haben mag; die Wiener verkürzen ja buchstäblich alles …

Die Herren Chronisten dagegen wollten durch das wohlgesetzte Wort des Kaisers wahrscheinlich irgendwie zum Ausdruck bringen, dass der edle Corpus nicht mehr ganz vollständig war, und dabei war die Unversehrtheit des geweihten und gesalbten Mannes doch so wichtig! Regelrecht magische Kräfte schrieb man ihm zu – manche glaubten, eine Berührung von ihm hätte Heilkräfte! Aber er musste in einem Stück vorhanden sein. Ein Rest dieser Sicht der Dinge findet sich noch heute in der Vorschrift, dass ein katholi-

72

scher Geistlicher bei der Weihe gesund an Leib und Gliedern sein soll.

Davon kann nun beim soeben amputierten Kaiser Friedrich III. keine Rede mehr sein. Drei Wundärzte mussten ihn festhalten, während ihm zwei andere chirurgische Handwerker unter aufmerksamer Beobachtung zweier studierter kaiserlicher Leibärzte (die nicht selbst operieren durften, da sie als Universitätsdoktoren Kleriker waren, für die sich das nicht gehörte) das linke Bein oberhalb der Wade absägten. In Linz trug sich das zu, wo der ewig herumvazierende Friedrich III. zu Pfingsten 1493 weilte und Schmerzen im Fuß verspürt hatte, bis der allmählich unempfindlich wurde und eine bleiche bis bläuliche Färbung annahm. Dann habe er begonnen, von den Zehen aufwärts abzusterben und sich schließlich bis zur Wadenmitte schwarz zu färben, heißt es. Als Ursache sah der aus dem bayerischen Ort Göppingen herbeigerufene Wundarzt Hans Suff eine »opilacio, daz ist eine verstoppung«, an. Suff schrieb in seinen bis heute erhaltenen Krankenbericht, dass gemäß der antiken Viersäftelehre einem Lebensgeist der Zugang verwehrt geblieben war. Der Kaiser sei bereits alt gewesen, und es habe ihm daher an natürlicher Wärme gemangelt. Aus heutiger Sicht tippe ich eher auf den krassen Fall eines diabetischen Fußes.

Wes Ursach auch immer, musste das faulende Glied amputiert werden, um Friedrich III. am Leben zu halten. Immerhin überlebte er die Prozedur zehn Wochen lang und starb erst, nachdem er sich zu Maria Himmelfahrt durch traditionelles Fasten zusätzlich geschwächt und mit starkem Durchfall nach dem Genuss von Melonen und anderen Früchten endgültig den Garaus gemacht hatte.

Dafür hatte der 78-jährige Habsburger nach rekordverdächtigen 53 Herrschaftsjahren politisch alles erreicht, was zu erreichen war. Sein Wahlspruch AEIOU, der sich gebrüllt wie der derbe Schmerzensschrei eines Südsteirers anhört, mag mit einer gewissen Berechtigung für die Devise »Austriae est imperare omni universo – Alles Erdreich ist Österreich unterthan« stehen. Friedrich hatte den Traum seines Vorfahren Kaiser Rudolf I. wahrgemacht: Die Habsburger waren mächtig, ein bisschen reich – und Kaiser! Wie hatte Friedrich, der alte Waschlappen, das bloß zuwege gebracht?

TEILE, HERRSCHE … UND FALL NICHT!

Zurück in die 1280er-Jahre. Irgendwie beneidete Kaiser Rudolf seine westfränkischen Kollegen, die Könige von Frankreich. Denn die hatten schon früh einen echten Staat unter sich, ihre Adeligen zwar mal mehr und mal weniger im Griff, aber vor allem durch die unausgesetzte Teilnahme an Kreuzzügen einen heroischen Führungsanspruch im eigenen Land. Momentan war zwar auch dort Feuer am Dach, weil der englische König in seiner Nebenbeschäftigung als Herzog von Guyenne dem Franzosen im Nacken saß, aber der Hundertjährige Krieg um derlei Probleme würde erst noch zu führen sein …

Im Vergleich dazu war der deutsche König eine Marionette vieler Gewalten und drohte im Fall von persönlicher Schwäche zu deren Wurstel zu verkommen. Vor allem aber war der Titel des deutschen Königs nicht erblich, die großen Fürsten bestimmten ihn, und die geistliche Instanz erklärte und salbte ihn dann erst zum Kaiser.

Rudolf hatte nun den Ehrgeiz, mehr aus dem deutschen Kaisertum zu machen und es seiner Familie zu sichern. Dazu gehörte das, was man eine Hausmacht nennt, also möglichst großer und ertragreicher Besitz von Land und Untertanen als stabiler Hintergrund. So wie heutzutage einer, der US-Präsident werden will, Multimillionär sein muss. Die dem Ottokar gewaltsam abgenommenen österreichischen Länder verteilte der alte Habsburger gemäß dem Hausrecht, wonach alle männlichen Sprösslinge erbberechtigt waren, unter seinen Söhnen Albrecht und Rudolf. Bald übernahm der dynamische Albrecht den ganzen Laden, und es gelang ihm sogar, zum deutschen König gewählt zu werden. Französische Machtverhältnisse schon zum Greifen nah vor Augen, wurde er allerdings 1308 von seinem neidischen Neffen Johann Parricida ermordet.

Die anderen deutschen Fürsten sahen nun, dass da eine Familie ziemlich zielstrebig nach der Macht im Reich griff, und wählten sicherheitshalber einen Luxemburger zum nächsten König. Auf diesen folgte dann ein Bayer, und die Habsburger gerieten ins Out. Eine Zeitlang widmeten sie sich dem Innenleben ihrer Hausmacht, teilten sie untereinander auf und vereinigten sie wieder. Verdruss schuf ihnen ihr alter Stammbesitz. Rund um den Vierwaldstätter- see hatte sich eine Eidgenossenschaft gebildet, und die Leute aus Uri, Schwyz und Unterwalden warfen mit bayerischer Hilfe die Habsburger aus ihrem Alpenland, schlugen ihnen in den Schluch- ten am Morgarten 1315 eine aufs Maul und raubten 100 Jahre später auch noch ihre Habichtsburg. Habsburg musste fortan ohne die Habsburg auskommen.

Während der Schweizer Westen nach und nach flöten ging, erwarben die diversen Gebrüder Habsburg dafür 1336 Kärnten und Krain – der Schwerpunkt der Hausmacht verlagerte sich. 1363 vererbte ihnen auch noch die letzte Tochter aus dem Haus der Görzer Grafen, die berühmte, von einem Löwenrachen gezeich- nete Margarethe Maultasch, das Land Tirol und düpierte damit die Bayern, die sich Hoffnungen darauf gemacht hatten. Wieder ein- mal hatte man – Schweizer Verluste hin oder her – alle Handels- wege von Nord nach Süd, zwischen Italien und Deutschland, in der Hand. Die südliche Konkurrenz, der Doge von Venedig, schäumte vor Wut.

Mittlerweile gibt es schon längst wieder einen neuen Kaiser aus dem Hause Luxemburg. Der Sohn des Böhmenkönigs Johann wird als Karl IV. zum Star des Reichs. In Prag beginnt er 1344 mit dem Bau einer großen Kathedrale, dem Veitsdom. Nun besinnt sich der Habsburger Albrecht II. des Stephansdoms in Wien und lässt nach Kräften daran weiterbauen. Aber nicht, wie man ein Einfamilienhaus hinstellt, sondern überaus gefinkelt. Ganz im Stil mittelalterlicher Zahlenmystik ist der Dombau an der Zahl 37, lateinisch XXXVII, ausgerichtet. XXX ist das Symbol für das Kreuz und die Dreifaltigkeit, VII die Zahl der Schöpfungstage, und die Summe aus der göttlichen Zahl 3 und der menschlichen Zahl 4. Dies plus 3 ergibt die 10 – die Zahl der göttlichen Gebote. Rechnet man das Ganze auf die Maßeinheit Fuß um, ergeben sich für die Breite des Langschiffs 3 mal 37= 111; und 4 mal 3 mal 37 ergibt 444 Fuß als Höhe des Turmes … Über das Wissen darum verfügen nur wenige Herren aus dem weiseren Teil der Klerisei und aus dem inneren Zirkel der Dombaumeister. Für mehr Aufsehen sorgen dagegen ganz andere Zeiterscheinungen.

Allenthalben droht das Geld auszugehen, und das ist ausnahmsweise nicht ein Zeichen von Mangel, sondern von Prosperität. Denn im reichen Österreich boomt die Ökonomie, der Tauschhandel ist der Geldwirtschaft gewichen, doch Silbermünzen sind rar. Die Herzöge strecken sie zusehends mit Zinn oder Blei, um mehr prägen zu können. Als das ruchbar wird, drohen Aufstände gegen die Obrigkeit. Lokale Sektengurus predigen den Widerstand gegen Herzog und Kirche. Das ist natürlich Ketzerei. Der Bischof von Passau, dem auch Wien untersteht, ruft die Inquisition ins Land, die vom mächtigsten Orden der Zeit, den Dominikanern, betrieben wird, aber nicht nur von ihnen allein: »*Mögen Acht haben alle katholischen Fürsten, mögen sie sich anstrengen, dass alle die nichtswürdigen Häretiker, die mit Mord und Brand drohen, gefangen, peinlich verhört und zur Einheit des katholischen Glaubens zurückgebracht werden!*«, wird gegen Ende der Jahrhunderts der Cölestinerpater und Inquisitor Petrus Zwicker vor allem in Oberösterreich (westlich der Enns, dort, wo seit jeher die Freien daheim sind, wir erinnern uns …) donnern, der vom Kind bis zur Greisin Waldenser und andere Ketzer vor Gericht und in einigen Fällen auf den Scheiterhaufen bringen wird. Wer schuldig ist und dennoch nicht brennt, wird bisweilen dazu verurteilt, sich sonntags auf die Kirchenstufen zu legen und von der versammelten Gemeinde getreten zu werden … Andere müssen jahre- oder gar ein Leben lang ein Gewand mit einem blauen »Ketzerkreuz« darauf tragen. Solchen Symbolen kommt im Mittelalter größte Bedeutung zu.

Doch woher auf einmal die verschärfte Gangart? In den 50 Jahren ab 1350 ändert sich die Atmosphäre – in jeder Hinsicht. 1348 wird Österreich zum ersten Mal vom »Schwarzen Tod«, einer Pestepidemie, heimgesucht. Da man kein Mittel dagegen hat, üben sich die Menschen in Buße, Geißlerzüge ziehen durchs Land, an allen Ecken und Enden hetzen wilde Prediger die Menschen auf. Wenig später beginnt die sogenannte kleine europäische Eiszeit, eine Kälteperiode, die mehr als 400 Jahre lang anhalten und neben kalten Wintern auch feucht-matschige Sommer mit Missernten bringen wird. Die Menschen suchen Erklärungen für diese Heimsuchungen. Haben sie nicht alles richtig gemacht? Wer ist schuld an diesen Strafen? Wer lebt nicht im Einklang mit der heiligen Political Correctness?

Im letzten Augenblick verhindert Herzog Albrecht II. Attacken gegen Juden in Wien und anderswo. Seit 1194 sind jüdische Menschen in Wien nachweisbar, einer von ihnen ist Münzmeister der Babenberger gewesen und hat unter anderem das Lösegeld für Richard Löwenherz verwaltet. Herzog Albrecht ist so wenig philosemitisch wie alle anderen christlichen Herrscher, aber er braucht die Dienste jüdischer Finanzwirtschaftler.

Als die Pestpandemie vorbei ist, schlägt die Stimmung ins Gegenteil um, vom Fürsten bis zum Bauern wird wild gefeiert, die Mode ändert sich, wer es sich leisten kann, trägt als Frau auf einmal bunte Kleider und als Mann enganliegende, früher als obszön geltende Hosen.

Die Herzöge holen neue Siedler ins Land, das von der Pest halb leergeräumt worden ist. Dafür befreien sie die Neubauern von den Steuern, heben sogar den Zunftzwang auf, um frische Handwerker anzuziehen, und erlegen der Kirche erstmals Abgaben auf. Die kann sich dagegen nicht wehren, denn praktisch während des gesamten 14. Jahrhunderts sind die Päpste im Exil in Avignon

Gefangene der Franzosen. Es gibt Doppelwahlen und Gegenpäpste. Auch im Reich schaut's nicht besser aus, die Kaiser sind politisch ohnmächtig.

In dieser Situation nützt ein genialischer Herzog seine Chance. Rudolf IV. von Österreich ist ein ehrgeiziger junger Mann, der mit der Tochter des Kaisers Karl IV. verheiratet ist, das ist jener Luxemburger, der in Prag sitzt, und dort 1348 die erste Universität im Deutschen Reich gegründet hat. Rudolf will den Alten übertrumpfen, stiftet seinerseits eine Universität in Wien (1365) und forciert den Weiterbau des prestigeträchtigen Stephansdoms. Vor allem aber lässt er sich von einem tollen Dokument beeindrucken, das vom Schwiegerpapa im ganzen Reich als »Goldene Bulle« erlassen worden ist, die Zahl von sieben Kurfürsten bei der Königswahl, Hoheitsrechte und Gerichtsbarkeit regelt, und fieserweise neben Bayern auch Österreich an Bedeutung zurückstuft. Rudolf erlässt seinerseits eine Kleinausgabe dessen und nennt sie »Privilegium maius«. Keck datiert er das Dokument mit dem Siegel des »Privilegium minus« 1156 200 Jahre zurück und verleiht in diesem Fälschungspaket den österreichischen Herzögen Sonderrechte und einen merkwürdigen Titel als »Palatinus Archidux« – Pfalzerzherzog. Na ja, klang schon damals ein wenig seltsam.

Es ist nicht die erste und die letzte Fälschung des Mittelalters, und der Kaiser zieht seinem Schwiegersohn deshalb zwar die Ohren lang, billigt ihm aber auch einiges aus dem Wunschkatalog zu – nicht aber den neuen Titel! Der wird dann erst 100 Jahre später in Form des verkürzten »Erzherzogs« von Kaiser Friedrich III. bestätigt, und der ist selbst Habsburger.

Der erschwindelte Erzherzog ist also ein Konstrukt. Aber welcher Titel ist das letztlich nicht? »Der wahre Adel ist der selbst verliehene«, bemerkt in unseren Tagen der österreichische Soziologe Roland Girtler, und er muss es wissen, da er seine Forschungen sowohl unter Aristokraten als auch in bäuerlichen Kulturen und in der Unterwelt betreibt …

Mit dem Erzherzog ist das »Erzhaus« geboren. Nach und nach führen bis 1919 auch alle nichtregierenden Prinzen und Prinzessinnen diesen Titel aus der Feder der Kanzlei Rudolfs des Stifters, und die österreichischen Habsburger heißen bei ihren Freunden bis heute so.

Rudolf überlebt seine Fälschung nicht lange, 1365 stirbt er mit 27 Jahren auf dem Weg nach Mailand zur Promi-Hochzeit seines Bruders Leopold mit einer Visconti.

DIE ERBMASSEHAMSTER

Wieder einmal wird das Erbe unter diversen Gebrüdern des frischgebackenen Erzhauses aufgeteilt, und 100 Jahre lang regieren diverse Albrechts, Leopolds und Friedrichs und ein paar andere wie selbstbewusste, sture Landeshauptleute von heute in »Niederösterreich« (dem heutigen Nieder- und Oberösterreich), »Innerösterreich« (Steiermark, Kärnten, Krain bis zur Adria) und »Oberösterreich« (Tirol und den schwäbischen und elsässischen Besitzungen). Sie raufen untereinander und geben vor dem Hintergrund größerer Streitigkeiten zwischen den Königen von Böhmen und Ungarn als Kasperltruppe quasi die Vorgruppe im Konzert der Machtverteilungen – teilweise erbärmliche Figuren, die es bis zum Bürgerkrieg kommen lassen! Als ein Albrecht V. die Ordnung in Niederösterreich einigermaßen wiederherstellen kann, überzieht ein neuer Krieg von außen das Land: Die Sekte der Hussiten, der Anhänger des tschechischen Predigers Jan Hus, hat die katholischen Deutschen zu Feinden erklärt und führt einen religiösen und einen Ethno-Krieg. Ihr Schlachtruf ist »Smrt Němcům!« (Tod den Deutschen!). Die hussitischen Heere ziehen plündernd, sengend und mordend durch Böhmen und Mähren, Österreich, Ungarn, Bayern, Schlesien und Brandenburg.

Albrecht geht nun in einen Kreuzzug gegen diese Ketzer. Die Wiener erklären sicherheitshalber alle Fremden zu Feinden und machen sofort die Juden als angebliche Verbündete der Hussiten dingfest. Diesmal kommt ihr Verschwinden dem Herzog zupass, er will ihren Besitz, nicht ihre Leistung. 1421 verbrennt der Mob auf Albrechts Anregung 212 reiche Wiener Juden, und der Herzog konfisziert ihr Eigentum.

1437 steht Albrecht V. auf dem Zenit seiner Macht. Durch eine geschickte Heirat (seine Frau Elisabeth ist die Tochter des römisch-deutschen Kaisers Sigismund) hat er Ansprüche auf die Kronen von Böhmen und Ungarn in Sicht und wird noch dazu zum römisch-deutschen König gewählt. Da er aber sofort wieder in den Krieg aufbrechen muss, bleibt er es nicht lange. Das Osmanische Reich überzieht schon seit Jahrzehnten den Balkan mit Angst und Schrecken, und 1389 hat dieser islamische Staat die christlichen Serben auf dem Amselfeld geschlagen. Nun geht es um Ungarn. Albrecht wird es nicht retten, er stirbt 1439 in der Nähe von Stuhlweißenburg (Székesfehérvar) an der Ruhr. Ein Jahr danach kommt in Komorn sein Sohn Ladislaus zur Welt, der als Nachgeborener den Beinamen »Postumus« erhält. Der Kleine ist de jure Herzog von Österreich, König von Böhmen und König von Ungarn. Er bekommt seinen Onkel Fritz zum Vormund, der als steirischer Herzog den Buben gern als Mündel in Empfang nimmt. Die anderen Habsburger und die Stände, also der Adel und die Städte, wissen natürlich, dass der hochgeborene Knabe als politisches Faustpfand viel wert ist und lassen sich von Onkelchen für ihre Zustimmung zur Patenschaft ihre diversen Sonderrechte vergolden.

1440 wird Onkel Fritz als Friedrich III. zum deutschen König gewählt. Damit beginnt ein Marsch zur Macht über vielerlei Länder. Denn Friedrich legt als Erbmassehamster den Grundstein zum Aufstieg seines Clans. Schon nach Formalzahlen ist er ein erfolgreicher Mann, der nicht nur von allen römisch-deutschen Herrschern am längsten amtiert (1440–1493), sondern auch für seine Zeit an Jahren alt wird und das Reich nach der Kaiserkrönung 1452 von Österreich aus regiert.

Aber ach, der Gute hat mit rebellischen Adeligen sonder Zahl zu tun und muss seine Zeit mit Aufbegehren im Inneren verplempern, anstatt sich mit Reichs- oder gar Weltpolitik auseinanderzusetzen. 27 Jahre lang kann er so seine Erblande praktisch überhaupt nicht verlassen.

Der mit kleinem Gefolge unstet durch die Lande ziehende Friedrich wird in der schönen Stadt Wien, wo sein rivalisierender Bruder Albrecht herrscht, erst gar nicht eingelassen, ehe er nicht ihre Privilegien schriftlich bestätigt. Und als er schließlich drin ist, ruft ihm ein Adeliger öffentlich zu, er sei der »König der Juden!«, woraufhin die versammelte Menge johlt: »Kreuziget ihn!«

Es ist der Zug der Zeit, dass überkommene ständische Rechte des Adels mehr zählen als Kaisermacht. Von absolutem Herrschen ist da keine Rede, und in italienischen Städten wie Bologna kommt es noch dicker für Friedrich. Denn als er die Schulden für sich und seine Begleitung nicht bezahlen kann, behält man ihn als Pfand, eigentlich als Geisel, zurück. Tagelang schreibt er Adelsbriefe aus, nobilitiert halb Norditalien, nur um dafür an Geld für Speis, Trank und Logis zu gelangen.

Der solcherart übel Behandelte entwickelt zwei Strategien: Er suggeriert sich und anderen in seinem rätselhaften Wahlspruch AEIOU (der später unter anderem als »Austriae est imperare orbi universo« gedeutet wird) einen weltweiten Herrschaftsanspruch Österreichs, und er pflegt einen lähmenden Verhandlungsstil, der seine Gegner zermürbt und bisweilen den Anschein erweckt, als sei er selbst am grünen Tisch sanft entschlummert …

Damit erreicht er viel – nichts weniger als die Keimzelle der tatsächlichen Weltherrschaft der Habsburger! Durch Langlebigkeit und Vertragsgeschick erwirbt die Erz-Schlafmütze des Reichs für seine Familie – zumindest auf dem Papier – Ungarn und Böhmen, denn er sitzt alles aus, überdribbelt alle seine Gegner und Feinde. Er überlebt seinen widerborstigen Bruder und Konkurrenten Albrecht VI., übersteht den ungarischen General und König

Johann Hunyadi, beerbt dessen Sohn und Nachfolger Matthias Corvinus, der zeitweilig auch Österreich besetzt, und auch noch den böhmischen König Georg Podiebrad. In Böhmen und Ungarn haben sich nämlich nach dem frühen Tod des jungen Ladislaus Postumus (1457) diese anderen Herrscher breitgemacht.

Mit dem unsympathischen Wien ist Friedrich jedenfalls früh fertig. Einmal werden ihn die Wiener in seiner Stadtburg sogar belagern, was nicht nur für ihn, sondern auch für seinen Sohn Maximilian, genannt der »letzte Ritter«, den puren Schreck auf Erden bedeutet. Trotzdem erreicht Friedrich, dass Wien endlich Sitz eines eigenen Bischofs wird.

Mehr Behaglichkeit verspricht da neben den ebenfalls als brav eingestuften Graz und Linz schon Wiener Neustadt, die »allzeit Getreue«, die ihm immer dann Zuflucht bietet, wenn es eng wird. Er dankt es ihr. Stolz darf Neustadt den Doppeladler im Stadtwappen führen.

Vollkommen ohnmächtig ist Kaiser Friedrich im Kampf gegen die Osmanen, denn er führt ihn schlichtweg nicht. 1453 haben die Streiter Mohammeds Byzanz, die Metropole des oströmischen Reichs und Hort der östlichen Christenheit, eingenommen und marschieren gegen Belgrad. Statt dem abwesenden Kaiser halten die Ungarn unter Hunyadi die Massen Mehmets II. aus eigener Kraft auf. Übrigens wieder einmal ganz ohne Diskussionsrunden, Sesselkreise, Sozialarbeiter, Diplompsychologen und ökumenische Theologen, sondern mit blanker Waffengewalt eines zahlenmäßig unterlegenen Heeres aus Ungarn und einer bäuerlichen Kreuzzugstruppe. An ihrer Spitze schreitet der Prediger Johannes Capistran, bewaffnet mit einem drei Meter hohen Kreuz als Feldzeichen.

Die Lage ist so ernst, dass Papst Kalixt III. in jenem Jahr für das ganze Abendland das Zwölfuhrläuten einführt – als Gebetsruf für den Sieg des christlichen Heeres bei Belgrad. Für 70 Jahre ist die muslimische Dampfwalze zum Stehen gebracht worden. Der Kaiser hat nichts, aber auch schon gar nichts dazu beigetragen. Er ist allerdings auch ein armer Hund ohne Geld, der von seinen reichen Adeligen immer wieder vorgeführt wird.

Seufzend wartet er ab, bis alle dahinscheiden, die im Weg sind. Endlich stirbt auch der Ungar Matthias Corvinus, nachdem er jahrelang Wien besetzt gehalten hat, und Friedrich erhandelt einen Vertrag, in welchem Ungarn und Böhmen nach dem Aussterben der dortigen Herrscher aus der Familie der Jagiellonen im Mannesstamm an Habsburg fallen sollen. Noch dazu verheiratet er 1477 seinen prächtig geratenen und bei Ritterturnieren glänzenden Sohn Maximilian mit Maria, der Tochter des Herrschers von Burgund, einem überaus reichen Streubesitz, der aus Holland, Flandern, Luxemburg, der Freigrafschaft Burgund, dem Kanton Waadt und Departements bis zum Artois besteht. Ein wenig gemahnt dieses Burgund in seinen Ausdehnungen an das alte Loth(a)ringen, also das Mittelstück des dreigeteilten Frankenreichs.

Damit wird Max (der von Burgund den Orden vom Goldenen Vlies übernimmt, welch selbiger habsburgischer Hausorden wird) auch der Erbe der Niederlande und anderer Landstriche, die er allerdings vom nominellen Lehensherrn, dem französischen König, in langwierigen Kriegen erobern muss. Zusätzlich erbt er von seinen habsburgischen Verwandten Tirol, verliebt sich in die Stadt Innsbruck und lässt sich dort ein prächtiges Grabmal bauen, das bis heute leer steht, weil der später besonders fromm gewordene Maximilian im Büßergewand mit abgeschnittenem Haar und ausgebrochenen Zähnen in Wiener Neustadt bestattet wird.

So weit ist es aber noch lange nicht. Maximilian beerbt seinen 1493 verstorbenen Vater Friedrich III. de facto auch in der Kaiserwürde, heiratet nach dem Tod seiner burgundischen Frau die Tochter des Herzogs von Mailand Bianca Sforza, wird durch die Mitgift von 300 000 Dukaten auch noch ein bisschen reich und zudem Erbe von halb Oberitalien. »Bella gerant alii, tu felix Austria nube. Nam quae mars aliis, dat tibi regna Venus«, sagt ein an Ovid angelehnter Spruch aus dem Barock, und das heißt: »Kriege mögen andere führen! Du, glückliches Österreich, heirate! Denn Reiche, die anderen Mars gibt, gibt dir Venus!«

Von Frieden kann freilich keine Rede sein, im Gegenteil. Der ritterliche Maximilian modernisiert seine Armee, er lässt Kanonen gießen und führt damit die Artillerie als neue Waffengattung ein. Allerdings, und da hat das Sprichwort recht, erwirbt er auf dem Heiratsmarkt mehr, als er je mit Waffen erobern hätte können. Er vermählt seinen Sohn Philipp mit Johanna von Kastilien, der Erbin Spaniens. Damit sichert er dem Erzhaus künftig auch Kolonien in Amerika, Neapel und Sizilien. Zwei seiner Enkel heiraten die Kinder des böhmischen Königs aus dem Haus der Jagiellonen, womit der Anspruch auf Böhmen endlich fixiert ist.

Jetzt stehen die Habsburger in der Schlange und müssen nur mehr abwarten, dass ihre angeheirateten Verwandten aussterben, um Ungarn, Böhmen, Spanien, die amerikanischen Kolonien, Neapel und Sizilien zu erben.

Maximilian schwelgt in Großmachtfantasien, träumt von den Kronen Polens und Schwedens und – nach dem Tod seiner zweiten Frau – davon, Papst zu werden! Immerhin wären dann die Einkünfte der römischen Kurie sein Eigen …

Dabei werfen die österreichischen Länder selbst ohnehin schöne Gewinne ab, Eisenerz kommt aus der Steiermark, Silber aus den Bergen Tirols, in Kärnten blüht das Hüttenwesen. Das meiste davon geht indes fürs Kriegführen drauf. Max braucht Geld und borgt es bei der reichen Familie Fugger zu Augsburg, deren Herren damit zu Staatsbankiers werden. Spätestens ab nun, liebe Leute, hängen die Kaiser am Gängelband des Kapitals, bei dem sie in der Dauerkreide sind! Ganz offiziell. Das erfordert neue Rücksichten und verändert die Politik grundlegend.

Maximilian führt den Allgemeinen Pfennig als erste direkte Steuereinnahme ein und eine zentrale Verwaltung, das »Regiment«. Allzu weit reicht diese moderne Bürokratie allerdings nicht, denn die Stände wehren sich dagegen, und Max muss die Umsetzung auf halbem Wege bleiben lassen.

Wenigstens kann er im Reich die Stände neu ordnen. Kleriker, Adelige, Ritter und landesfürstliche Städte bekommen eine neue Gerichtsbarkeit nach burgundischem Vorbild. Das beendet endlich das so lästige wie lächerliche mittelalterliche Fehdewesen, bedeutet aber auch die Einführung des Corpus juris, des römischen Rechts, das die Bauern langfristig zu Unfreien macht. Die Ersten, die dagegen aufbegehren, sind die Schweizer, die Max 1499 im Frieden zu Basel in die Unabhängigkeit entlassen muss. Die Auswirkungen der Reform sind auch die Grundlage künftiger Bauernaufstände in Österreich.

Noch ein Schönheitsfehler der Gloriole: Die eifersüchtigen Venezianer hindern Maximilian an der Reise nach Rom zur Kaiserkrönung. Also erklärt er sich – mit einiger Verspätung – 1508 selbst zum Kaiser. Fortan braucht man keinen Papst mehr dazu, und das wird sich auch einbürgern.

Ach Max, wie schön könnte das Leben sein! Doch zwei Nachbarn gefällt diese Zusammenballung von Macht ganz und gar nicht – Frankreich und dem Osmanischen Reich. Sie werden zu ehernen Erbfeinden der Habsburger und werden sich gegen den Kaiser und sein Reich samt Österreich auch über Religionsgrenzen hinweg verbünden. Aber das baden dann Maxens Nachfolger aus, und vor allem die vielen vielen Menschen, die in diesen Kriegen getötet werden.

RUHM UND SCHMACH DER NACHWELT

Was hat die Nachwelt aus dem letzten Ritter und seinem Vater, der Schlafmütze, gemacht? Die Lichtgestalt Maximilian und der Erzdödel Friedrich III. sind probate Beispiele dafür, wie Geschichtsschreibung Helden und Bösewichter schafft, um sie für eigene Zwecke zu gebrauchen. Wir erfahren mehr über die Propaganda der Feinde Friedrichs oder die Absichten späterer Zeiten, wenn wir den schlechten Ruf dieses Kaisers analysieren, als über sein wahres Wesen.

Wofür stand er wirklich? Gewiss für die Erbansprüche der Habsburger auf die Kaiserwürde, die vielen missfielen. Und für das machtpolitische Kalkül, Länder ohne Ansehen der Volkszugehörigkeit ihrer Einwohner zu erhamstern – wie das faktisch alle Herrscher dieser Zeit hielten, denn der Nationalismus war ja noch nicht erfunden.

Dafür wurde Onkel Fritz später von nationalen Geschichtsschreibern vielerlei Volkszugehörigkeit, alten und neuen Feinden der Habsburger, sowie von generellen Gegnern des Kaisertums zur bösen, schwachen, lächerlichen Figur erklärt – von kleindeutschen, großdeutschen, ungarischen und slawischen Nationalisten über demokratische Liberale bis zu Sozialisten und Kommunisten.

Deren Verdikte trafen auch spätere Habsburger, die vor allem als Störfaktoren beim Werden kleinerer oder größerer Nationen oder als Hindernisse für Rassen- oder Klassenkampf gewertet wurden und werden. Die großen politischen Emotionen sind dabei nahezu 100 Jahre nach dem Ende der Habsburgerherrschaft etwas abgeflaut, aber das Verfassen von düsteren Kriminalgeschichten rund um Kaisers ist da und dort noch immer Zeitvertreib für sendungsbewusste Autoren mit einem ideologischen Kampfauftrag.

War Friedrich III. nun tatsächlich der Kasperl, als der er am unteren Ende der Wurstmaschine illustrer Geschichtsschreiber herausgekommen ist? Wer weiß das schon zu sagen? Eigentlich ist es für den Verlauf der Geschichte jenseits des Society-Aspekts unerheblich, ob der Mann schrullig gewesen ist oder nicht – oder ob er das Gefallen nachgeborener Nationalisten, Internationalisten, Linker, Rechter oder Liberaler fand und findet. Er hatte für seine Sache Erfolg. Das muss genügen.

Sein Sohn Maximilian, der »letzte Ritter«, kann sich dagegen einer guten Nachrede erfreuen – im Volk und auch im Mainstream der Geschichtsschreibung. Das ist kein Wunder, denn er hat schon zu Lebzeiten an seiner Legende weben lassen. *Theuerdank* und *Weiß-Kunig* heißen die Reimwerke, die seine Erziehung und seine

Taten als Jäger, Ritter und Kämpfer besingen. Albrecht Dürer porträtiert ihn mehrmals, und hätte es damals schon Poster und Kinderzimmer gegeben, wären Erstere mit der ikonengleichen Darstellung des berühmten Mannes tausendfach an die Wände von Letzteren gepinnt worden.

Das burgundische Hofzeremoniell entfaltet unter Maximilian seine Blüte. Titelsucht, Rangordnungen und Handkuss sind bis heute die drolligen, als typisch österreichisch geltenden Überbleibsel – »Küss die Hand, gnä Frau …!« Aber er holt auch regelrechte Künstler der Waffenschmiedekunst in die österreichischen Lande, dazu noch humanistische Gelehrte, Maler, Musiker. Innsbruck und Wien werden zu Städten der schönen Künste!

Braucht es mehr, um als großer Mann in die Geschichte einzugehen? Irgendwie hat er Glück, just zu Beginn des Jahres 1519 zu sterben. In Wels übrigens, weil ihn seine Innsbrucker an die Luft gesetzt haben, da er seine Schulden für Kost und Unterkunft nicht begleichen kann. Wer weiß, wie sich Maximilian der neuen Situation der Welt gestellt hätte und den tödlichen Gefahren für die Autorität des Heiligen Römischen Reichs?

Der Kampf um Glauben und Wissen

Ein markantes Gesicht des Dreißigjährigen Krieges und des Ringens der christlichen Konfessionen: Albrecht Wenzel Eusebius von Wallenstein (1583–1634), Warlord und Generalissimus des Kaisers

Bisher ging's ein bisschen viel um Herren und Knechte, Herrscher und Untertanen. Nun schlagen wir ein neues Kapitel auf, in dem der einzelne Mensch und sein Selbstverständnis in der Gesellschaft im Mittelpunkt stehen. Zumindest wenn man den Idealisten glaubt, die den Humanismus, die Renaissance und die Reformation lieben. Letztere gilt ihren Bewunderern als Befreiung des Christen von der Zwingschraube finsterer katholischer Kirchenfürsten. Da ist was dran, aber nicht viel. Glaubensdetails überlassen wir gern den Theologen jederlei Konfession.

Die politischen Fakten sehen jedenfalls nicht derart einseitig blümchengeschmückt aus. So brutal das alles ist, was wir jetzt erleben werden, können wir es wenigstens besser nachempfinden als die mittelalterlichen Gedankengänge der Jahrhunderte davor. Denn die Menschen sind auf dem Weg in eine frühe Moderne, die von Wissensdrang, kritischem Zweifel, Forschungsstreben und Mut zur Veränderung durchdrungen ist – alles Eigenschaften, die wir überheblichen Heutigen uns ja auch so gerne zuschreiben.

Österreich wimmelt schon vor 500 Jahren von kritischen Geistern – keine Rede von geistigem Ödland. Vieles bleibt dennoch beim Alten, die Fürsten sind nach wie vor gierig, die Warlords brutal, und die Osmanen (vulgo Türken) sorgen noch zusätzlich dafür, dass das Leben kein Streichelzoo ist.

Zunächst aber einmal ein kleines Lehrstück darüber, wie gefährlich das Dasein im größten bisher dagewesenen europäischen Volkskrieg mit Religionsbegleitung für ehrgeizige Hasardeure sein kann, die glauben, sich am Feuer die Hände wärmen und vom Konflikt profitieren zu können. Solch Vermessenheit endet schon einmal mit einer Lanze zwischen den Rippen.

SPIELEREI'N MIT WALLENSTEIN

Die Gicht lässt ihn oft nicht schlafen. Mit einer Rosskur versucht der Medicus, den armen Gepeinigten zu heilen, und lässt ihn ausgerechnet Rinderbrühe trinken. Wegen der Qualen ist er zu keiner schmerzfreien Bewegung fähig. Der berühmte General und Herzog von Friedland und Mecklenburg wirft sich auf seinem Lager unruhig hin und her. Am Abend dieses 23. Juli 1630 fühlt er sich immerhin ein wenig besser, er kann Gäste empfangen. Unter ihnen sind ein französischer Diplomat und dessen Begleiter, ein Kapuzinermönch.

Eben erst hat Albrecht Wenzel Eusebius von Wallenstein, Generalissimus und des Kaisers wichtigster Feldherr, sein Hauptquartier in die Reichsstadt Memmingen verlegt, um von dort aus seine Armee durch neue Anwerbungen zu stärken. Der große Krieg, den man einmal den Dreißigjährigen nennen wird, das Ringen zwischen protestantischen Ständen und deren verbündeten Mächten auf der einen und der apostolischen Majestät Ferdinand II. samt katholischer Fürsten auf der anderen Seite, verläuft für den Kaiser gerade nicht so schlecht.

Mit schönen Siegen und großem Einsatz von privatem Vermögen hat Wallenstein Habsburg einstweilen vor dem Untergang gerettet – im Frieden von Lübeck ist der ernste Rivale im Norden, Dänemark, ausgeschaltet worden. Schwedens große Stunde der Bewährung für die protestantische Sache steht noch aus – Gustav Adolph muss erst für die deutschen Stände und nicht zuletzt zur Mehrung seines eigenen Einflusses im Reichsgebiet in die Bresche springen. Dennoch sind in der katholischen »Liga« viele Fürsten unzufrieden. Diese Verbündeten des Kaisers fürchten dessen wachsende Macht und den Verlust ihrer Privilegien mehr als die Ausbreitung des Protestantismus.

Genüsslich leckt sich Wallenstein die Lippen und bläst den Schaum von seinem Krug – ein Bier macht alles wieder gut! Der große General weiß in diesem Machtspiel der Joker zu sein. Da ist ihm selbst der Kaiser ausgeliefert, bei dem er ohnehin einen nahezu unbegrenzten Kredit besitzt. Und seine Gegner fürchten ihn so sehr, dass sie sich offenbar schon damit abfinden wollen, ihn in ihre Neuordnung Europas einzubeziehen – vielleicht nur als Werkzeug, wer weiß? Aber möglicherweise rechnet man an den einflussreichen Höfen der Könige und Fürsten auch mit dem Generalissimus als gleichwertigem Mitspieler in diesem neuen Konzert europäischer Mächte.

Seine beiden französischen Besucher, die am 23. Juli 1630 in Wallensteins Prunkzelt zu Memmingen eintreten, sind keine kleinen Fische. Der eine, Marquis Léon de Brulart, ist der Botschafter Ludwigs XIII. in der Schweiz und befindet sich auf dem Weg zum Kurfürstentag, auf dem der Diplomat den französischen König vertreten soll. Frankreich ist noch nicht in den Krieg verwickelt, macht sich aber ob des Erstarkens Ferdinands und des drohenden Zusammenbruchs der Protestanten große Sorgen. In Paris ist man zwar auch katholisch, möchte in diesem Lager aber die erste Geige spielen und die deutschen Fürsten dazu gewinnen, an der Seite Frankreichs ein neues katholisches Bündnis gegen Habsburg aufzubauen. Andernfalls spekuliert der starke Mann Frankreichs, der geniale Kardinal Richelieu, auch mit einem Kriegseintritt auf protestantischer Seite. Deshalb ist die Teilnahme der französischen Diplomatie an diesem Kurfürstentag so wichtig.

De Brulart ist indessen nicht die Hauptperson dieser Gesandtschaft – vielmehr soll er nur von dem unscheinbaren Mönch an seiner Seite ablenken. Joseph Le Clerc du Tremblay, Freund Richelieus seit dessen Tagen als Bischof von Lucon, reist als »Pater Joseph« in des Kardinals Auftrag durch Europa und ist bereits darin geübt, in stiller Geheimdiplomatie mit katholischen Fürsten über eine Anti-Habsburg-Allianz zu verhandeln. Seit 1622, dem Gründungsjahr dieser Institution, steht Joseph im Dienst der »Propaganda Fide«, der internationalen Missionszentrale von Papst Gregor XV., die ausschließlich von Kapuzinern getragen wird. Joseph du Tremblay legte von Beginn an eine derartige Leidenschaftlichkeit im Dienst an den Tag, dass er schon nach drei Jahren zum Präfekten der Auslandsmission ernannt wurde. Seine Mönchsspione breiteten sich über ganz Europa aus, die Levante, West- und Ostafrika und stießen bis nach Ostasien vor. Die frommen Wanderer verfassten Handelsberichte, wo Gold, Elfenbein, Kokos- und Erdnüsse oder auch Sklaven billig zu haben wären, berichteten über politische Verhältnisse und – ihre Hauptaufgabe – missionierten in den neuen Gebieten. In Europa machte Joseph du Tremblay selbst auf seine Weise Weltpolitik.

Nachdem der 1577 in eine hochadelige Familie Hineingeborene ursprünglich der Fronde, also dem Kreis der unzufriedenen Feudalen, angehört hatte, vermittelte er bald zwischen der Fronde und dem Bischof von Lucon, Richelieu. Der daraus entsprossene Friede von Loudun krönte Richelieus erste diplomatische Mission, brachte seine politische Laufbahn als Mitglied des Staatsrates in Schwung und verhalf damit auch Freund Joseph zu Einfluss.

Über einen V-Mann, einen Haudegen von Geheimdienstler, steht Joseph in dauernder Verbindung mit Max von Bayern. Der Agent ist – wen überrascht es – ebenfalls Kapuziner und vertritt seit 1621 die Interessen verschiedener Staaten, vor allem des Vatikans: Wenn er nicht gerade seinen offiziellen Pflichten als Prediger im bayerischen Heer nachkommt, wandert Pater Hyazinth als geheimdiplomatischer Spionageprofi zwischen Rom, den italienischen Fürstentümern, Frankreich, den Niederlanden und Spanien hin und her. Doch nicht einmal durch diesen listigen Gewährsmann ist es Joseph du Tremblay bisher gelungen, ein Bündnis gegen den Kaiser einzufädeln. Beim Bayernherzog Maximilian ist er mit der Allianz gegen Habsburg abgeblitzt, aber er bleibt der Ohrenbläser der Intrigengesellschaft an deutschen Höfen.

Noch ehe der Reichstag zu Regensburg beginnt, weiß jeder, allen voran Kaiser Ferdinand II., dass der Mönch und nicht der Botschafter der Vertrauensmann des französischen Staatslenkers Richelieu ist. Während Brulart auf diesem Reichstag im Grunde nur zu Tanz, Spiel und Fraß, aber zu keinerlei Einigung mit irgendeinem Fürsten ermächtigt ist, hat der ihn begleitende Kapuzinermönch sogar jene Richtlinien selbst abgefasst, welche die Unterschrift des Kardinals tragen! Es ist eine vom Machthaber geduldete, ja gewünschte Verselbstständigung des Geheimdienstchefs (und als solcher ist du Tremblay irgendwie zu betrachten). So kann Joseph ohne zeitraubende Konsultationen autonom seinem Geschäft nachgehen und die Kurfürsten verwirren, sie zur Trennung vom Kaiser aufhussen und gleichzeitig verhindern, dass sie sich untereinander einigen. Das ist anders als mit den zahllosen Spitzeln, die Richelieu flächendeckend für die Innenspionage in ganz Frankreich einsetzt und die ihren Sold mehr oder weniger verächtlich zugeworfen kriegen. Mit Pater Joseph hat dieses Spitzelwesen nichts zu tun, sein Treiben ist heiligmäßig, weil unschätzbar wichtig für Staat und Kardinal. Der fromme Mönch ist von vornherein exkulpiert, wenn er seinem Herrn rät, mit Protestanten und ehrgeizigen Fürsten zu paktieren.

Bei den Protestanten, namentlich Schweden, warnt Joseph indessen im März 1630 vor einem zu engen Zusammengehen, da er im Falle eines totalen Sieges der Ketzer um die Gegenreformation fürchtet: »Gewisser Dinge muss man sich mit Maß zu bedienen verstehn, in kleinen Mengen wirken sie als Gegengift, in großen wirken sie tödlich.« Erhört wird sein Bedenken freilich nicht, da ein anderer Gewährsmann Richelieus, Baron Hercule de Charnacé, am 23. Januar 1631 ein Bündnis mit Schweden schließen und damit den Krieg vom Konfessions- zum unverhüllt säkularisierten machtpolitischen Krieg um die europäische Vorherrschaft machen wird.

Um ihm bei seinem Tun, bei Lüge und Betrug, die letzten Gewissenskonflikte zu nehmen, haben die Kapuziner Joseph du Tremblay vorübergehend von seinen Gelübden entbunden. Formell reist er an der Seite de Brularts als »Gelehrter«. Doch der schlaue Joseph weiß um den Wert des geistlichen Gewands und bleibt in Kutte und Sandalen … In dieser Aufmachung setzt er sich auch an den Biertisch des Herzogs Wallenstein an diesem heißen Sommerabend des Jahres 1630. Ob der Friedländer weiß, welchem politischen Kaliber er gegenübersitzt? Ob er ahnt, dass der Mönch eine Intrige gegen ihn spinnen soll, um ihn beim Kaiser madig zu machen? Dass Joseph du Tremblays Ziel die Entmachtung des Generalissimus ist?

Als Brulart sie alleine lässt, plaudert Wallenstein jedenfalls – wie es scheint bedenkenlos – drauflos. In dieser und zwei folgenden Unterredungen offenbart er dem Franzosen seinen geheimsten Plan: die Errichtung seines eigenen souveränen Fürstentums im Reichsgebiet, noch dazu ohne Glaubenszwang! Joseph antwortet darauf nur ausweichend und weiht den kaiserlichen General als Gegenleistung lediglich in den »geheimen Plan« Frankreichs ein, die heiligen Stätten in Palästina für die Christenheit zurückzuerobern. Dieser Kreuzzugsplan entspricht zwar tatsächlich einem frommen Wunsch Josephs, steht zur Stunde aber nicht gerade an oberster Stelle in der Prioritätenliste Richelieus – seine Preisgabe ist eine billige Gegenleistung für die Geschwätzigkeit Wallensteins. Kalt resümierend könnte man sagen, dass Joseph dem Wallenstein blanke Desinformation zukommen ließ und dafür brandheiße Verratspläne erhielt.

Wenig später, nachdem er und Brulart über Ulm und Donau-wörth nach Regensburg weitergereist sind, hat Pater Joseph am Rand des Reichstages alles – vermutlich in einer dramatisch aufge-besserten Version – schon den katholischen Kurfürsten einzeln erzählt, die vom Kaiser daraufhin die Absetzung Wallensteins ver-langen. Ferdinand glaubt nicht an einen drohenden Staatsstreich des Generalissimus und weigert sich. Nun drohen die Kurfürsten offen mit dem Zusammenschluss der Katholischen Liga mit Frank-reich, dessen Hilfe Joseph natürlich längst angeboten hat. Da Fer-dinand jetzt nachgibt und Wallenstein »wider alle Interessen des Reiches, Vernunft und Gewissen« entlässt, begibt sich der Kaiser gänzlich in die Hand der Reichsfürsten und lässt die Zügel voll-ständig aus den Händen gleiten. Nie wieder wird sich das Reich als Machtfaktor etablieren können. Der Weg ist frei für die Neutrali-sierung und letztendlich das lange Sterben des Sacrum Imperium, und ein Kapuzinermönch zieht sich die Kapuze über den Kopf und versenkt sich wieder in sein Brevier.

Wallenstein indes büßt seinen Ehrgeiz mit dem Leben, als er zur Freude seiner zahlreichen Feinde 1634 in Eger/Böhmen von einem Offizierskomplott ermordet wird.

Wie ist er nur auf die Schnapsidee gekommen, mit den verfein-deten Großen paktieren, sie neutralisieren und letztlich gegenein-ander ausspielen zu können? Vor allem aber: Wie um alles in der Welt konnten Deutschland und Europa in solch eine Weltkriegs-situation geraten? Und welche Rolle spielten Österreich und die Habsburger dabei?

DIE PROTESTPARTEI

Dazu müssen wir wieder einmal zurückblenden, um genau 134 Jahre vor dem Lanzenstich in Eger, nämlich nach Gent in Flan-dern, heute Belgien. Dort gebiert am 24. Februar 1500 Johanna von Kastilien, die Ehefrau Philipps »des Schönen«, des einzigen Sohns Kaiser Maximilians, einen Stammhalter, der auf den Namen Karl getauft wird. Der Bub wird schon bald Nutznießer der Hamstereien seines Großvaters und Urgroßvaters sein und die Herrschaft über halb Europa und den Rest der bekannten Welt erben. Mit 16 Jahren wird der spätere Kaiser Karl V. zunächst nach dem Tod seines Vaters Philipp spanischer König, indes sein drei Jahre jüngerer Bruder Ferdinand in den Niederlanden bleibt. Während Karl auch noch Kaiser des Heiligen Römischen Reichs werden wird, soll Ferdinand dereinst die österreichischen Erblande übernehmen.

Keiner der beiden Buben ist jemals in Österreich gewesen, keiner von beiden beherrscht die deutsche Sprache, beide leben in fernen Ländern. Eine traumhafte Perspektive für den Adel, die Grundherren und die besitzenden Bürger in den Städten im habsburgischen Österreich und im ganzen Reich, die sogenannten Stände! Sie witterten ihre Chance, politisch und vor allem wirtschaftlich von einer schwachen kaiserlichen Zentralgewalt profitieren zu können.

Als die österreichischen Stände aber zu ahnen beginnen, dass der inzwischen zum deutschen König gewählte Karl V. ihnen die Tour vermasseln und nach dem Vorbild des französischen Königtums eine straffe Herrschaft aufziehen könnte, schicken sie eine Delegation nach Spanien, um ihre alten Rechte zu erbetteln. Vergeblich. Zähneknirschend geloben sie dem 19-jährigen Karl trotzdem Treue.

Der wähnt sich mittlerweile als Herr der Welt, lässt sich – ein letzter Nachhall alter Heiligkeit – vom Papst zum Kaiser krönen und will die gesamte Christenheit unter einem Zepter vereinen – *seinem* Zepter nämlich, gemäß seinem Motto: »*Plus ultra! Immer weiter …!*«

Das wollen die Grafen, Ritter und Bürgermeister daheim in Österreich definitiv nicht. Und auch in den anderen deutschen Ländern legt man darauf keinen Wert.

Allen Plänen der Stände steht vor allem eine Einrichtung entgegen, die der Aufrechterhaltung der alten Ordnung dient. Die Kirche ist die Agentur und zugleich das einzige Massenmedium, um an alle Menschen zu kommen. Deshalb ist es so wichtig, dass sich das Volk zumindest ein Mal, wenn nicht mehrmals, in der Woche in der Kirche einfindet und vernimmt, was zu tun, wie zu leben ist. Geführt wird sie von Bischöfen und Kardinälen, die ihrerseits Fürsten sind, manche – wie der Salzburger – sogar Reichsfürsten. Drei der Kürfürsten, jene von Köln, Mainz und Trier, sind Bischöfe. Und sie sind reich.

Trotzdem: Seit die Kirche Abgaben an den dauerverschuldeten Kaiser zahlen muss, kassiert sie ihrerseits noch mehr Geld von den Schäflein ein, als sie es früher schon tat. Dazu kommen die Sammelaktionen für die Renaissancepäpste, die Unsummen für den Petersdom und diverse Paläste in Rom brauchen. Als Gegenleistung geben sie Ablassbriefe heraus, die das Leben im Jenseits erleichtern sollen – vergelt's Gott …

Am meisten wurmt das die Adeligen, die reichen Bürger, eben die Stände, denn sie allein sind imstande, nennenswerte Summen zu spenden, und geraten dementsprechend in Zugzwang, mit gutem Beispiel vorangehen zu müssen. Der Zorn über diese zusätzlichen Kirchensteuern ist groß. Nebenbei stoßen sich ein paar intellektuelle Mönche am Unsinn, den die Ablasshändler verzapfen, die den Menschen einreden, ein Stück gekauftes Papier würde ihnen Jahre im Fegefeuer ersparen. Und die guten Leutchen kaufen fast so brav wie solche, die heutzutage mit ihrer Spende für die Caritas ein besseres Gewissen erwerben.

Einer dieser Kritiker ist der Augustinermönch Martin Luther. Er entwickelt eine geniale Ideologie, die all jenen Besitzenden entgegenkommt, die die Nase vom System voll und noch dazu keine Lust haben, einen neuen absoluten Regierungsstil à la Frankreich vorgesetzt zu bekommen. Dazu gesellen sich noch diejenigen Bauern, die gegen das römische Rechtssystem sind, das den freien Mann ans Gängelband von Grundeigentümern hängt und zu Leibeigenen macht; und die Rebellion derer, die alte Rechte wie allgemeine Nutzung von Land und Wald, Jagd und Fischereigründen wiederhaben wollen. Diese Widerspenstigkeit gibt es schon vor der Reformation. In Österreich regt sie sich vor allem im Gebiet westlich der Enns, wo die Freien immer schon daheimgewesen sind.

Daraus entsteht ein Protestantismus, der wie alle Protestparteien unterschiedliche, ja gegensätzliche Positionen von Besitzenden und armen Schluckern vereinigt, die nur eines gemeinsam haben: Sie sind gegen die herrschenden oder drohende verschärfte Verhältnisse!

Luther kommt gerade recht, um all diesen Interessen Sprache, Gestalt und Form zu geben. Tatsächlich will er aber keine neue Kirche gründen. Er, der schon die Trennung der Westkirche von den Orthodoxen scharf kritisiert, ist wie alle seine Zeitgenossen der Ansicht, dass es nur eine einige heilige Kirche geben kann. Er will zunächst auch den Papst nicht abschütteln, sondern er möchte ihn überzeugen.

Ha, ha, ha! Überzeugen Sie einmal einen Papst! Der denkt ja gar nicht dran. Und ich glaube, dass Martin L., der Mann aus Eisleben, davon gar nicht überrascht ist. Im Unterschied zu naiven Weicheiern späterer Jahrhunderte, die sich einbilden, dass die Gewaltigen in Staat und Gesellschaft nur auf die Ratschläge selbst ernannter Reformer warten, ist der Augustinermönch Realist genug, um zu wissen, dass die Kirche für einen einzigen Atemzug mehrere Jahrzehnte oder gar Jahrhunderte braucht. Und er weiß auch, dass er nicht das Charisma eines Franz von Assisi hat. Und dass er es nicht wie Franziskus mit einem weitblickenden Genie wie Innozenz III. zu tun hat, sondern mit dem beschränkteren Medici-Papst Leo X.

Luther ist von seiner Sache überzeugt, aber als er merkt, worauf die politische Instrumentalisierung seiner Ideale hinauslaufen könnte, beginnt er zu zweifeln, will schon einen Rückzieher machen, doch sein Mentor, der Kurfürst von Sachsen, Friedrich III., hindert ihn daran. Dieser dem englischen König Heinrich VIII. wie aus dem Gesicht geschnittene Ämter- und Reliquiensammler ärgert sich nicht nur über die Steuern, die er der Kirche aus seinem beträchtlichen Vermögen abliefern muss, sondern vor allem darüber, dass ihm der Papst zwei Mal verboten hat, die gescheite, energische und mächtige Margarete, Tochter Kaiser Maximilians I. und Statthalterin der Niederlande, zu heiraten.

»Dann eben ohne den Papst«, denkt der Sachse, und am besten auch ohne Kirchensteuern, dafür mit Pfarrern, die er selbst einsetzen kann und die von den Kanzeln sein Lied singen. Selbst ist er übrigens nie richtig evangelisch geworden, erst auf dem Sterbebett wird er die protestantische Form des Abendmahls mit Brot und Wein zu sich nehmen.

Und die Übung gelingt, Luther hält stand. Wissen Sie, warum? Es geht ihm um die Wahrheit. Nichts weniger. Vielen Beteiligten auf allen Seiten geht es darum. Sogar einigen der Fürsten. Nicht allen, aber immerhin. So ist das damals.

1521 steht er vor dem Reichstag in Worms und sagt dem jungen Kaiser Karl V. ins Gesicht: »Hier stehe ich! Gott helfe mir! Ich kann nicht anders.« Daraufhin wird er für vogelfrei erklärt und von seinem Mentor Friedrich von Sachsen auf der Wartburg versteckt, wo er in kürzester Zeit den ersten Teil der Lutherbibel schreibt, eine in wegweisendem Deutsch verfasste Nachdichtung des Neuen Testaments.

Jetzt ist wirklich Feuer am Dach. Alle Welt scheint in Windeseile protestantisch zu werden, auch zwei Drittel von Österreich, Steiermark, Kärnten und Tirol. Und Böhmen sowieso, denn dort lechzen die nationalen Tschechen nach Rache an den katholischen kaiserlichen Deutschen für ihren vor 100 Jahren verbrannten Reformator Jan Hus.

Bei der Beurteilung der folgenden »Religionskriege« sollte man sich dennoch nicht täuschen. Diese Kriege werden von den daran beteiligten Machthabern nur in zweiter Linie darum geführt, ob der Gottesdienst in der Volkssprache abläuft oder ob Pfarrer heiraten dürfen. Vielmehr verhält es sich umgekehrt: Das Brechen der Vorschriften der römischen Kirche ist das sichtbare Zeichen des Protests gegen das Regime von Kaiser, Bischöfen und Erzherzögen, sei es auch um den Preis blutiger Aufstände oder Feldzüge.

Natürlich bewirkt die Reformation des Luther und auch von radikalen Sektenführern wie Calvin oder Zwingli langfristig viel mehr: Sie schafft einen modernen Europäer, provoziert intellektuelle und ökonomische Höchstleistungen und wird eines fernen Tages die Schienen für die Aufklärung legen.

Zunächst einmal geht es bei der protestantischen Reformation in Deutschland aber um das Abschütteln der kaiserlichen Zentralgewalt, den weltlichen Fürsten darum, den Besitz der Kirche unter sich aufzuteilen, und den abgefallenen geistlichen, ihre Pfründe fortan für ihre eigenen Familien einzubehalten. Gern riskieren sie dafür die Kirchenspaltung, so wie das auch Heinrich VIII. in England tut, um sich lästiger Interventionen aus Rom bei seinen zahlreichen Eheschließungen zu entledigen.

Den kleinen Leuten dagegen bringt die Errichtung der evangelischen Glaubensgemeinschaften materiell nichts. Zwar verschwindet der geistliche Stand, weil die verheirateten Pfarrer zum Hausstand gehören, aber sonst stellt Luther die herrschende ständische Gesellschaftsordnung nicht infrage. Die Bauern kommen nicht zu mehr Wohlstand, wenn ihr Landesfürst und seine Höflinge oder auch sie selbst plötzlich Protestanten werden. Es geht hier nicht um eine Umverteilung von Kapital hin zu den Armen, und Luther ist so ehrlich, das auch nie zu behaupten. Im Gegensatz zu verlogenen Heilsversprechern kommender Jahrhunderte wie etwa den Kommunisten des 20. Jahrhunderts, denen es ja auch nicht darum gehen wird, den Kleinen etwas zu geben, sondern vielmehr den Besitz der Beraubten unter einer Oligarchie von Parteiführern zu verteilen.

Statt Brot gibt's jede Menge gescheiter Worte, überschwemmen dank des neuartigen Buchdrucks mit beweglichen Lettern Luthers Schriften, darunter seine Bibelübersetzung, die deutschen Länder und auch Österreich. Erstmals wird propagiert, dass viele Menschen lesen (nicht unbedingt schreiben) lernen sollen, um die neue Lehre in sich aufnehmen zu können. Sie macht den Leuten klar, dass sie deutsche Christen sind und keine Fremden aus Rom brauchen, um ihr Seelenheil zu erlangen – ja am besten überhaupt keine Fremden.

So manche spätere Geschichtsdeuter glauben, die Reformation hätte Teile eines alten Selbstbewusstseins außer-römischer germanischer und slawischer Sippen- und Stammeskulturen der Frühzeit zurückgebracht, denen eine ehelose Priesterkaste romanischen oder orientalischen Zuschnitts fremd war. Also raus mit den römischen Agenten! Dass Luther die anderen Dauerfremden vom Dienst schlechthin, die Juden, einmal für unverbesserlich, dann aber auch wieder für bekehrenswert hält, kommt bei seinen Anhängern in diesen Zwischentönen nicht an, die sich in ihrer ohnehin schon vorhandenen Judenfeindschaft schlicht bestätigt sehen. Und immerhin ruft Luther auch bis zu seinem Tod dazu auf, Juden, die nicht Protestanten werden wollen, aus christlichen Ländern zu vertreiben, ihre Hütten einzureißen.

Wen er ebenfalls nicht sehr hoch einschätzt, sind Hexen, die er gleich seinem Kollegen Calvin auf dem Scheiterhaufen sehen will: »Es ist ein überaus gerechtes Gesetz, dass die Zauberinnen getötet werden, denn sie richten viel Schaden an«, predigt Luther 1526.

Hexen und Zauberer beiderlei Geschlechts werden ab der frühen Neuzeit in katholischen wie protestantischen Gebieten Mitteleuropas verfolgt, was in den Krisenjahren des Dreißigjährigen Krieges seinen Höhepunkt erreicht, obwohl die römische Inquisition die Hexenverfolgung teilweise, die spanische Inquisition sie sogar gänzlich ablehnt. Als der Dominikaner aus dem Elsass, Heinrich Kramer, genannt Henricus Institoris, in Innsbruck einigen Frauen wegen Hexerei den Prozess macht, wirft ihn der Bischof von Innsbruck Georg Golser kurzerhand aus dem Land und setzt die Angeklagten auf freien Fuß. Zur Rechtfertigung seines Tuns verfasst Kramer 1486 in Speyer sein berüchtigtes Werk, den *Hexenhammer*, der, obwohl von der Kirche nicht anerkannt, weiteste Verbreitung findet.

Apropos Literatur: Die Schriften des Reformators Martin Luther und seiner Freunde sind nach der Kreuzzugsbewegung der erste gelungene flächendeckende Propagandafeldzug in Europa, und manche meinen, dass erst damit die Neuzeit anbricht. Bald wird deutsch nicht mehr nur gelesen, sondern auch in den Kirchen durchgehend gesprochen. 1522 ist Wien bis auf den Hof bereits protestantisch durchwirkt, und am 12. Jänner des Jahres predigt der lutherische Aktivist Paul Speratus im Stephansdom gegen den Zölibat. Später wird der Dom evangelisch – mit kleinen Ausnahmen für katholische Messen an Seitenaltären.

Nun ist der Kaiser in der Zwickmühle. Für einen Krieg mit Franz I. von Frankreich um das universale Herrschertum braucht er Geld. Einen Teil borgen ihm zwar die Augsburger Bankhäuser der Fugger und Welser (die auch die Bestechungsgelder für seine Königswahl ausgelegt haben), aber das reicht bei Weitem nicht aus. Die Schätze aus der Neuen Welt finden anfangs noch sehr zaghaft den Weg übers große Wasser. Auch die läppischen 20 000 Golddukaten an Jahreseinnahmen als deutscher Kaiser sind nur ein Tropfen auf den heißen Stein (zum Vergleich: Die Signoria von Venedig nimmt jährlich 20 Millionen Golddukaten ein …). Von Südosten rücken die Osmanen heran, und Karl muss sich rüsten, um sie abzuwehren. Sein natürlicher Verbündeter, der Papst in Rom, hat Angst vor ihm, weil das spanisch beherrschte Neapel zu nahe an den Grenzen des Kirchenstaats ist, und hält es mit den Franzosen. Dass Karls finanziell ausgehungerte, führer- und zügellose Landsknechte 1527 im Sacco di Roma die Heilige Stadt plündern und den Papst sekkieren, lässt dessen Liebe zum Kaiser auch nicht gerade anwachsen.

Es läuft alles aufs Gleiche hinaus: Kaiser Karl ist auf die Fürsten und Stände seines deutschen Reichs angewiesen. Ob protestantisch oder nicht. »Der Türk ist der Lutheraner Glück«, dichtet der Volksmund.

Eine spezielle Sache drängt besonders. Österreich, der Familienbesitz, die Erblande sind das Cockpit im Schiff des Kaisers. Dort, im innersten Kern, muss er ganz besonders auf die Funktionstüchtigkeit und Loyalität der Mannschaft achten. Selbst fehlt ihm die

Zeit, die Kapitänsbrücke in Wien zu erklimmen, er hat Weltpolitik zu betreiben. Also muss der kleine Bruder ran.

Was sagt Ihnen Ferdinand I.? Nicht viel? Nun ja, von den Wogen der Habsburger-Nostalgie wird er nicht gerade umschmeichelt. Im Schatten der Gigantengestalt seines Bruders, des Weltgebieters Karls V., in dessen Reich »die Sonne nicht untergeht«, wird Ferdinand I. selten gebührend gewürdigt – ein Mächtiger ohne Nachrede. Kein Liebling der Klatschspaltengesellschaft. Ein biederer Familienmensch, der seine Frau sogar zu den Reichstagen mitnimmt.

Seitensprünge, Konkubinen? Braucht er nicht.

Illegitime Kinder? Keine!

Atypisch für die Zeit, unergiebig für die lüsterne Nachwelt. So einer wird nicht Kaiser der Seitenblicke – und überragt dennoch sein Jahrhundert: als Erzherzog, als Herrscher der österreichischen Erblande, von Ungarn und Böhmen, als König und später als Kaiser des Heiligen Römischen Reichs.

Als er 1522 nach Wien kommt, ist der spanisch erzogene 19-Jährige auf einmal Österreicher. Schlimm genug für ihn. Er trifft auf eine Gesellschaft im Aufruhr, und er spricht kein Wort Deutsch. Doch er lernt schnell, ist begabter als Karl. Daraus ergibt sich ein gewisses Spannungsfeld zwischen den beiden Brüdern, das jedoch gewöhnlich von der unbedingten Loyalität Ferdinand dem Älteren gegenüber ausgeglichen wird. Nur ein Mal, viel später, werden sie sich wegen der Nachfolgeregelung im Reich grob in die Haare kriegen, da siegt auf dem Papier vorerst Karl, wird aber dann – wie es zusehends zum Stil des brummigen Kaisers gehört – resignieren. Vorerst braucht Karl den Jüngeren dringend hier in Wien, das ihm einen herben Empfang bereitet.

Als hartnäckigster Ständevertreter erweist sich der Wiener Bürgermeister Martin Siebenbürger. Dieser wahrscheinlich tatsächlich aus Siebenbürgen stammende angesehene akademische Jurist und Dekan der Wiener juridischen Fakultät pocht am nachhaltigsten auf die mittelalterlichen ständischen Rechte und prallt damit frontal auf die Position Ferdinands, der hier nicht Rechtsansprüche, sondern schlicht Revolte sieht. Tatsächlich stirbt Martin Siebenbürger gewaltsam – unter dem Fallbeil Ferdinands beim sogenannten Wiener Neustädter Blutgericht von 1522.

Noch gefährlicher sind die Bauernaufstände in Oberösterreich, Steiermark und Tirol, die von der radikalen Sekte der Wiedertäufer befeuert werden, die in ihrer Kommunisierung von Vermögen und Frauen(!) eine Art Vorläuferbewegung manch späterer Kommunen darstellt. Ihre Anhänger sind vor allem Silberbergknappen im Inntal, kleine Bauern und Hirten. Aus diesen Tagen datiert ein erstaunliches Dokument, ein Verfassungsentwurf des Bauernführers Michael Gaismair: »Junker Michel« schuf für sein Tirol im Jahr 1526 eine Landesverordnung, die aus der Grafschaft einen Freistaat machen sollte, in der neben der vom Wiedertäufer Gaismair besonders betonten Loslösung der Landeskirche von Rom, dem Verbot der Heiligen Messe und dem Bildersturm auf die Kirchen auch festgeschrieben steht, dass alle Ringmauern der Städte, alle Schlösser und Befestigungen gebrochen werden müssten und fortan nur mehr Dörfer im Land sein sollten, damit der Unterschied der Menschen wegfalle und eine völlige Gleichheit werde. In jeder Gemeinde sollte durch alljährlich gewählte Richter jeden Montag Gericht gehalten werden, wobei nichts über zwei Rechtstage hinausgeschoben werden dürfe. Besoldet sollten Richter, Schreiber und Sprecher vom Land werden, weiters eine aus allen Vierteln des Landes erwählte Zentralregierung und eine Hohe Schule zu Brixen. Öffentliche Fürsorge schrieb Gaismair ganz groß: Aus dem Zehent sollten Predigt und Armenwesen finanziert werden, die Klöster sollten als Spitäler und zur Kinderversorgung dienen, dafür ungerechte Zinse und Zölle fallen. Von der Verbesserung von Viehzucht und Ackerbau durch Austrocknung der Moore und Anpflanzung von Ölbäumen bis zur Erschließung neuer Bergwerke zugunsten des Landes und Maßnahmen gegen Wucherer ist alles genau festgelegt, ebenso der Wegebau und die militärische Verteidigung des Landes.

Überflüssig zu erwähnen, dass Gaismair sehr bald als vermisst gilt, flüchtet und 1532 in Padua ermordet wird. Fürchterlich ist die Rache an ihm und seinen Anhängern.

Mit den Wiedertäufern wird man sich im Gegensatz zu den Jüngern Luthers, die ein gesundes Verhältnis zu Macht und Besitz haben, nie einigen können. Gaismair hat den Boden dessen verlassen, was Napoleon Bonaparte später einmal zynisch mit »Religion ist das, was die Armen davon abhält, die Reichen umzubringen«, beschreibt. In Mähren werden sich die Wiedertäufer noch bis ins 17. Jahrhundert als »böhmisch-mährische Brüder« halten und den radikalen tschechischen Nationalismus nähren. Tirol hingegen wird wegen des sozialrevolutionären Zündstoffs der Wiedertäuferlehre als Erstes und am radikalsten rekatholisiert – deshalb nennt man es bis heute das »Heilige Land« – mit süßsaurem Beigeschmack …

Ein Jahr danach wird der nächste Erbvertrag aktuell: Bei Mohács fällt 1526 der letzte Jagiellonenkönig von Ungarn und Böhmen, der junge Ludwig II. in der Schlacht gegen die Osmanen. Ferdinand ist durch seine Ehe mit Jagiellonenprinzessin Anna und Großvater Maximilians Vertrag erbberechtigt und wird von loyalen ungarischen und kroatischen Adeligen in Preßburg, einer der wichtigsten Städte Ungarns, zum König ausgerufen.

Doch es bläst ihm mächtiger Gegenwind ins Gesicht! Der mit den Osmanen verbündete Wojwode von Siebenbürgen, dem Ostteil des Königreichs, Johann Zápolya, hat keine Lust auf Zentralismus und Glaubensdruck, lässt sich seinerseits vom protestantischen Adel zum König von Ungarn krönen und wird tributpflichtiger Vasall der Türken. Die Inbesitznahme des Landes gelingt Ferdinand nur zum Teil. Bei der dennoch unter Mühen betriebenen Osterweiterung gerät der Habsburger unmittelbar mit den Osmanen aneinander. Obwohl er ihnen jährlich 30 000 Duka-

ten Ehrengeschenk, also Erpressungsgeld, zahlt, damit sie Nord-
und Westungarn in Ruhe lassen, schneidet ihr Heer inmitten des
Protektorats Ostungarn wie ein heißes Messer durch ein Stück
weicher Butter westwärts, nimmt sich Ofen, das spätere Budapest,
und steht 1529 vor Wien.

MULTIKULTUR UND ÖKUMENE

Die 150 000 Personen, die Sultan Süleymans Heerzug vor die Tore
von Wien spült, wären eigentlich heiße Kandidaten für die päda-
gogische Betreuung multikulturell ausgebildeter Sozialpsycholo-
gen. Eine Auslese der Völker des osmanisch beherrschten Balkans
und der ungarischen Vasallen gräbt sich hier ein, um den »Goldenen Apfel«, wie die Stadt bei den Türken genannt wird, zu erobern.
Leute aus Serbien und Moldau sind dabei, 80 000 Türken samt
20 000 Elitesoldaten, sogenannte Janitscharen, versklavte und
zwangsislamisierte Christenkinder aus Bosnien und Serbien, die
nur für den Krieg des Sultans leben. Schon Anfang September
haben sich im Wiener Umland verhaltensauffällige bewaffnete
Jugendliche auf schnellen Pferden gezeigt, die anstatt eine Bera-
tungsstelle der Stadt Wien aufzusuchen und eine Gewaltpräventi-
onstherapie zu belegen die hier ansässigen Menschen ermorden,
vergewaltigen, verschleppen und ihre Häuser anzünden. Akintschi heißen diese unbezahlten Vortruppen des Sultans, manche
sagen auch Tataren zu ihnen.

Die meisten Wiener Bürger haben keine Lust auf interkulturel-
len Austausch mit ihnen, verhalten sich gar nicht gastfreundlich
und flüchten aus der Stadt gen Westen. Erzherzog Ferdinand ist
schon dort und ruft von Linz aus den kaiserlichen Bruder zu
Hilfe – vergeblich, denn dessen Truppen sind im Westen mit den
Franzosen beschäftigt.

Mitte September 1529 verbleiben in Wien im wehrhaften
Modus nur mehr der Bürgermeister mit dem sprechenden Namen
Wolfgang Treu und 400 Mann der Stadtmiliz. Zusätzlich über-

nehmen Niklas Graf Salm und der herangeeilte, so junge wie tapfere Graf Philipp von der Pfalz mit zwei Regimentern die Verteidigung. Nur eine Stadtmauer aus dem Mittelalter, die nicht dazu gebaut worden ist, Schutz vor neuzeitlichen Kanonen zu bieten, und etwa 15 000 Mann stehen noch zwischen der osmanischen Dampfwalze und einer der größten und wichtigsten Hauptstädte des Abendlandes. Sonst hilft den Wienern nichts und niemand auf Erden.

Und was soll Ich ihnen sagen: Am 12. Oktober gelingt es den Osmanen, eine riesige Bresche in die alten Mauern zu sprengen! Ja, tatsächlich, ihre eigenen Historiker sprechen davon, dass sie die Stadt *eigentlich* genommen hätten … aber die verbissene Gegenwehr der Verteidiger mit ihren Lanzen und Piken und Hakenbüchsen, dicht an dicht, macht Tausenden gut ausgebildeter Janitscharen den Garaus!

Wie konnte das den bis dahin unbesiegbaren Streitern des Propheten passieren? Wir wissen heute einiges über die Umstände. Schuld waren das Wetter – wir haben ja die kleine europäische Eiszeit – und die schlechten ungarischen Straßen, durch deren Matsch keine großen Kanonen nachkommen konnten. Auch der sonstige Nachschub für das übergroße Heer samt Tross blieb dadurch aus. Aus den Zivilisten des Landes ringsum konnte man nichts mehr herausholen, das hatten bereits die couragierten Renner- und Brennerbuben, die Akintschi restlos besorgt.

Man kommt überein, dass es Allah halt nicht anders gewollt hat, noch dazu, wo der prächtige Sultan Süleyman schnell nach Hause muss, weil ihm daheim in Istanbul seine Religionsführer in Abwesenheit wegen diverser Freizügigkeiten in Lebens- und Regierungsstil die Hölle heiß machen. Der Prächtige reist ab und lässt neben der flüchtenden Armee der Lebendigen 40 000 tote osmanische Krieger samt einem noch immer freien Wien zurück.

Dem droht eine letzte Gefahr: Die an der Befreiung beteiligten Landsknechte verlangen ihren Sold und können nur mit Mühe davon abgehalten werden, die Stadt zu plündern …

Wenigstens bleibt den Osmanen der Großteil von Ungarn, dessen protestantische Adelige lieber Tribut an die Pforte (so nennt man den Sitz des Sultans) zahlen, als sich den katholischen Habsburgern zu unterwerfen. Süleyman wird es weiterhin versuchen, doch diesmal hilft der Kaiser mit Truppen aus; Ferdinand seinerseits wird auch noch einmal darangehen, ganz Ungarn zu erobern, aber Zápolya und seine calvinistischen Ungarn hindern ihn daran. Schließlich einigen sich Habsburg und Osmanen 1547 auf eine Grenze mitten durchs Land, die von beiden Seiten militärisch befestigt (und auf österreichischer mit Wehrbauern bestückt) wird, und wieder einmal auf 30 000 Dukaten Stillhaltegebühr an den Sultan.

Österreich bleibt weiterhin nicht nur mit multikulturellem, sondern auch mit ökumenischem Austausch beschäftigt. Die Protestanten im Deutschen Reich schließen sich in einem »Schmalkaldischen Bund« zusammen, der mit England und Frankreich gegen den Kaiser paktiert, und einen brüchigen Waffenstillstand von 1532, genannt Nürnberger Religionsfrieden, bricht. Im Krieg gegen die Schmalkalden siegt knapp vor der Jahrhundertmitte Karl V. über die gegen ihn verbündeten protestantischen Reichsfürsten.

Ferdinand trägt die harte Bestrafung und Demütigung der Gegner mit, hält sich beim Triumph seines Bruders aber in der Öffentlichkeit klug zurück. Diese Haltung schafft eine gute Ausgangsposition für einen Friedensschluss – vielleicht die nachhaltigste politische Großtat Ferdinands –, den Augsburger Religionsfrieden. Er sichert 1555 die bestehenden Besitzrechte der protestantischen Fürsten, gibt den Lutheranern etwas Luft zum Atmen und wahrt das Gesicht der Katholiken.

Karl V., noch immer formell Kaiser, will diesen dauernden Religionsfrieden allerdings nicht. Allenfalls befristet hätte er ihn zur Kenntnis genommen – zu schmerzhaft haben ihm die Protestanten den Nerv gezogen.

So ist also dieser Augsburger Religionsfriede kein Ausbund von Toleranz, wie sie dann Jahrhunderte später in der Aufklärung erfunden wird, sondern eine pragmatische Tugend, die aus der Not geboren wird. Ferdinand braucht gegen die Osmanen ein geeintes Reich, das sich nicht in Glaubenskämpfen verstrickt. Das geht so weit, dass der persönlich strenggläubige Katholik Ferdinand bereit gewesen wäre, auf dem Konzil von Trient, das durch eine Reform die Kirche vor der endgültigen Spaltung retten will, sowohl auf den Zölibat zu verzichten als auch den Laienkelch, also die bei den Protestanten gepflegte Kommunion in beiderlei Gestalt, zuzulassen, um ihnen die Rückkehr in die Kirche schmackhaft zu machen – wie die Geschichte erwies, ohne Erfolg.

Für seinen abgekämpften und gichtkranken Bruder Karl V. sind diese Rochaden zu viel – er legt 1558 auch formell die Kaiserkrone nieder, zieht sich nach Spanien, dessen Krone er seinem Sohn Philipp übergibt, ins Kloster von Yuste zurück und frisst sich dort zu Tode.

Jetzt erst, mit 55 Jahren und nach 37 Jahren in der Politik, wird Ferdinand, der ewige Stellvertreter, in Frankfurt zum Kaiser gekrönt. Sechs Jahre bleiben ihm noch.

In seinem Testament verfügt Ferdinand vor seinem Tod 1564 Ungewöhnliches. Er teilt seine Länder zwischen seinen drei Söhnen Maximilian (Böhmen, Österreich und Ungarn), Ferdinand (Tirol und den Streubesitz in Schwaben und Baden, die »Vorlande«) und Karl (Innerösterreich, also Steiermark, Kärnten, Krain, Görz und Istrien) auf.

Ein Rückfall in mittelalterliche Teilungspolitik? Nun, er traut nicht jedem Sohn gleich viel zu. Max wird als Maximilian II. der nächste Kaiser, er ist ein Modernist und hat starke protestantische Tendenzen, Ferdl ist ein Schwärmer, der eine Bürgerliche geheiratet hat, und Karl ein strenggläubiger Katholik, der die Reformation bekämpfen will.

Trotz dieser Teilung bleiben die Stammlande aneinandergekettet, alle drei Linien sind wechselseitig erbberechtigt und werden 1619 wieder zueinander finden.

1564 stirbt Ferdinand I. Unter seiner Herrschaft haben die österreichischen Habsburger mit Ungarn formell erstmals bedeutenden Besitz außerhalb des Reichsgebiets erworben (denn Böhmen ist ja ein Königreich innerhalb des Heiligen Römischen Reichs Deutscher Nation). Er ist damit der eigentliche Schöpfer der Donaumonarchie. Allerdings hat er neben dem Augsburger Religionsfrieden auch die Gegenreformation in Österreich eingeleitet und den neuen Orden der Jesuiten ins Land gerufen, die »Soldaten Gottes«. Als der erste deutsche Jesuit Petrus Canisius 1552 die Stadt Wien erreicht, beginnt der Kampf um Glauben und Wissen auf intellektueller und psychologischer Ebene.

ICH WEISS, ICH WEISS, WAS DU NICHT GLAUBST …

Nach wie vor und noch recht lange leben die Menschen in Europa in einem festgefügten System von Ständen – so auch in Österreich. Zwar ist es nicht so wie im indischen Kastensystem, in dem es praktisch unmöglich ist, die soziale Schicht zu wechseln, in die man hineingeboren wurde, aber der Regelfall ist schon der, dass der Sohn des Bauersmanns wieder einer wird, und der Graf einen solchen wieder zeugt. Das bildet sich im Alltag in der Kleiderordnung und im Recht, Waffen zu tragen, ab, und politisch in den Landtagen, in der Verwaltung der österreichischen Länder, in denen Herren, Ritter, Städte und Prälaten vertreten sind. Aber es existieren auch Besonderheiten. In Böhmen gibt es seit der hussitischen Revolution den geistlichen Prälatenstand nicht mehr, und in Tirol haben die Bauern eigene Gemeindevertreter im Landtag.

Eine Aufstiegsmöglichkeit ist die Karriere als Kleriker, zu gut Mittelhochdeutsch: zum Angehörigen der »pfafheit«. Das bedeutet nicht notwendigerweise, dass man es bis zum Priester bringt, sondern auch andere Teile der Gesellschaft genießen so etwas wie einen niederen Weihestatus – zum Beispiel die Angehörigen der Universität, vom Studenten bis zum Professor, oder gar zum Rektor, der zeitweilig automatisch nobilitiert, also durch sein Amt zum Adeligen wird.

Student sein in Wien – das ist was! Auch wenn fallweise Arme als »Pauperes«, quasi als Bettelstudenten, immatrikulieren können, ist der Student ein stolzer Stand, der es dem Aristokraten gleichtun will. Rebellischen Geist drückt er vor allem über seine Kleidung aus, und 1513 kommt es zu einem regelrechten Studentenaufstand, dem »lateinischen Krieg«. Anlass ist eine blutige Rauferei mit Toten und Verletzten zwischen Studenten und Knechten eines Weinbauern, aber der eigentliche Grund ist die Revolte der Studenten, die keine bescheidene Kutte mit Cingulum um den Hals mehr tragen wollen, sondern bunte Kleider, spitze Schuhe oder Stiefel und vor allem schwere, am Boden schleifende Blankwaffen – wie die Actionhelden dieser Zeit, die Landsknechte!

Mit oder ohne fesche Kleidung – um 1500 ist die Alma Mater Rudolfina die bestbesuchte deutsche Universität. Bis 1520 werden pro Jahr um die 6000 Studenten in den Matrikeln geführt. (Heute ist sie mit 93 000 erneut die größte des deutschen Sprachraums.)

Wahre Größen der Zeit geben hier ihr Wissen weiter. Seit Petrarca den Renaissance-Humanismus begründet, und ihn der spätere Papst Pius II. Enea Silvio Piccolomini am Hof Friedrichs III. bekannt gemacht hat, rückt die Wissenschaft immer mehr den lebenden Menschen und nicht das Jenseits in den Mittelpunkt.

1497 kommt der Poetiker und Rhetoriker Konrad Celtis an die Universität Wien. Er schöpft aus einer reichen Erfahrung an Bildung in Florenz, Padua, Bologna und Rom und gründet in Heidelberg, Buda und Wien die humanistische Gelehrtengesellschaft Solidalitas Danubiana Vindobonensis. Durch Celtis entwickelt sich das, was später einmal die Philosophische Fakultät werden wird.

Trotzdem nimmt gleich darauf die Studentenzahl auf einmal dramatisch ab. Neben den Wirren der Reformationszeit ist der Grund für den Niedergang der Universität vor allem die Bedrohung durch die Osmanen.

Die Zusammensetzung der Studenten ändert sich. Kamen sie anfangs noch zur Hälfte aus Schwaben und dem Rheinland, werden die Zeiten in der frühen Neuzeit wirtschaftlich härter. Die Bildungstouristen bleiben aus. Nun zieht es fast nur mehr Studiosi aus den habsburgischen Ländern an die Wiener Universität. Da gibt es Jahre, in denen nur mehr zehn bis zwölf Studenten eingetragen sind! Eine intellektuelle und vor allem eine finanzielle Katastrophe. Als Folge springt die staatliche Obrigkeit ein, rettet die ausgeblutete Universität, übernimmt aber auch mehr und mehr den Betrieb und gewinnt an Einfluss. Sie wird von der gelehrten zur fürstlichen Anstalt.

Auch und gerade hier werden aber mit der Reformation auch Lehrer und Studenten zusehends protestantisch. Dennoch kommt aus dem evangelischen Teil des Reichs kaum mehr jemand, da die neugegründeten Lutherischen Hochschulen wie jene in Wittenberg um einiges attraktiver sind und vor allem nicht im Herrschaftsgebiet katholischer Erzherzöge liegen.

1623, also schon während des großen Ringens der Konfessionen des Dreißigjährigen Krieges, wird dann auf Geheiß Kaiser Ferdinands II. die Universität mit dem Jesuitenkollegium verschmolzen. Die Universität wird neu gebaut, samt Hörsälen, einem Festsaal und einem repräsentativen Platz, dem heutigen Ignaz-Seipel-Platz, der auch architektonisch von der Jesuitenkirche dominiert wird.

In Geltung gesetzt wird die »Ratio studiorum« des 1599 verlautbarten jesuitischen Lehrplans. Ihn darf man sich allerdings nicht als Ausbund verknöcherter Gegenreformation finsterster Prägung vorstellen, da sind schon Top-Intellektuelle am Werk. Allerdings wird neues Wissen hier nicht geschaffen, ein und derselbe Lehrplan bleibt über 100 Jahre lang in Kraft.

Ehe es so weit ist, gibt es noch eine große Ausnahme im Hause Habsburg, nämlich den Kaiser und zudem Herrn Österreichs, Maximilian II. Er ist von der Lehre Luthers fasziniert und will eine Einigung mit ihren Anhängern. Max lehnt die scharfe Gegenreformation ab und legalisiert 1571 den Protestantismus in Niederösterreich und Böhmen – allerdings nur für Aristokraten. Deren Unterstützung benötigt er dringend, da auch er Geld von ihnen für die

Aufrüstung gegen die Osmanische Bedrohung braucht. Leichter hat es da Erzherzog Ferdinand von Tirol, den die weit entfernten Türken nicht scheren, und der seine Untertanen gegenreformiert was das Zeug hält. Anders sein Bruder Karl von Innerösterreich, der zwar ebenso fromm ist, aber dessen Land sehr unter den Türkeneinfällen leidet. Er muss die Leinen locker und den Adeligen religiöse Freiheiten lassen, gründet aber trotzig 1572 eine Jesuitenhochschule in Graz, die heutige Karl-Franzens-Universität. Bald darauf stirbt Maximilian II., und das modernistische Zwischenspiel geht zu Ende. Sein ältester Sohn wird als Rudolf II. ganz andere Töne anschlagen.

DAS IMPERIUM SCHLÄGT ZURÜCK

Er ist sicher einer der skurrilsten Herrscher aus dem Haus Habsburg. In Spanien aufgewachsen und dort streng katholisch erzogen, interessiert er sich eigentlich nicht für Politik. Die Protestanten erschrecken ihn mehr, als dass sie ihn störten. Als einige von ihnen provokativ zu Pferd in den Stephansdom einreiten, hält es den Feingeist nicht mehr in Wien, und er besinnt sich, dass er neben Kaiser, Erzherzog von Österreich und nominellem König von Ungarn auch noch König von Böhmen ist. Rudolf verlegt seine Residenz ins reiche Prag, weit weg von der Türkengefahr, und vergoldet es mit Prunk und großen Wissenschaftlern, die er auf den Rat des Astronomieprofessors der Karls-Universität Thaddaeus Hagecius von Hajek ins Land ruft. Johannes Kepler etwa oder Tycho Brahe, dazu aber auch noch Alchemisten, Astrologen und Sterngucker aller Art. Der Hang zum Übersinnlichen macht Rudolf zur geheimnisvollen Gestalt, die bisweilen mit Sternenmantel und Zipfelmütze angetan durch die Gänge der Prager Burg streift und sich dann und wann unter epileptischen Anfällen windet. Ihm verdankt die Welt eine Sammlung der Bilder Brueghels, die heutzutage im Kunsthistorischen Museum zu Wien brillieren, und die Anfertigung einer Habsburgischen

»Hauskrone«, die 1804 zur Staatskrone des Erbkaisertums Österreich wird und noch heute in der Wiener Schatzkammer zu bewundern ist.

Rudolf sonnt sich in seiner kaiserlichen Würde, überlässt aber das Regieren seinen vier Brüdern, auf die er die Familienherrschaft aufteilt. Das ist der Grund, warum die Religionspolitik in den österreichischen Ländern so unterschiedlich ausfällt. In Tirol und Steiermark ist sie streng und wird mit Gewalt durchgesetzt, in Oberösterreich mild, dafür gibt es dort Bauernaufstände und Zwist zwischen besitzenden und armen Lutheranern. In Niederösterreich vertreibt der Dompropst, Kanzler der Wiener Universität und dann Wiener Bischof, Melchior Khlesl, protestantische Prediger aus Wien und führt die Buchzensur und Bekehrungskommissionen für Dörfer und Städte ein. In Kärnten und Steiermark enteignen die Bischöfe von Lavant und Seckau die protestantischen Kirchengüter und schließen die evangelischen Schulen in Laibach und Klagenfurt.

In Innerösterreich, also der Steiermark und Kärnten, führt ein junger Newcomer namens Erzherzog Ferdinand eine militärische Reformationskommission ein, die Graz und Klagenfurt 1600 mit voller Wucht erfasst. Nur die Adeligen dürfen weiterhin protestantisch bleiben. Ihre Unterstützung wird ja immerhin gebraucht. Denn die Osmanen sind in der Zwischenzeit auch nicht faul – 1593 flammt ein neuer Krieg mit ihnen auf. Diesmal gelingt den Habsburg-Brothers ein Erfolg, und sie erobern Siebenbürgen, einen wichtigen Teil Ungarns, zurück. Als sie dort versuchen, die calvinistischen Magyaren und die lutherischen Deutschen, die Siebenbürger Sachsen, zu rekatholisieren, beißen sie auf Granit und bekommen es mit einem gewaltigen Aufstand zu tun. 1606 einigt man sich darauf, dass Siebenbürgen protestantisch bleibt, und auch die ungarischen Stände dürfen glauben, was und wie sie wollen. Mit den Türken legt man eine neue Grenze fest, und der jährliche Tribut des Kaisers an den Sultan entfällt fortan. Ein ganz nettes Ergebnis, aber keine befriedigende Eroberung, finden die

Habsburg-Brothers, vor allem nicht im Verhältnis zum großen geleisteten Aufwand und Blutzoll.

Rudolf II. sieht sich all das von seinem Narrenstuhl in Prag aus an. Als seine abgekämpften Brüder miterleben müssen, dass er 1609 den Protestanten für die Zusicherung ihrer Unterstützung in Böhmen die gleichen Bürgerrechte gibt wie den Katholiken, läuft des Fass über – der Bruderzwist im Hause Habsburg bricht aus. Schon vorher hatte Bischof Khlesl arrangiert, Rudolf durch seinen Bruder Matthias zu ersetzen, nun herrscht offener Krieg zwischen den Brüdern! Es obsiegt Matthias, die böhmischen Stände wenden sich ihm zu und krönen ihn 1611 anstelle von Rudolf, der wegen »konsequenter Blödigkeit« abgesetzt wird, zum König.

Nach Rudolfs Tod im Jahr darauf wird Matthias auch noch Kaiser. Er verlegt die Residenz wieder nach Wien, und die Herrschaft über Österreich ist wieder in einer Hand – aber um welchen Preis! Die Protestanten haben mehr Rechte als je zuvor, der Vertrag von Wien mit den Osmanen 1615 scheint brüchig – immerhin wird er wenigstens 20 Jahre halten.

Die katholische und die protestantische Welt haben sich im Heiligen Römischen Reich deutscher Nation verfestigt und ziehen mitten durch Europa eine trennende Linie, die nahezu der Grenze des alten Imperium Romanum entspricht. Wo Roms Legionen einst standen, bleibt man – freiwillig oder erzwungen – katholisch. Nördlich und östlich davon setzt sich eher die Reformation durch. Die skandinavischen Reiche Dänemark und Schweden entwickeln sich zu ihren Schutzmächten.

Damit muss der römisch-deutsche Kaiser nun umgehen. Er versucht es zunächst mit einer gemäßigten Mannschaft. Matthias macht den Bischof von Wien und mittlerweile Kardinal Khlesl zu seinem Chefpolitiker. Der will zwischen den rivalisierenden Konfessionen im Reich vermitteln, doch es ist schon zu spät. Sein Kurs der Mäßigung ist von vorgestern und beeindruckt die Reichsfürsten nicht, die sich seit 1609 in einer protestantischen Union und einer katholischen Liga organisiert haben. Alpha-Tier der Liga ist

Herzog Max von Bayern, ein katholischer Scharfmacher, der nur auf einen Anlass wartet, um gegen die verhassten Protestanten ins Feld zu ziehen.

In Böhmen erlassen dagegen die radikalen protestantischen Stände antikatholische und antideutsche Gesetze, die Matthias noch akzeptiert; nicht aber sein kommender Nachfolger, der nach und nach in einem Land nach dem anderen das Ruder übernimmt: Ferdinand von Steiermark.

1617 wird der Erzkatholik zum böhmischen König gewählt, gegen den rabiaten Widerstand der dortigen Stände. Alle wissen, dass er noch dazu als Ferdinand II. der nächste Kaiser werden soll. Keine rosigen Aussichten für die Protestanten, denn als neuer böhmischer König führt er die Gegenreformation ein, und sofort beginnt der Terror, werden protestantische Kirchen eingerissen.

Der Führer der Evangelischen, Graf Matthias von Thurn, ruft einen Protestantentag in Prag ein, der mit empörter Stimmung beginnt und in einem Frust- und Saufgelage endet. Die Herren beschließen einen Marsch auf die Burg, den Hradschin. Dort finden sie zwar weder Kaiser noch König, dafür aber zwei königliche Räte namens Martinitz und Slawata vor, nebst dem Schreiber Fabricius. Ein Schreiduell – und ehe sie sichs versehen, werden die drei stellvertretend für ihren König aus dem Fenster geworfen und landen draußen auf einem Misthaufen. Sie bleiben weitgehend unverletzt. Wurscht. Der Anlass ist da.

Wir schreiben den 23. Mai 1618.

30 JAHRE UND KEIN BISSCHEN WEISE

Männerfreundschaften haben in der Politik immer schon eine Rolle gespielt. Diesmal ist es eine unheilvolle. Der Bayer Maximilian und der Österreicher Ferdinand haben seinerzeit gemeinsam als junge Schüler des Jesuitenkollegs zu Ingolstadt den Schwur geleistet, dereinst die alte Kirche wiederherzustellen. Jetzt, als mächtige Männer, wollen sie es angehen.

Der »Prager Fenstersturz« von 1618 liefert aber zunächst den Startschuss für das Losschlagen der anderen, der protestantischen Seite. Man kann den Beteiligten beider Lager vielleicht noch zubilligen, dass sie nicht annähernd abschätzen können, was sie damit anrichten, aber ähnlich wie die Kriegshetzer des Jahres 1914 sind sie aus ihrer historischen Verantwortung für Millionen von Toten nicht zu entlassen. 16 Millionen Menschen leben 1618 auf dem Reichsgebiet. 1648 werden es auf dem Land 40 Prozent und in den Städten 30 Prozent weniger sein. So genau wissen wir das nicht, aber es kommt wohl hin. Manche Gebiete wie Mecklenburg, Thüringen, die Pfalz oder Württemberg verlieren bis zu zwei Drittel ihrer Einwohner! Andere sind kaum von den Kriegswirren betroffen, wie Nordwestdeutschland – und Österreich. Böhmen trifft's härter, indes die Erblande von den ärgsten Mördern und Brennern verschont bleiben ... aber alles schön der Reihe nach, zurück an den Anfang.

Noch gibt es den Kaiser Matthias und seinen Beschwichtigungskardinal Khlesl. Der will nach wie vor vermitteln, aber Ferdinand, Erzherzog von Österreich etc. König von Böhmen und Ungarn, lässt den Wiener Bischof verhaften und sperrt ihn auf Schloss Ambras in Tirol ein. Und Matthias wird de facto genauso weggeputscht, wie er selbst es mit seinem Vorgänger Rudolf II. getan hat. 1619 stirbt der machtlose Mann. Sein Sarkophag ist der erste, der in der Kapuzinergruft zu Wien aufgestellt wird. Gehen Sie mal hin, und sprechen Sie ein Gebet oder irgendeine andere Formel für ihn! Um seinen Nachfolger Ferdinand II. zu sehen, müssen sie sich dagegen ins Mausoleum neben dem Grazer Dom bemühen. Dort empfiehlt sich eher das Gedenken an die Millionen Opfer der 30 Jahre ...

Die Ereignisse überstürzen sich. Die böhmischen Stände erklären am 26. August 1619 Ferdinand für abgesetzt und machen Friedrich von der Pfalz, den Führer der protestantischen Union, zum König, der andererseits zwei Tage danach zu Frankfurt in seiner Eigenschaft als Kurfürst seinen Rivalen Ferdinand II. zum Kaiser wählt – eine paradoxe Kombination!

In Österreich eskaliert die Lage. Der protestantische Heerführer Graf Thurn rückt gegen Wien vor, doch die Wachsamkeit des Wiener Bürgermeisters Daniel Moser lässt sowohl seinen als auch den Überfall eines anrückenden böhmischen Heerhaufens ins Leere laufen. Trotzdem sitzt Ferdinand II. in der Tinte. Im Sommer 1619 haben sich die Stände von Ober- und Niederösterreich, von Mähren, Schlesien und Lausitz mit den Böhmen gegen ihn verbündet. Von Osten her schnappt sich der calvinistisch-evangelische, also reformierte Fürst des selbstständigen Siebenbürgen, Gabriel Bethlen, praktisch das gesamte königliche Ungarn. Woher soll Ferdinand Geld und Soldaten nehmen? Die Truppen des spanischen Cousins Philipp III., mit dem er sich bereits fest verbündet hat, sind noch nicht eingetroffen.

Da springt Freund Max in die Bresche. Der bayerische Spezi hat volle Kriegskassen, hervorragend ausgebildete Landsknechte und den ausgezeichneten niederländischen General Tilly unter Vertrag. Der wird am Weißen Berg in der Nähe von Prag den ersten großen und überaus folgenreichen Sieg des Krieges erringen.

Am 8. Oktober 1620 vernichtet ein katholisches Vielvölkerheer ein protestantisches Vielvölkerheer. In einer einzigen Stunde erledigen Tillys wallonische, spanische, bayerische, italienische und polnische Spezialisten die tschechischen, sächsischen und ungarischen Soldaten des Befehlshabers Christian von Anhalt. Der böhmische Gegenkönig Friedrich von der Pfalz verabschiedet daraufhin eilig seinen Gast, den englischen Botschafter, mit dem er gerade in Prag zu Mittag speist, und verzieht sich ins Exil nach Breslau, dann in die Niederlande.

Im Gegensatz zu diesem »Winterkönig« verlieren andere, die für ihn gefochten haben, ihr Leben. 24 tschechische Rebellenführer werden am 21. Juni 1621 in Prag hingerichtet. Die böhmischen Stände werden enteignet, entmachtet, ihre Länder und Besitz unter Ferdinands Freunden aufgeteilt, versteigert. Die tschechische Elite wird ausgelöscht, 30 000 Menschen müssen emigrieren, die Gegenreformation wütet.

Deutsch wird neben Tschechisch Regierungssprache, tschechische Kultur in den Untergrund getrieben. 1627 erklärt Ferdinand die böhmische Krone zum Erbbesitz der Habsburger, es gibt faktisch keinen Landtag mehr, die böhmische Hofkanzlei wird nach Wien verlegt. Die begabten Tschechen werden von einer stolzen und intellektuellen Nation zu einer Bevölkerung von Bauern, Kleinbürgern, kleinen Handwerkern, Hausdienern, Stubenmädchen und Knechten degradiert, die mühsam neue Eliten aufbauen und eine neue Aristokratie akzeptieren muss. Ein gedemütigtes und gekränktes Volk, das 300 Jahre lang ohnmächtig die Faust im Sack ballen wird. Verstehen Sie jetzt?

Nach König Ottokars Einladung an deutsche Bauern, nach Böhmen zu kommen, und den Mordaktionen der Hussiten an deren Nachfahren führt über den Weißen Berg eine direkte Linie des Hasses zum Pfingstaufstand gegen Habsburg in Prag von 1848, zu den teilweise blutigen Schikanen gegen die Deutschböhmen ab 1919 und ihre grausame Vertreibung und Ermordung 1945/46 bis zu den antideutschen Pöbeleien tschechischer Politiker der Gegenwart.

Die deutsche Annexion und Besetzung von 1939 bis 1945 setzten dem Hass noch die Krone auf, doch vorhanden war er schon jahrhundertelang. Die Deutschen hingegen empfanden für die Tschechen in all dieser langen Zeit zwar auch bisweilen Hass, doch darüber hinaus – nicht weniger verhängnisvoll – Geringschätzung. Die ist mittlerweile zwar gewichen, das tschechische Ressentiment gegen die Deutschen (und damit auch gegen die seinerzeitige habsburgische Führungsmacht Österreich) dagegen als emotionale Waffe bei Wahlen nach wie vor mehrheitsfähig …

Ein findiger, studierter, weitgereister und weltgewandter Aristokrat aus Hermanitz an der Elbe hat als Kürassierobrist am Weißen Berg mitgefochten und erwirbt nun 60 konfiszierte Güter geflohener protestantischer Rebellen, darunter Reichenberg und das Ländchen Friedland. Albrecht Wenzel Eusebius von Wallenstein (auch Waldstein genannt), früh vom evangelischen zum katholischen Bekenntnis konvertiert, hat eine reiche Witwe geheiratet und durch Darlehensgeschäfte mit dem notorisch verschuldeten Kaiser sein Vermögen noch vermehrt. Nach dem Tod seiner ersten Frau hat er über Vermittlung der Wiener Jesuiten die Tochter des einflussreichen Grafen Harrach geheiratet und fortan das Ohr des Kaisers. 1625 finanziert er aus seinen eigenen Mitteln für Ferdinand II. ein 40 000 Mann starkes Heer. Das macht den Habsburger ein bisschen unabhängiger von seinem bisherigen Finanzier, dem Bayernherzog, der's schon längst nicht mehr gratis gibt. An diesen seinen Freund Max muss Ferdinand zeitweilig das Land Oberösterreich verpfänden, und die Bayern wüten im Land ob der Enns wie die Berserker. Sie pressen es finanziell durch hohe Steuern aus und machen es mit brutalsten Mitteln wieder katholisch. Der grimmige bayerische Statthalter Herberstorff lässt 36 gefangene Rebellenführer miteinander um ihr Leben würfeln. Die Verlierer lässt er hängen. An dieses grausame »Frankenburger Würfelspiel« erinnert ein seit 1925 bis heute aufgeführtes Volksschauspiel, das nicht mit einem anderen Theaterstück zu verwechseln ist, welches 1936 die Nazis bei den Olympischen Spielen aufführen ließen.

Der Würfel ist gefallen, und die Bauern im Mühlviertel und im Hausruckviertel erheben sich 1626 gegen die bayerischen Unterdrücker. Ihr Führer ist der Bauer Stefan Fadinger, der Wels, Kremsmünster, Eferding und Steyr besetzen kann. Bei der Belagerung von Linz wird er schwer verwundet und erliegt bald darauf seinen Verletzungen. Die Bayern schänden seinen Leichnam, brennen seinen Hof nieder und vertreiben seine Familie. Das hindert nicht, sondern es befördert ganz im Gegenteil, dass Stefan Fadinger zur Ikone des Aufstandes und künftigen Generationen von Aufständischen gegen katholische Unterdrücker zum Vorbild wird. Das Rote Wien wird 1930 einen Platz im Arbeiterbezirk Favoriten nach ihm benennen. Der klerikale Ständestaat tauft ihn 1935 nach der Gottesmutter Maria auf Liebfrauenplatz um. Seit der Machtübernahme der Nazis 1938 heißt er wieder Stefan-Fadinger-Platz, und so ist es bis heute. Tja, so ist das mit den Helden.

Der Krieg wütet indes weiter, Ferdinand II. und die katholische Liga gehen nach Siegen Wallensteins und Tillys daran, im Reich so richtig aufzuräumen. »Der Krieg muss den Krieg ernähren«, lautet die Formel der Zeit, und die Heerhaufen morden nicht nur, sondern sie plündern ganz Mitteleuropa aus. Einen grausigen Höhepunkt an Mord und Brand verschuldet Tilly 1631 mit dem Massaker von Magdeburg. Seine Truppen brennen die evangelische Stadt (heute in Sachsen-Anhalt) völlig nieder. Nach der »Magdeburger Hochzeit« sind von 35000 Einwohnern noch 449 (!) übrig – selbst nach damaligen Verhältnissen ein Kriegsverbrechen. »Magdeburgisieren« wird zum Synonym für totale Auslöschung und leitet eine Phase unfassbarer Brutalität in der Kriegsführung ein.

Wallenstein ist zu diesem Zeitpunkt zwar ein hoch erhobener (er ist zusätzlich noch Herzog von Mecklenburg geworden), aber, wir erinnern uns an Pater Joseph du Tremblays Intrige, bereits entmachteter Mann in Warteposition – in solenner Gelassenheit. Sein Astronom und Astrologe Johannes Kepler hat ihm prophezeit, dass er einst reich und mächtig würde und sich allenfalls vor den Tagen des ausgehenden Februar 1634 in Acht zu nehmen hätte …
Zunächst einmal arbeitet die Zeit für den Friedländer.

1629 ist Ferdinand II. in seinem katholischen Eifer zu weit gegangen. Er hat den Protestanten alle seit 1555 gemachten Zugeständnisse und zuerkannten Länder in einem Restitutionsedikt wieder weggenommen und will sie der Kirche zurückgeben. Gegen diesen grotesken Vorgang wehren sich sogar die katholischen Verbündeten. Der Kaiser hat so viel Öl ins Feuer gegossen, dass der Krieg noch brutaler und totaler wird. Ferdinand ist nach seiner Restitutionsnarretei und Wallensteins Abgang eine Marionette der Fürsten, allen voran Maximilians von Bayern. 1630 sind indessen die Schweden in Stralsund gelandet. König Gustav Adolph II. rückt auf protestantischer Seite mit frischen Truppen binnen eines Jahres weit nach Süden bis Prag und Bayern vor. Er zerschlägt Tillys Landknechtskarrees, verhandelt mit Richelieu über ein schwedisch-französisches Bündnis – und auf einmal rufen sogar die Bayern nach Wallenstein!

Als erste finno-schwedische Reiterschwadronen die Grenzen Tirols und Oberösterreichs erreichen, japst auch der Kaiser um Hilfe. Wallenstein, stark wie nie, sammelt 100 000 Mann und zieht 1632 bei Lützen in die Schlacht gegen die Schweden. Sie endet unentschieden, aber Gustav Adolph fällt. Wallenstein zieht sich nach Böhmen zurück und versucht noch einmal, Politik zu machen, auszugleichen und auf Basis eines von ihm gestifteten Friedens zum mächtigsten Mann des Reiches zu werden.

Darauf reagiert Kaiser Ferdinand höchst unsozial. Er lässt Wallenstein ermorden – um Kepler eine Freude zu machen, am 25. Februar 1634. Doch es wird dem Kaiser kein Glück bringen. Er erlebt noch, dass Schweden sich in Norddeutschland bleibend festsetzt und Frankreich in den Krieg gegen seinen Verwandten in Spanien geht. Zu Beginn des Jahres 1637 stirbt er und sein Sohn erbt als Ferdinand III. die Trümmer des Reichs.

Es sieht nicht gut aus für die Kaiserlichen. Frankreich nimmt das Elsass ein, schwedische Armeen besetzen Bayern, Bregenz und dringen bis Krems und in Sichtweite vor Wien vor, wo sie bis 1646 bleiben. Spanien wird von Frankreich und dem portugiesischen Aufstand in Schach gehalten und kann nicht helfen. 1648 plündern die Schweden den Hradschin in Prag und die Sammlung Rudolfs II.

Endlich schließt der pragmatische Kaiser Ferdinand III. Frieden mit den Großmächten, auf die's ankommt: den Schweden und Franzosen. Ein früherer Versuch, der Prager Friede von 1635, hatte außer Acht gelassen, dass ein Weltkrieg nicht durch einen innerdeutschen Friedensschluss beigelegt werden kann. Zu Münster und Osnabrück besiegelt man im Herbst 1648 den »Westfälischen Frieden«. Er bringt den erschöpften und gemarterten Völkern endlich Frieden (bis auf Frankreich und Spanien, die noch zehn Jahre lang weiter gegeneinander kämpfen werden).

Der Habsburger behält darin sein Gesicht, aber nicht viel mehr. Das Elsass, Toul, Metz, Verdun und zehn Reichsstädte fallen an Frankreich, die Lausitz an Sachsen, Vorpommern und Bremen an Schweden, die Schweiz und die Niederlande lösen sich aus dem Reichsverband und werden unabhängige Staaten. Neben dem lutherischen wird auch das reformierte evangelische Bekenntnis nach Calvin und Zwingli anerkannt. Jeder Fürst kann bestimmen, ob die Untertanen seine Konfession annehmen müssen oder nicht. Die deutschen Reichsfürsten werden mächtiger, das Heilige Römische Reich zerfällt in 379 beinahe souveräne Herrschaften, Schweden und Franzosen können in inneren Angelegenheiten dreinreden.

Was bleibt ist ein defensiver Verband einzelner Staaten, mit einem Popanz an der Spitze, den man Kaiser nennt. Den Ton in Europa wird fortan ein immer straffer geführtes Frankreich angeben, Deutschland hat sich abgeschafft.

TITEL OHNE MITTEL UND SCHWARZER HUMOR

Ist das alles? Das ganze Ergebnis von 30 Jahren Krieg? Nicht ganz. Denn so machtlos die Habsburger als Kaiser im Deutschen Reich zurückbleiben, so sehr haben sie ihre Herrschaft als Erzherzöge und Könige in ihren Erbländern gefestigt. Die lästigen Stände in Böhmen und Österreich haben sie mundtot gemacht. 200 000 bis 300 000 Protestanten werden davongejagt, nur ein paar sind noch übrig – in Schlesien und unter den österreichischen Adeligen, wobei die meisten davon aber nach und nach zur Konfession des Herrschers, zum Katholizismus, konvertieren.

Nach ihrem erzwungenen Teilrückzug aus der deutschen Reichspolitik konzentrieren die österreichischen Habsburger ihre Energien auf ihre eigenen Länder. Die werden solcherart zur Chefsache, zu etwas Besonderem. Der Mythos der universellen Monarchie von Gottes Gnaden beginnt langsam vom blassen Reich auf »Österreich« überzugehen.

Erstmals wird ein Weg beschritten, der darauf hinausläuft, dass sich das Schicksal der Erblande vom Reich emanzipiert; und als sich mit dem gänzlichen Erwerb Ungarns und weiterer Gebiete der Schwerpunkt der Habsburgerherrschaft immer mehr nach Osten und Südosten verlagert, verläuft die Reichsgrenze mitten durch diese Landmasse, deren Zusammenhalt den Habsburgern mindestens genauso wichtig wird wie das Bändigen des Flohzirkus im eigentlichen Reich.

Außerdem stecken sie in der Umklammerung zweier feindlicher Mächte, die miteinander verbündet sind, denn Frankreich im Westen und das Osmanische Reich im Osten nehmen sowohl die deutschen Länder als auch die Habsburgerbesitzungen in die Zange. Dafür stellen die österreichischen Habsburger jetzt ein stehendes Heer von zehn Infanterie- und neun Kavallerieregimentern auf, insgesamt 50 000 Mann. Die Spielerei'n mit Wallenstein sind ihnen eine Lehre gewesen, nie wieder will man von solchen Kriegsunternehmern und Warlords abhängig sein.

Die vermaledeite kleine Eiszeit geht ihrem Höhepunkt entgegen, auf den Feldern verrotten die Feldfrüchte, Missernten bringen das Volk in Bedrängnis. In den 1670er- bis 1690er-Jahren werden mehr Menschen als sonst der Hexerei und des Wetterzaubers verdächtigt, angeklagt und verurteilt, die meisten in der Steiermark und im noch nicht zu Österreich gehörenden Salzburg. Dort werden in 15 Jahren 138 Menschen hingerichtet, darunter nicht nur Frauen, sondern auch 56 Buben zwischen neun und 16 Jahren. Es ist eine Zeit der Unsicherheit und der Angst vor dunklen Mächten.

Wer wohnt denn überhaupt noch in Mitteleuropa nach 30 Jahren Krieg, fragen Sie? Nun, ich glaube, dass sich die Bevölkerungszusammensetzung in weiten Teilen Deutschlands, vor allem auf dem Land, wohl verändert haben wird; nicht zuletzt durch die Reisebüros der damaligen Zeit, die Armeen, denen viele Menschen im Tross nachfolgen. Sogar solche, deren Dörfer die Soldateska zuvor niedergebrannt hat. Manchmal gezwungen, bisweilen auch ganz freiwillig.

Pervers? Na, welche Wahl haben Sie denn groß, wenn Sie zu einer Handvoll Überlebender im Ort gehören und rund um Sie alles Leben erloschen ist? UNO-Blauhelme, Caritas und Ärzte ohne Grenzen sind noch weit weg, nämlich mehr als 300 Jahre. Auch bleiben oft Soldaten und Trossangehörige als Strandgut des Kriegs dort zurück wo sie ihren letzten Einsatz hatten, oder lassen sich eben anderswo nieder, weil ihre Kriegsherren nicht mehr zahlen können – es sind schließlich Söldnerheere. Dazu kommen noch jene Familien, die nach dem ausgerufenen Religionsfrieden das Land wechseln müssen, wenn ihr konfessionelles Bekenntnis nicht demjenigen des Fürsten ihrer angestammten Heimat entspricht.

Gestelzt gegenwärtig ausgedrückt geht es um Migrationsströme von Kriegsopfern und politischen Asylanten, die im fließenden Übergang zu Wirtschaftsflüchtlingen geworden sind. Multikulti-Romantik hat das keine, und es existiert wohl auch kaum wo eine ausgetüftelte Willkommenskultur. Ein wenig anders verhält es sich bei jenen Kolonisten, die bald gezielt weiter nach Osteuropa ziehen werden, um neue Gebiete urbar zu machen. Von ihnen werden wir noch hören.

Während sich die Bevölkerung materiell und moralisch nur langsam von den Lasten des Dreißigjährigen Krieges und der Konflikte in seinem Schatten erholt, wird Österreich in jeder Hinsicht barockisiert. Was im großen, konfessionell gespaltenen Reich nicht gelungen ist, wird jetzt hier im Kleinen durchgesetzt: alle katholisch, und zwar jubelnd! Anders als in Frankreich, wo der König als Sonne *alleine* über den Sternen thront, entfaltet sich ein konfessioneller Absolutismus, dreht sich alles um die enge Verbindung von Kaiser *und* Kirche. Sichtbares Zeichen dafür ist ein von Italien und dem benachbarten Fürsterzbistum Salzburg inspirierter strahlender Baustil, der nicht nur das Lob Gottes, sondern auch das des Herrschers singt. Letzterer will als Spitze der Pyramide nach französischem Vorbild herrschen, ohne Mitsprache der Aristokraten, die sich wie in Frankreich in Unterwürfigkeit üben sollen. Das wird den Habsburgern nicht wirklich gelingen, am wenigsten dann in Ungarn, aber davon später.

Zunächst geht es um den Bekenntniszwang für die Untertanen. Formell müssen alle dem katholischen Glauben angehören, doch viele – besonders im Alpengebiet – machen im Geheimen evangelisch weiter, sogenannte »Kryptoprotestanten«. Mit der Zeit bleibt von dieser Glaubensvariante vor allem in Ostösterreich eine ganz grundlegende, untergründige Skepsis gegenüber der katholischen Doktrin übrig. Die von vielen bis heute so wahrgenommene Wiener Falschheit, freundlicher auch Doppelbödigkeit genannt, ist geboren. Sie traut nicht dem großartig geäußerten Glauben oder einer plärrenden politischen Einstellung, sondern geht grundsätzlich davon aus, dass das äußerliche Bekenntnis des anderen wahrscheinlich dem Diktat irgendeiner Obrigkeit geschuldet ist. Und die barocke Kirche macht es den Menschen in dieser Hinsicht auch leicht, denn sie begnügt sich mit dem Bekennertum nach außen, fragt meist nicht weiter nach und dringt seelsorgerisch kaum in die Tiefe. Stattdessen werden äußerliche Feiern immer wichtiger, demütige Fronleichnamsprozessionen oder frohe Feste manchmal mit verstohlen umgangenem Fasten, dann wieder mit offenem Fressen und Saufen verbunden.

Unter dem Sammelbegriff »Hetz« kennt man Volksbelustigungen, die nur mehr selten etwas mit der Hetzjagd auf Tiere zu tun haben, aber vom harmlosen Volksfest mit Kasperlspiel über Hanswurstiaden an Vorstadttheatern bis zum massenhaften, lüsternen Bestaunen öffentlicher Hinrichtungen reichen können. Das alles mag eine Hetz sein – oder sogar eine Mordshetz. Friedrich Schiller wird wie so viele verständnislose Deutsche aus protestantischen Ländern die abgründige Note dieser Lebensart missdeuten, wenn er 1796 in seinem Gedicht *Die Flüsse* die Donau ihre Anrainer »Mich umwohnt mit glänzendem Aug das Volk der Phaiaken;

Immer ist's Sonntag, es dreht immer am Herd sich der Spieß« sehr eindimensional in freudiger Behaglichkeit charakterisieren lässt. Hier irrt ausnahmsweise der große Dichter, er hat den schrägen Schmäh, den hinterhältigen Hamur, die bissige Biederkeit der Wiener nicht wahrgenommen, deren Phäakentum nur eine Fassade ist. Oder ist das gar nicht typisch für die Wiener, sondern für die Zeit oder für das Wesen der Menschen an sich? Vielleicht liegt es auch daran, dass das schwäbische Genie selbst nie in Wien zu Gast war ...

Aus einer gewissen Frustration entwickelt sich der schwarze Humor des Österreichers, verbunden mit faktischer Lethargie, die in dem Satz »Glücklich ist, wer vergisst, was doch nicht zu ändern ist« aus der Strauß-Operette *Die Fledermaus* von 1874 gipfelt, der bereits auf die Barockzeit angewendet seine Gültigkeit hat. Man tanzt auf dem Kirtag, spricht dabei aber nicht gerne über religiöse Inhalte, weil man niemanden in Verlegenheit bringen und auch selbst in dieser Hinsicht seine Ruhe haben will. Eineinhalb Jahrhunderte religiös motivierter Kriege und Kämpfe sind den meisten Leuten genug gewesen. Politisch äußert man sich genauso wenig, denn im Absolutismus hat man ohnehin nichts mitzureden. Dafür trinkt und musiziert man lieber, so wie später die Russen im Kommunismus vor allem Wodka saufen und Schach spielen werden; da kann man nichts falsch machen oder gar die Obrigkeit provozieren. Nach außen hin bleibt man charmant. »Die Wiener machen aus ihrer Mördergrube ein Herz« wird Fritz Kortner, der große Mime des 20. Jahrhunderts, das Ding beim Namen nennen.

Religiöse Kanzelredner erfahren vor allem dann breiten Erfolg, wenn sie wie der pfiffige schwäbische Augustinermönch und Wiener Hofprediger Johann Ulrich Megerle alias Abraham a Sancta Clara tolle Fabeln und Geschichten zu erzählen haben, die eine ganze Geisterbahn hochbarocker Gestalten bemühen. Zugleich öffnet diese Mentalität alle Fenster hin zur sinnenfreudigen Kunst-Religion, zur Lust an der religiösen Kultur, der Musik, der Malerei, den bildenden Künsten. In Österreich ist sie auch nach dem Barock noch lange Zeit in allen Volksschichten weit verbreitet und erfordert nicht unbedingt frommen Tiefgang, um fabelhafte Facetten kirchlicher Kunst zu genießen. Ihre Faszination geht dann lückenlos auf die weltliche Tonkunst über, die sich in Wien reich entfalten wird.

Wenig Interesse hat man dagegen meistenteils an jenen profanen Zweigen der Wissenschaften, die sich mancherorts in deutschen Landen entwickeln, an den boomenden neu gegründeten oder rational reformierten Universitäten in Mittel- oder Norddeutschland. Zwar sind auch die Jesuiten-Universitäten in Wien und Graz intellektuell hochstehend, aber wo anderswo neuartige Naturwissenschaft betrieben wird, verharrt man in Österreich, wenn's drauf ankommt, im Glauben an übernatürliche Erklärungen und an die Wirkmacht der Heiligen.

Mithin entwickelt sich auch eine echte, innige, bisweilen naive, seltener eifernde Volksfrömmigkeit, die sich auf die Marien- und Eucharistieverehrung konzentriert. Sichtbarstes Zeichen dafür wird die Fronleichnamsprozession, die zu dieser Zeit eine weithin sichtbare Bekennerübung der Gegenreformation ist. Sie reiht sich an ältere, überkommene Traditionen wie das seit dem 12. Jahrhundert belegte Sonnwendfeuer in der Nacht auf 24. Juni, dem Johannisfest, bei dem das Feuer Symbol für Christus ist.

1676 besucht der Kaiser die Gnadenmutter im Wallfahrtsort Mariazell, und erhebt sie zur »Generalissima« seiner Armee. Sicher ist sicher. Taugliche irdische Generale scheinen ihm ausgegangen zu sein. Dieser Kaiser heißt Leopold I. Der konservative Teil seiner Untertanen sieht brav mit züchtig gesenktem Blick nach Süden, *ultra montes – jenseits der Alpen*, nach Rom. Die Progressiven dagegen schielen sehnsuchtsvoll nach Westen und Norden, in die fortschrittlicheren Länder des Deutschen Reichs, dort wo anscheinend das Rüchlein der Freiheit weht.

Von Weltreichen, Landmassen und Vielvölkern

Ein unglücklicher Erzherzog im Kostüm des größten Feldherrn und Politikers der Habsburger: Erzherzog Rudolf (1858–1889), als Prinz Eugen von Savoyen (1663–1736) verkleidet

Übertönt vom lauten Seufzen nach dem großen Krieg und dem bombastischen Einzug des Barockstils schleicht sich still und leise ein neuer Archetyp ein: der des österreichischen Staatsdieners. Die Beamten kommen!

Denn wenn einer wie Leopold I. den Adel entmachten und absolut herrschen will, dann braucht er eine neue Ebene loyaler Verwalter. Erst seine Nachfolger werden darin Erfolg haben.

In der Wirtschaft setzt der Kaiser auf viele Exporte und wenig Einfuhren, damit genügend Geld fürs Kriegführen und Hofhalten hereinkommt. Folglich muss so viel in Österreich produziert werden, dass man in den hiesigen Manufakturen mehr fleißige Hände braucht als bisher. Daher bekommt der Bauer am unteren Ende der Gesellschaftspyramide einen Kollegen, den Arbeiter, der in den frühen Formen der Fabriken ab sofort ebenso robotet wie der Landmann auf den Feldern.

Einmal noch schaffen's die Osmanen fast bis nach Wien herein, dann folgen aber wuchtige Gegenschläge. Ein genialer Feldherr bringt den Habsburgern gewaltige Landgewinne im Südosten, dafür müssen sie im Westen Federn lassen. Und um die Mitte des 18. Jahrhunderts stehen gar die Erblande selbst auf dem Spiel.

Aber jetzt, werte Leserinnen und Leser, holen Sie sich am besten Popcorn, lehnen Sie sich zurück und genießen Sie die Reise, von der gleich die Rede sein wird …

DAS EISERNE TOR

Wien–Budapest–Belgrad–Eisernes Tor–Svištov (Bulgarien)–Donaudelta, Schwarzes Meer. Fahren Sie einmal diese Route per Donauschiff! Lückenlos. Auf dem Wasser. Unspektakulär, meinen Sie? Aber hallo! Bis Mitte der 1990er-Jahre wäre das eine unmögliche Passage gewesen. Seit der Antike wären ihr zweieinhalb Völkerwanderungen, geschätzte 90 Waffengänge (von der Pfeil-und Bogen-Ära bis ins Atomzeitalter), mehrere heiße und ein Kalter Krieg entgegengestanden, und es wäre ein Eiserner Vorhang dazwischengelegen. Im Oktober 2014 konnten ich und 100 andere Ausflügler mehrere Tage lang ohne geringste Behinderung die Donau-Anrainerstaaten Österreich, Slowakei, Ungarn, Serbien, Bulgarien und Rumänien durchfahren; darunter sogar ein mutiger Tscheche, der daheim seinen Pass nicht gefunden hatte und die Reise problemlos mit einem simplen Personalausweis überstand. Wer hätte das 1989 geglaubt?

Was der Eiserne Vorhang politisch war, ist bis zu seiner Entschärfung durch Staudämme das Eiserne Tor, der vormals wildeste und gefährlichste Taldurchbruch an der Donau zwischen Serbien und Rumänien gewesen. Wo Generationen von unglücklichen Seeleuten einst gekentert und ertrunken waren, standen wir am Sonnendeck und fotografierten die Tabula Traiana, die Kaiser Traian anno 100 nach Christus zum Ruhm der römischen Donausüdstraße vom badischen Hüfingen bis nach Konstantinopel in den Fels hatte meißeln lassen.

Wenn man dann noch weiter gemächlich Richtung Osten tuckert, hat man noch immer nicht die Grenze dessen erreicht, was 1719 als österreichisches Territorium gelten konnte, denn das umfasste damals Belgrad samt Nordserbien. Als man dieses Gebiet und die kleine Walachei 20 Jahre später erneut an die Osmanen verlor, flüchteten 30 000 christlich-orthodoxe serbische Familien nach Ungarn. Sie wurden in den Grenzregionen als Wehrbauern angesiedelt. 250 Jahre danach sollten die Folgen dieser Flucht den Krieg zwischen Serben und Kroaten wesentlich befeuern.

Doch was hatten die Habsburger, hatte Österreich nach 1700 dort unten überhaupt zu suchen? Und wie kamen sie an Mann, Moneten und Material für eine so gewaltige Expansion?

GELD FÜR KRIEG UND FRIEDEN

Wenn Bad Ischl so etwas wie ein Disneyland der Habsburger ist und die Wiener Kapuzinergruft eine Perlenreihe ihrer historischen Chronologie, dann kann man ergänzend den Platz Am Hof in Wien als einen soliden Gedächtnisort deutscher und österreichischer Geschichte sehen. Abgesehen vom breiten Balkon der Hofkirche, auf dem sich zu Ostern 1782 einmal ein Papst die Stadt und den Erdkreis segnend zeigt und ein anderes Mal, am 6. August 1806, ein kaiserlicher Herold das Ende eines mehr als 1000 Jahre alten Reichs verkünden wird, prangt seit 1667 als stille Attraktion mitten auf dem Platz eine Mariensäule. Sie ist eine verfeinerte Kopie jenes Standbilds, das Ferdinand III. zum Dank für die Errettung Wiens vor den Schweden gestiftet hat und die unter seinem jüngeren Sohn, Kaiser Leopold I., am Hof aufgestellt worden ist.

Dass der wie sein Vater schöngeistige und Musik liebende Leopold zum Zug gekommen war, verdankte er dem frühen Tod seines älteren Bruders, der als Ferdinand IV. nur ein Jahr lang regiert hatte, ehe ihn die Pocken dahinrafften. Der Zweitgeborene, eben Leopold, war da erst 14 Jahre alt und hatte eine besonders fromme Erziehung genossen, da er ursprünglich zum Priesteramt bestimmt war und Bischof von Passau hätte werden sollen.

Um ihn gegen den Widerstand Ludwigs XIV. von Frankreich, des »roi de soleil«, der selbst gerne römisch-deutscher Kaiser geworden wäre, und andere Begehrlichkeiten bei den Kurfürsten durchzudrücken, hat es Jahre gebraucht. 1658 trägt Leopold dann endlich neben den geerbten böhmischen und ungarischen auch die deutsche Krone. Von Beginn an muss er dem Sonnenkönig Zugeständnisse machen, etwa den mit den Franzosen rivalisierenden habsburgischen Verwandten in Spanien militärisch nicht beizustehen. Ludwig XIV. bricht bald Raubkriege vom Zaun, fällt in Elsass-Lothringen ein, in die Pfalz, Heidelberg und Straßburg, verwüstet einen breiten Landstrich zwischen Frankreich und dem Mittelrhein. Sieben Jahre lang muss sich Leopold gegen ihn mit den ungeliebten lutherischen und calvinistischen Reichsfürsten im Kampf um die Vereinigten Provinzen der Niederlande verbünden. Der ernüchternde Effekt: Von 1679 bis 1681 erweitert Frankreich seinen Besitz nach Osten bis Straßburg.

Daheim in den eigenen Landen erbt Leopold I. traumatisierte, demoralisierte und hungernde Völker. Hunderttausende tüchtige Leute hat man aus den österreichischen Ländern und aus Böhmen ins Exil getrieben, weil sie Protestanten sind – ein gewaltiger Aderlass. Dazu kommt noch die Pest, die 1679 auf ihrer jahrhundertelangen verheerenden Tournee nach Wien zurückkehrt und bis September des Jahres 8000 Todesopfer fordert. »O du lieber Augustin, alles ist hin!«, singt der sagenhafte Dudelsackpfeifer Augustin, der sich der Legende nach vom Weinkater erwachend in einem Massengrab der Pestleichen wiederfindet und damit eine weitere Nationalhymne fatalistischen Wienertums kreiert.

Der Kaiser erlebt das alles aus der Ferne – er hat sich vor der Pestgefahr nach Linz abgesetzt, den üblichen Fluchtpunkt der österreichischen Habsburger im Westen, und es wird nicht das letzte Mal sein. Die Burg zu Linz ist so etwas wie heute der Atombunker für die Bundesregierung in St. Johann im Salzburger Pongau. 1679 wird Leopold zum Dank für die Errettung Wiens von der Pest eine Dreifaltigkeitssäule auf dem Graben im Zentrum der Stadt errichten lassen. »Hier ist das Herz von Wien und in dem Herzen von Wien ist eine Pestsäule errichtet …«, wird der bissige Karl Kraus später ätzen.

Was bleibt dem Kaiser als Trost? Er hurt nicht wie der französische König, er frisst nicht wie einst Karl V., er säuft nicht wie so viele deutsche Fürsten, nein – der fromme, keusche Leopold sucht anderswo Trost: in der Kunst. Er ist ein Musikus, komponiert recht artig, und seine Stücke werden noch heute von verwegenen Barockensembles gespielt. Der französische Rivale dagegen ist eher beim Tanz daheim und überrundet den Kaiser politisch bei Weitem.

Seit 1661, dem Todesjahr seines Ministers und Kardinals Mazarin, regiert Ludwig XIV. allein und absolut. 1685 hebt er das Edikt von Nantes auf, das 90 Jahre lang den Religionsfrieden zwischen Katholiken und Protestanten gesichert hat, und öffnet mit diesem Fanal die Schleusen für eine massenhafte Migration von französischen calvinistischen Protestanten, den sogenannten Hugenotten, in die evangelischen Länder des Deutschen Reichs. Unter Massen versteht man damals 50 000 Menschen, die sich in Hessen, Baden und Hamburg, vor allem aber in Brandenburg-Preußen niederlassen, wo ihnen der dortige Kurfürst Sonderrechte einräumt und gleich zwei Infanterieregimenter mit ihnen bestückt. Sie sind besonders tüchtig und arbeitsam, begründen damit eine typisch deutsche Tugend und hinterlassen der Nation Politiker, die bis heute stolze Namen wie de Maiziére tragen. Andere Hugenotten gelangen sogar bis an die Südspitze Afrikas, ans Kap der Guten Hoffnung. In den katholischen österreichischen Ländern dagegen sind sie naturgemäß nicht willkommen. Bis in die Gegenwart ist kaum ein unösterreichischerer Deutscher vorstellbar als ein preußischer, calvinistischer, sittenstrenger hugenottischer Streber. Aus Gegensätzen wie diesen entwickeln die Österreicher ein eigenes Bewusstsein, das auf weite Strecken ohne die Vorsilbe »Selbst-« auskommt.

Obwohl ihre Wirtschaft durchaus boomt! Muss sie auch, denn neben dem stehenden Heer verschlingt die Habsburgische Hofhaltung Unsummen von Geld, etwa vier Mal so viel wie 100 Jahre zuvor, und vor allem Gold, das man nicht mehr nur durch simple Steuern hereinbekommen kann. Nach dem Vorbild seines französischen Schöpfers Colbert hält der sogenannte Merkantilismus Einzug als Wirtschaftsprinzip. Er lässt möglichst viel im eigenen Land produzieren und hinausexportieren, hält die Importe dagegen gering, hebt hohe Schutzzölle ein und erlässt ein Auswanderungsverbot für qualifizierte Facharbeiter und Handwerker. Die Arbeiter in den noch ohne Maschinen funktionierenden Manufakturen haben alle Hände voll zu tun, bis die Schwarte kracht.

Die Linzer Wollzeugfabrik des Christian Sind stellt von 1672 bis 1725 mehr als 4000 Arbeiter ein – eine der größten Fabriken Europas! Das Manufakturhaus am Tabor in Wien, Baumwolle in Schwechat, Tuch- und Färberindustrie in Horn, Seidenweberei auf dem Schottenfeld bei Wien (eine Goldgrube, die deshalb »Brillantengrund genannt wird), oder die Porzellanmanufaktur des Franzosen Innozenz du Paquier – das alles wird nach Colberts Gedanken und nach Prinzipien von drei deutschen Theoretikern in Österreich betrieben: Becher, Hörnigk und Schröder, drei zum Katholizismus konvertierte Protestanten. Sie wollen Binnenzölle verschwinden machen, Straßen und Kanäle bauen lassen und plädieren für einen reichen und gesunden Bauernstand, der genügend Menschenmaterial für Fabriken und Militär hervorbringen soll.

Auch Böhmen erholt sich langsam von der Katastrophe des Dreißigjährigen Krieges, und der erneuerte oder neue Adel, wie die Grafen Gallas, Kaunitz, Kinsky oder Waldstein, beginnt auf seinen Gütern mit Tuch- und Glaserzeugung. Die Czernins und die Schwarzenbergs werden so zu Multimillionären.

Der landbesitzende Hochadel, und nicht etwa ein nicht vorhandenes risikofreudiges, kapitalstarkes Bürgertum, muss das alles stemmen, der Staat muss Steueranreize gewähren, neues Land zur Verfügung stellen oder gleich selbst Unternehmen gründen, wie die »Innerberger Hauptgewerkschaft«, die einen Großteil der Eisenproduktion kontrolliert. 1666 wird in Wien ein Kommerzkollegium als handelspolitische Zentralbehörde gegründet.

Der Adel ist an den Wiener Hof gezogen, doch anders als in Frankreich kriecht er dort nicht hündisch vor dem Monarchen, sondern redet mit, weil er den Großteil der Wirtschaft betreibt. Hier versagen die später nach Marx und Engels aufgestellten Theorien, dass der Adel und eine angeblich aufstrebende »Bourgeoisie« einander derart gelähmt hätten, dass der Kaiser munter an ihnen vorbei hätte herrschen können. Leopold I. braucht den guten Willen des Adels – er ist in Wahrheit sein Kapital. Nennt deshalb der Wirtschaftstheoretiker Philipp Wilhelm von Hörnigk seine Programmschrift *Österreich über alles, wenn es nur will!?* Wer will denn?

Leopold hat eine Verwaltungsschicht geschaffen, die von seinen Gehältern abhängig ist. Die will Österreich über alles, ebenso die paar wenigen Aufsteiger aus dem Bürgertum, die nach dem Jusstudium als »gelehrte Räte« hohe Beamte werden. Ein moderner Staat *muss* entstehen – wenn er nur *will*. Wie verträgt er sich mit dem Gottesgnadentum und dem ganzen Religionskrampf? Eigentlich nicht.

Denn schon längst bestimmt die Wirtschaft das Stadtbild der Hauptstadt, haben sich zu ebener Erd' der Wohnhäuser Geschäftslokale entwickelt, gehen dort Handwerker und vor allem Händler ihren Gewerben nach. Sie unterliegen diversen Zunft- und Handelsordnungen. Die Konkurrenz untereinander ist groß.

1669 beugt sich Leopold I. dem Willen einiger Wiener Kaufleute und seiner glaubenseifrigen spanischen Frau und macht einen schweren Fehler – er verbannt die tüchtige und wirtschaftsstarke jüdische Gemeinde aus seiner Residenzstadt. Das wird Folgen auf Jahrhunderte hinaus haben.

Wie konnte es so weit kommen? Seit dem 12. Jahrhundert waren jüdische Menschen in Wien verbürgt ansässig gewesen. Zunächst scheint es keine Probleme gegeben zu haben …

LEOPOLDSTADT

Gemeinsames Tanzen und Springen von Christen und Juden ist verboten, hieß es in einer kirchlichen Bestimmung im Wien des 14. Jahrhunderts. Denn es war eingerissen, dass Christen an jüdischen Hochzeiten und Neumondfesten teilgenommen hatten und dabei allzu lustig geworden waren. Misstrauen war angesagt.

Dass Nichtchristen in einer christlichen Gesellschaft leben durften, war überhaupt dem Kirchenlehrer Augustinus und ihm folgend Papst Innozenz III. zu danken. Nämlich weil die Christenheit das Gesetz, also das Alte Testament, von den Juden hätte, das ein Zeugnis für Christus ablegt, weil die Juden noch vor dem Jüngsten Gericht alle bekehrt werden sollten und weil die Existenz der Juden die Christen immer an den Kreuzestod Jesu erinnerte. Deshalb dürfe man die Juden weder zwangsbekehren noch umbringen. Das war, ehe spätmittelalterliche Theologen und Kirchenfürsten den Judenhass entdeckten, was aber noch lange nicht heißen sollte, dass man den Juden gestattete, sich überall niederzulassen. Wien und das Herzogtum Österreich bildeten da keine Ausnahme.

Da die Juden in der ständischen Ordnung des Mittelalters nirgendwo verortet waren, durften sie in Städte, wenn überhaupt, nur sehr beschränkt einwandern, keinen Grund und Boden besitzen, was bäuerliche, aber auch viele andere ortsgebundene Berufe für sie von vornherein unmöglich machte. Gestattet waren Wandergewerbe und Geldgeschäfte sowie freie Berufe, wie etwa Arzt. Jedes Privileg, das ihnen von den katholischen Landesfürsten gewährt wurde, gehorchte ausschließlich materiellen Kriterien. Von jenem des letzten Babenberger-Herzogs Friedrich 1244 bis zum Privileg Maria Theresias 1764 mussten die Juden samt und sonders ihr Vermögen offenlegen, was sie am Ort zu investieren gedachten und was sie an Toleranzgeld zu zahlen bereit waren. Fiel der materielle Nutzen für Fürst und Land weg, war es mit der schützenden Hand vorbei. »In nervösen Zeiten, die durch wirtschaftliche und ideologische Umbrüche gekennzeichnet waren, wurden Juden verfolgt und auch ermordet«, schreibt der Historiker Klaus Lohrmann in seinem Buch über *Die Wiener Juden im Mittelalter*.

Solange sie Nutzen brachten, waren sie wohlgelitten, vor allem bei den wohlhabenden Bürgern, die an einer prosperierenden Wirtschaft interessiert waren. Die Bürger konnten sie allerdings in Wien nicht eigenständig schützen, da hier der Landesfürst mehr zu reden hatte als etwa in freien deutschen Städten. Das Misstrauen gegen die Juden blieb, und zwar weniger bei den kleinen Leuten – da war noch nicht der proletarische »Mob« im Spiel, der doch so gerne auf jüdischen Hochzeiten tanzte und sprang. »Mittelalterliche Judenfeindschaft scheint ebenso wie die moderne in den Köpfen von intellektuellen ›Schreibtischtätern‹ entstanden zu sein«, befindet Klaus Lohrmann.

Als der Schutz der Babenberger Herzöge und der ersten Habsburger Herrscher Albrecht III. und Rudolf IV. noch vorhanden war, wuchs die Wiener Gemeinde zur größten des Heiligen Römischen Reichs – 800 bis 900 Juden lebten hier. Da hatten sich die mittelalterlichen Anordnungen zur Bildung von eigenen Wohnbezirken, sogenannten Ghettos, und die Kennzeichnung der Juden durch eine einheitliche Tracht noch nicht durchgesetzt. Trotzdem sind erste Verfolgungen schon für das Ende des 13. Jahrhunderts überliefert. Sie erreichten ihren Höhepunkt nach der großen Pestepidemie von 1348, für deren Urheber man die Juden hielt. Danach ging es bergab, da die Herzöge unter dem Eindruck der Hussiten-kriege die erste Vernichtungsaktion einleiteten. Wie erinnern uns, dass Albrecht V. die Wiener Juden ausweisen oder bei lebendigem Leib verbrennen ließ, die letzten von ihnen 1421. Ritualmordlegen-den an christlichen Kindern gingen um, und auch die Kirche hatte die Juden längst auf »Christusmörder« reduziert.

1475 wurden die Juden aus Tirol, ein Jahr darauf aus Steiermark und Kärnten, 1498 aus Salzburg vertrieben.

1625 gab es wieder ein jüdisches Ghetto in Wien, als Ferdi-nand II. den mittlerweile erneut hier ansässigen Juden eine Sied-lung am Unteren Werd im heutigen 2. Bezirk zuwies. Und eben dieses löst Leopold I. 1669 erneut auf und vertreibt alle Juden, die sich nicht zwangstaufen lassen. Viele von ihnen flüchten nach Westungarn, wo unter dem Schutz von Fürst Paul Esterházy im heutigen Burgenland die »Siebengemeinden« entstehen.

Das verlassene Gebiet am Unteren Werd wird Leopoldstadt genannt – ein Name, der dann auf den ganzen Bezirk übergeht. Die Kirche zum heiligen Leopold steht an der Stelle der von den Wienern niedergebrannten Synagoge …

Bald packt Leopold die Reue. Nein, nein, nicht etwa aus Mitleid! Es ist der wirtschaftliche Schaden ersten Ranges, den der Kaiser schnell erkennt und noch sofort 1670 sogenannte »Hofjuden« beruft. Samuel Oppenheimer und der Oberrabbiner Samson Wertheimer gewinnen als Hoflieferanten und Darlehensgeber große Bedeutung. Oppenheimer wird in seinem Amt, das man »Hoffaktor« nennt, die Türkenkriege der folgenden Jahrzehnte finanziell möglich machen und ein persönlicher Freund des Prin-zen Eugen werden. Obwohl 1700 eine aufgebrachte antisemitische Menge vor seinem Haus am Petersplatz randaliert und zwölf Men-schen verletzt oder gar tötet, gewährt Oppenheimer im Jahr darauf dem Kaiser noch einmal ein Darlehen, um den Staatsbankrott abzuwenden. Die Zinsen sind hoch, bis zu 20 Prozent … 1704 schuldet Leopold I. Samuel Oppenheimer zwei Millionen Gulden. Das Haus Österreich entledigt sich der Schuld nach dem Tod des

Finanzmannes 1705 mit einem einfachen Mittel – man verweigert die Rückzahlung, was die Börse in Frankfurt ordentlich krachen lässt und einen Staatsbankrott nach sich zieht, den die Menschen auch zu spüren bekommen. Was Wunder, dass »die Juden« ständig mit Geldgeschäften und deren Folgen assoziiert werden?

Gerüchte ziehen weite Kreise. Im 18. Jahrhundert schreibt eine fatale Fama Bankiers wie den Rothschilds Zitate wie »Gib mir die Kontrolle über das Geld einer Nation, und es interessiert mich nicht, wer dessen Gesetze macht!« zu, und das Bild von den »geldgierigen Juden« verfestigt sich. Maria Theresia vertreibt sie 1744 unter Beschuldigung des Landesverrats aus den Böhmischen Ländern. »Ich kenne keine ärgere Pest von Staat als diese Nation, wegen Betrug, Wucher und Geldvertragen Leut in Bettelstand zu bringen, als üble Handlungen ausüben, die ein anderer ehrlicher Mann verabscheute, mithin sie, soviel sein kann, vorn hier fernzuhalten«, schreibt sie noch 1777, gegen Ende ihrer Regierungszeit, in ein Dekret.

Doch das Geld des jüdischen Financiers Diego d'Aquilar, der ihr 200 000 Gulden zur Erweiterung des Schlosses Schönbrunn vorstreckt, nimmt sie gern. D'Aquilar ist es auch, der zusammen mit anderen Hofjuden und auf Druck der englischen Krone 1748 die Rücknahme der Vertreibung aus Prag erwirkt, ehe er selbst nach London übersiedelt. Bis an ihr Lebensende wird Maria Theresia Juden, wenn sie diese denn vorlassen muss, nur durch einen Paravent von ihr getrennt empfangen.

Im Jänner 1753 leben nach einem Verzeichnis in Wien 452 Juden. »Die meisten von ihnen«, schreibt der Judaist Kurt Schubert in seiner *Geschichte des österreichischen Judentums*, »standen im Dienste der Privilegierten«, und zwar weiterhin unter strengen Auflagen.

Als sie sich im Gefolge der Reformen Kaiser Josephs II. nach und nach emanzipieren können, bleibt die Mischung von Fremdheit, Christenhass und angeblich krummer Finanzwirtschaft als böses Amalgam bestehen, ehe der Rassismus des 19. Jahrhunderts die antijüdische Haltung in der Gesellschaft quasi einbetoniert und den Furor des sogenannten Rassen-Antisemitismus loslässt.

In den 1660er-Jahren bewegt den christlichen Kaiser zunächst allerdings noch ein anderes Religionsproblem. Der doch so unmilitärisch gestrickte »Türkenpoldl« macht seinem Spitznamen alle Ehre, da er neben den Franzosen im Westen auch gegen die Osmanen im Osten vorgehen muss.

KRUZZITÜRKEN!

Mit Glück und Geschick besiegt seine Armee unter dem Feldherrn Montecuccoli 1664 eine überlegene osmanische, die bei St. Gotthard (bei Mogersdorf, heute Burgenland) fast schon in die Steiermark vorgestoßen war. Der darauffolgende Friedensschluss von Eisenburg ist nichts mehr als ein wackeliger Waffenstillstand mit einer formalen Gültigkeit von 20 Jahren, denn der Moslemstaat kann aus seinem Selbstverständnis heraus keinen dauerhaften Frieden mit einem Land der Ungläubigen, genannt *Dar-al-harb* (»*Haus des Krieges*«), schließen. Der Kaiser will schnell zu einem Ende kommen, er ist im Westen gegen Frankreich unter Druck, und das Geld geht ihm aus. In Eisenburg verzichtet Leopold nicht nur auf Siebenbürgen, das weiterhin als eigenständiges Fürstentum bestehen bleibt, sondern blecht trotz leerer Kassen auch noch 200 000 Gulden als »Geschenk« an den Sultan. Aus Maus.

Da platzt aber den ungarischen und kroatischen Adeligen, vor allem den sogenannten Magnaten, deren Macht sich auf Landbesitz gründet, der Kragen. Man hat doch gegen die Türken gewonnen! Und jetzt wird die erhoffte Beute wieder den notorisch überlegenen Osmanen überlassen? Stattdessen kommt ihnen der Leopold mit absolutistischen Vorstellungen und katholischer Gegenreformation! Gemeinsam mit dem Steirer Graf Tattenbach verschwören sich alte ungarische und kroatische Familien wie Zrinski, Wesselényi und Frankopan gegen den Kaiser, der ihr König ist. Sie knüpfen Kontakte zu den Erzfeinden Venedig und

Frankreich, wagen indes ohne deren Hilfe den bewaffneten Aufstand, der aber umgehend niedergeschlagen wird.

Ein besoffener Henker trennt am 30. April 1671 vor dem Zeughaus in Wiener Neustadt mit mehreren ungelenken Schlägen die Köpfe von Zrinski und Frankopan von deren Körpern. Seit damals stoßen Ungarn und Kroaten wilde Flüche gegen Habsburg aus und gegen den kaisertreuen Fürsten Esterházy, der die Verschwörung verraten hat und zum Dank die Ländereien der Hingerichteten erhält. Der Ruf der Esterházys ist bei den Ungarn dauerhaft beschädigt, aber sie haben immerhin den Grundstein für ihren riesigen Grundbesitz gelegt.

Folgenlos bleibt das alles nicht, denn 1672 beginnt ein Bürgerkrieg, der sich gewaschen hat! In Nordungarn, das ist die Slowakei, und im heutigen Slowenien erheben sich protestantische Adelige und Partisanen, die »Kuruzzen« (ungarisch für Kreuzfahrer), die von den katholischen Contras namens »Labanczen« (Fußgängern) bekämpft werden. Die ungarisch-protestantische Befreiungserhebung unter ihrem Führer, dem jungen Grafen Emmerich Tököly, wird von den Franzosen mit Wohlgefallen, und von den Osmanen mit lefzender Begehrlichkeit beobachtet. Der osmanische Großwesir und Oberbefehlshaber Kara Mustafa beschließt, sich mit Tökölys Hilfe endlich den »Goldenen Apfel«, die Bastion der Christenheit, zu holen. Mit der Einnahme von Wien will er die Eroberung von ganz Ungarn veredeln. Kein Wunder, dass sich in Wien und Umgebung bald der beide Feinde einschließende Fluch »Kruzzitürken!«einbürgert, wenn etwas richtig, aber so richtig schiefläuft.

Es ist Zeit, ein wenig innezuhalten, und sich das Verhältnis des christlichen Kaisers zu den osmanischen Verhältnissen anzusehen. Kaiser und Sultan unterhalten diplomatische Beziehungen, Leopolds Resident in Konstantinopel ist Simon Renninger. Für Leopold I. ist Sultan Mehmet IV. als Moslem allerdings nicht vertrags- und schon gar nicht paktfähig, und auch politisch eigentlich kein gleichwertiger Widerpart, denn der Langzeitsultan (1648–1687) beschäftigt sich ausschließlich mit der Jagd und überlässt das Regieren den Wesiren. Von den Avancen seines Großwesirs gen Wien hat er zunächst keinen Tau. In Leopold sieht der Moslem vor allem einen Ungläubigen, einen Giauren, der nicht ernst zu nehmen ist. Mit dieser Einschätzung bleibt er nicht allein. Der Bericht des 1611 geborenen osmanischen Literaten Evliya Çelebi über seine Reise ins Giaurenland, ins Reich des Goldenen Apfels, in die »Stadt und Festung« Wien 1665, kommt einem türkischen Simplicissimus gleich und verdient, hier in einiger Üppigkeit wiedergegeben zu werden. Aus dem Kapitel »Des irrgläubigen Kaisers Hässlichkeit«:

»Man möchte aber fast bezweifeln, dass mit ihm der Herrgott wirklich einen Menschen hat erschaffen wollen. Er ist ein junger Mann von Mittelgröße, ohne Kinnbart, mit schmalen Hüften, nicht gerade fett und beleibt, aber auch nicht eben hager. Nach Allahs Ratschluss hat er einen Flaschenkopf, oben zugespitzt wie die Mütze eines Mevlevi-Derwisches oder wie ein Birnenkürbis, mit einer Stirne, flach wie ein Brett, und dichten, schwarzen Augenbrauen, die aber weit auseinander stehen und unter denen seine von schwarzen Wimpern umrandeten, kreisrunden und hellbraunen Augen wie die Lichter eines Uhus funkeln. Sein Gesicht ist lang und spitz wie das des Meisters Reineke, mit Ohren, groß wie Kinderpantoffel, und einer roten Nase, die wie eine unreife Weinbeere leuchtet und groß ist wie die Hälfte eines zerbrochenen Münzenbrettes oder wie eine Aubergine aus Morea. Aus den weiten Nasenlöchern, in die er je drei Finger auf einmal hineinstecken könnte, hängen ihm Haare, lang wie die vom Schnurrbart eines dreißigjährigen Haudegens, heraus und vermischen sich in dichtem Wirrwarr mit dem Bart auf seiner Oberlippe und mit seinem schwarzen Backenbart, der ihm bis zu den Ohren hinanreicht. Seine Lippen sind wulstig wie die eines Kamels, und in seinen Mund würde ein ganzer Laib Brot auf einmal passen.

Auch seine Zähne sind groß und weiß wie die eines Kamels. Immer wenn er spricht, spritzt und trieft ihm der Speichel aus seinem Mund und von seinen Kamellippen, als ob er erbrechen würde. Da wischen ihm dann die strahlend schönen Pagen, die ihm zur Seite stehen, mit riesigen roten Mundtüchern ständig den Geifer ab. Er selber kämmt seine Locken und Kringeln dauernd mit einem Kamm. Seine Finger sehen aus wie die Langa-Gurken.

Nach dem Willen Allahs des Allerhabenen sind übrigens sämtliche Kaiser aus diesem Geschlecht von so garstigem Äußeren. Und in allen ihren Kirchen und Häusern sowie auf den Talerstücken wird der Kaiser mit solch hässlichem Gesicht abgebildet; ja, wenn ihn einer mit hübschem Antlitz malt, dann lässt er diesen Mann hinrichten, weil er, wie er meint, ihn entstellt hat! Denn dass sie so hässlich sind, dessen rühmen und brüsten sich diese Kaiser. Während die Pagen dieses armen Teufels von einem Kaiser allesamt lieblich und schön sind wie die Strahlen der hellen Sonne, ist also dieser irrgläubige und unfugstiftende Herrscher, dieser zum Martergrund und Feuerschlund der Hölle verdammte Giaur mit dem ominösen Titel eines Kaisers und Imperators derartig garstig anzusehen.

Nichtsdestoweniger betrachtet er sich aber als den Auserkorenen des messianischen Volkes und als die Perle des Reiches der Christenheit – er, der so hässlich und scheußlich aussieht wie das Gespenst der Wüste, dass ein Mensch oder sonst ein lebendes Wesen beim unvermuteten Anblick dieses Kaisers wie von einem Zauber behext an allen Gliedern heftig zu zittern beginnt und ihm vor Schreck der Atem stockt.

Aus diesem Grund verstecken sie den Kaiser bei seinen verschiedenen Ausfahrten und Reisen und Ausflügen zu seinen Weinbergen und Rosengärten immer in einem Wagen.

Dabei ist er aber derartig gescheit und edelsinnig und schnell von Begriff und vernünftig und weise, dass er an Verstand einem Aristoteles gleichkommt und dass bei allen Beratungen und Staatsverhandlungen niemand weisere Worte zu sprechen weiß als er. Und dieser Obergiaur liebt seine Untertanen und ist tatkräftig und reich an Talenten, jedoch spricht er immer nur stockend und hat eine raue und hässliche Stimme.«

Puhh … gerade noch die literarische Kurve gekriegt: Der abgrundtief hässliche Leopold mit der Habsburger Unterlippe ist nebenbei wenigstens weise und nennt strahlend schöne Pagen sein Eigen. Besser als nichts.

Man achtet einander also kaum, und auch Verträge zwischen Kaiser und Sultan sind das Papier nicht wert, auf dem sie geschrieben sind. Meistens sind sie auf Tribut aufgebaut, den die christliche der muslimischen Seite entrichtet. Doch selbst im Zahlungsfall oder trotz Zwangsbekehrung halten die Osmanen selten Wort, wie sie schon 1453 in Konstantinopel bewiesen haben, wo sie nach der Zusicherung, diejenigen in der besiegten Stadt zu verschonen, die sich dem Islam unterwerfen, grausam weitermordeten. Wobei angemerkt sei, dass dies keine exklusive Spezialität osmanischer Moral war, sondern auch von Christenheeren oft genug praktiziert wurde, wenn auch nicht so konsequent und durchgängig.

Der fatale Friede von Eisenburg läuft 1682 aus und wird nicht mehr verlängert. Seither rollen die Kriegsvorbereitungen der Hohen Pforte gegen Wien, Spezialeinheiten werden aus Asien zusammengezogen und man versichert sich der Unterstützung Frankreichs.

Leopold I. begibt sich wieder einmal auf den Tandelmarkt der Bündnisse und packt das von Oppenheimer geliehene Geld aus. Er verbündet sich mit den Bayern gegen Osmanen und Franzosen. Immerhin schießt Papst Innozenz XI. eineinhalb Millionen Gulden aus seiner Kasse zu, was ihm auch gut ansteht, denn es geht um die Wurst. Die Türken ziehen am 31. März 1683 ein riesiges Heer von 168 000 Mann mit 300 Geschützen bei Edirne, damals nennt man es Adrianopel, zusammen. Heute ist das der europäische Landzipfel der Türkei. Leopold flieht mit seinem Hof nach Passau, dann einen Halbschritt zurück nach Linz. Oppenheimer hat er sicherheitshalber bereits am ersten Tag des Jahres 1683 in Wien wegen angeblicher Steuerhinterziehung ins Gefängnis werfen lassen. Von dort aus muss der jüdische Hoffaktor das hoffentlich kommende Entsatzheer mitfinanzieren.

Der Papst fädelt für den Kaiser ein Bündnis mit dem gewählten König von Polen Jan III. Sobieski ein. Die Polen haben selbst schon Krieg gegen die Osmanen hinter sich, lassen sich aber ihren Einsatz für Wien teuer bezahlen. Für ein Heer von 40 000 Mann (zusätzlich zu den 60 000 Kaiserlichen) und die Zusicherung, dass der König selbst formell an der Spitze des Entsatzheeres stehen, ergo Beute, Ruhm und Ehren einstreifen darf, zahlt der Kaiser dem Sobieski die horrenden Schulden, die der Pole bei den Schweden hat, verzichtet auf die Rückzahlung von Verbindlichkeiten Sobieskis gegenüber Österreich, macht also einen Schuldenschnitt, und legt unterm Strich mit kräftiger finanzieller Unterstützung des Verbündeten Venedig noch die astronomische Summe von einer halben Million Reichstalern drauf! Dann erst setzt Jan III. sein bewaffnetes Adelsaufgebot mit Mann und Ross samt Tross in Richtung Wien in Bewegung.

Vom 14. Juli bis zum 12. September belagern 300 000 osmanische Soldaten (in 25 000 Zelten kampierend) die Stadt, die neben der Bürgerwehr von gerade 11 000 regulären Kaiserlichen und 5000 Männern der Bürgerwehr gehalten wird. Die nun folgende weltgeschichtliche Aktion ist eine der meist erzählten und breitest ausgeschmückten der österreichischen Geschichte, ich setze daher hier nur einige Akzente.

Die Türkenbelagerungsstory kennt offizielle, heimliche und sagenhafte Helden, einen Anti-Helden und einen kommenden Superstar. Für die Zeitgenossen offensichtlich sind die Leistungen des Stadtkommandanten Ernst Rüdiger Graf von Starhemberg, der die erst jüngst modernisierten Stadtmauern auf Vordermann bringt und die Verteidigung leitet, und jene von Bürgermeister

Andreas Liebenberg, der bis zur totalen Erschöpfung und Selbstaufgabe von der Visitation der Bürgerwehr über jene von Schanzen sowie Verwundeten alles selbst erledigt und noch während der Belagerung geschwächt an der Ruhr stirbt.

Geistliche Helden sind der päpstliche Legat Marco d'Aviano, der die Feldzeichen mit dem Bildnis Mariens versehen lässt, was erst 255 Jahre danach von Adolf Hitler abgeschafft werden wird, und Leopold Karl Kardinal Kollonitsch, der sich um Verwundete und um viele der Kinder kümmert, die der Türkensturm zu Waisen gemacht hat. König Jan Sobieski schließlich geht als großer Oberbefehlshaber der 65 000 Mann in die Geschichte ein, die am 12. September vom Kahlenberg auf die Osmanen niederstürzen und die in höchster Not befindliche, erschöpfte und ausgehungerte Stadt endlich befreien. Die überrumpelten Türken fliehen Hals über Kopf und lassen reiche Beute zurück, deren erlesene Stücke heute Museen von Wien über Karlsruhe bis Krakau und Dresden füllen. Vor ihrer Flucht haben die Truppen des Sultans noch Hunderte Gefangene und Sklaven ermordet und aus Niederösterreich und der Steiermark 6000 Männer, 24 000 Frauen und 50 000 Kinder verschleppt. Ganze Landstriche sind verödet, in Perchtoldsdorf bei Wien bleibt gerade einmal ein Dutzend (!) Menschen am Leben. Da und dort werden Kriegsgefangene aus dem osmanischen Heer, ob Türken oder Ungarn, dabehalten und in den ausgebluteten Dörfern angesiedelt, um sie wieder aufzubauen. Familiennamen wie der meines Freundes Ernst Mohrenberger, eines wackeren Perchtoldsdorfer Weinbauern, zeugen von den »Mohren«, die da zwangsintegriert wurden.

In Wien integriert man unmittelbar nach Ende der Belagerung 651 vormalige osmanische Untertanen, indem man sie im Stephansdom tauft. Ihre Spuren verlieren sich, da sie meistens keine sprechenden Namen erhielten, sondern sofort eingewienert wurden. Ihnen folgen nach den Eroberungen der Festungen Neuhäusl, Ofen und Belgrad bis 1688 Tausende weitere Muslime, Männer, Frauen, Kinder, die nach Österreich oder weiter ins Reich verschleppt und zwangsgetauft werden. Oft genug werden sie Diener hoher Herrschaften.

Der Pole Sobieski lässt sich 1683 als Retter des Abendlandes feiern und wartet mit seinem Triumphzug nach Wien nicht auf den Kaiser, der erst am 14. September per Schiff auf der Donau in Wien eintrifft.

Der heimliche Held ist aber ein Schwager des Kaisers, Herzog Karl V. von Lothringen, der die Entsatzaktion militärisch tatsächlich geleitet hat. Dieser Mann, dem die Franzosen sein Land weggenommen haben, kämpft umso konsequenter für den Kaiser; zunächst am Rhein, jetzt gegen die Türken – weit hinein in ihren Herrschaftsbereich wird der Lothringer den wuchtigen Gegenstoß führen, und so 1686/1687 die Eroberungen und Siege von und bei Ofen und Buda (Budapest), Mohács und 1688 von Belgrad möglich machen. Karl von Lothringen steht für die veränderte Machtdynamik der Habsburger, die nun am Balkan ihren Kehraus veranstalten können.

Den Oberbefehl bei Belgrad führt übrigens Max Emanuel von Bayern – die »Heilige Liga« ist intakt …

Was bleibt sonst vom Türkensturm? In den Wiener Legendenschatz ist der Agent Georg Franz Kolschitzky eingegangen, der am 17. August die Nachricht vom Anmarsch des Entsatzheeres in die Stadt brachte und angeblich auch die ersten grünen Kaffeebohnen aus dem türkischen Lager eingeschleppt hat. Tatsächlich begründet den Ruf Wiens als Stadt des gepflegten Kaffees der armenische Händler Johannes Diodato, der im Jänner 1685 in der Rotenturmstraße 14 das erste Kaffeehaus eröffnet. In Wien breitet sich eine kulturelle Turkomanie aus, die lange anhält und von Turbanen in der Frauenmode über das Tabaktrinken, also das Rauchen aus langen Pfeifen, bis zu musikalischen Piecen (die berühmteste ist das *Rondo alla Turca* von Mozart) reicht. Die österreichische Militärmusik imitiert fortan mit Pauken und viel Blechbläserei die Janitscharenklänge, und in den Bäckereien wird das seit dem 13. Jahrhundert in gerader Form gebackene »Kipferl« jetzt zum

Halbmond gebogen. Dafür hat man einen solchen, nämlich den Halbmond, der jahrhundertelang den Stephansturm zierte, abgenommen – er wird nun nicht mehr als Symbol für die Gestirne am Himmelsdach gesehen, sondern als unerwünschtes Hoheitszeichen Mohammeds. Kaiser Joseph I. wird 1711 aus den 180 erbeuteten türkischen Geschützen die Riesenglocke von St. Stephan gießen lassen, die »Pummerin.«

Den Antihelden schlechthin gibt der unglückliche Feldherr Kara Mustafa Pascha ab, den sein Sultan am 25. Dezember 1683 in Belgrad hinrichten lässt und dessen Schädel als makabres Relikt von den Österreichern 1688 aus Belgrad nach Wien gebracht wird.

Ein Mann, der als kleiner Cornet der Khevenhüller Dragoner an der Entsatzschlacht teilgenommen hat, beklagt vor allem den Tod seines Bruders Ludwig Julius von Savoyen, der auf dem Schlachtfeld bei Petronell von osmanischen Krimtataren aus dem Sattel geschossen worden ist: »Eugenio von Savoy«, wie er sich zu unterschreiben pflegt, und so in einem Namenszug die drei Sprachen Italienisch, Deutsch und Französisch unterbringt. Prinz Eugen wird ein Superstar werden! Was seine besondere Stellung für Generationen von Österreichern ausmacht, ist vor allem, dass er als Feldherr die letzte Epoche verkörpert, in der *wir* einfach noch *gewonnen* haben!

SUPERSTAR EUGEN

Sogar der große Preußenkönig und Erzfeind Österreichs Friedrich II., der den alten Eugen noch kennengelernt hat, lässt noch Jahre danach nichts über ihn kommen: »Wenn ich etwas tauge, wenn ich etwas von meinem Handwerk verstehe, namentlich in schwierigen Feinheiten, verdanke ich es dem Prinzen Eugen.« Was hat Fritze denn da gelernt? Sie werden lachen: zu zögern!

Es ist Eugens letzter Feldzug, kurz vor seinem Tod. Noch einmal geht es gegen Frankreich, am Rhein, wo diese berühmte Begegnung stattfindet. Der junge Friedrich wird sozusagen zu Eugen in die Lehre geschickt und macht als eine Art Schlachtenbummler diesen Feldzug mit. Österreich ist nicht sehr gut gerüstet. Prinz Eugen ist alt, und es kommt zu keiner wirklichen Niederlage, weil er eben keine Schlacht mehr annimmt. Was einem anderen Feldherrn, einem der sich mühsam hochgedient hat, als Zaudern ausgelegt worden wäre, kann sich der weltberühmte Prinz aus fürstlichem Haus erlauben. Möglicherweise lastet auf ihm kein so großer Leistungsdruck wie etwa vor ihm auf dem Provinzadeligen Wallenstein oder nach ihm auf dem Parvenu Napoleon. Feinheiten wie diese machen den an Körperwuchs kleinen Eugen so groß. Superstars haben häufig die Eigenschaft, dass sie plötzlich wie ein Phönix aus der Asche steigen und in kurzer Zeit an die Spitze kommen. So auch Eugen.

1663 als Sohn des französischen Generals Herzog Eugen Moritz von Savoyen-Carignan in Paris geboren, hat er neue Maßstäbe für die Kriegsführung gesetzt. Auch politisch war er so wichtig, dass ich Ihnen zuerst einmal seine Geschichte erzählen will und erst danach diejenige der zwei Kaiser Joseph I. und Karl VI., die unter ihm regiert haben.

Wo ist um das Jahr 1700 die Grenze zwischen Militär und Politik anzusetzen? Eugen jedenfalls überwindet sie als »heimlicher Herrscher Europas« im Dienst dreier Habsburgerkaiser. Leopold I., so wird später ein Ausspruch Eugens kolportiert, hätte er wie einem Vater, Joseph I. wie einem Bruder und Karl VI. wie einem Herrn gedient. Tatsächlich dehnt Prinz Eugen die Besitzungen von Vater Leopold, Bruder Joseph und Herrn Karl zu einer Größe aus wie nie vorher oder danach. Im Jahr 1683, als Eugen zu den Kaiserlichen stößt, endet Habsburgs faktische österreichische Hausmacht im Osten nur wenige Kilometer hinter Preßburg und der heute slowakischen Zips, im Westen allenfalls im Breisgau. Als der Prinz 1736 stirbt, reicht sie von Serbien und Siebenbürgen bis ins heutige Belgien, von Schlesien bis Parma.

Dass es so weit kommen kann, verdankt die Geschichte dem guten Ludwig XIV. Wir erinnern uns, dass der despotische Louis, um zentralistisch herrschen zu können, seine loyalen Adeligen aus ihren Schlössern schält, sie in kleine Kämmerchen an seinen Hof in Versailles zwingt, und die widerborstigen außer Landes treibt. In diesem Spannungsfeld befindet sich auch die Familie, der Prinz Eugen entstammt, die von Carignan, eine Nebenlinie des regierenden Fürstenhauses von Savoyen. Dieses oberitalienische Land wird von Frankreich dominiert, und Eugens Vater ist faktisch als Adeliger ohne Land ein General Ludwigs XIV. Er stirbt, als sein fünftes Kind, eben Eugen, zehn Jahre alt ist. Keine gute Ausgangsposition für den jungen Eugen, der mit 19 Jahren beim König um eine Einstiegschance beim Militär vorstellig wird. Ludwig XIV. hat die Carignans schwer geärgert, er hat Olympia, die Mutter Eugens, zunächst sexuell benutzt und dann als abgelegte Mätresse unter dem Vorwand der Giftmischerei ins Exil nach Brüssel gejagt. Trotzdem dient sich ihm der junge Eugen an, da er dem Priesterstand entkommen will, für den ihn seine Eltern vorgesehen haben.

Nun, im Frühjahr 1683, als der knabenhafte Eugen gerade einmal 1,63 Meter groß vor Ludwig steht, nach der Mode der Zeit mit hohen Absätzen und großer Perücke angetan, etwas affektiert und keck im Auftreten – da weist ihn der König ab! Er hat nicht vor, dem gnomenhaften Gecken ein militärisches Kommando anzuvertrauen. Doch Eugen *will* dienen! Frühzeitig hat er das höfische Laster kennengelernt, seine Mutter ist eine Edelkurtisane. Was Eugen am eigenen Leibe erfahren haben mag, ist freilich unbekannt geblieben. Das Militär ist für ihn der letzte Ausweg hin zum schon damals veralteten Ideal des Rittertums, zur Hingabe an einen christlichen Herrscher. Und der Italiener mit französischer Erziehung findet ihn im römisch-deutschen Kaiser Leopold. Schon sein Großvater, der Turiner Tommaso Francesco von Savoyen, ist im Dreißigjährigen Krieg zunächst auf kaiserlicher Seite tätig gewesen und dann erst in französische Dienste gewechselt. Hier schwingt die Tragik Italiens mit, dass die Halbinsel zwischen Deutschland, Frankreich und Spanien eine ziemlich unglückliche Rolle spielt, dass sich die aus italienischer Sicht unkultivierteren aber militärisch-technisch gefinkelteren Nachbarn über den »Leichnam Italien« hermachen, und die stolzen Italiener gezwungen sind, in fremde Heere einzutreten.

Eugen von Savoyen gilt als eine Art französischer Oppositioneller. Und deren gibt es viele in den Reihen Habsburgs. Eugens älteren Bruder Ludwig Julius etwa oder den erwähnten Herzog von Lothringen, in dessen Heer sich Eugen die ersten Sporen verdienen soll. 1683 kommt der Savoyer völlig mittellos nach Österreich – und startet seine Blitzkarriere. Hier wird er mit offenen Armen aufgenommen, steigt durch Fürsprecher wie Starhemberg bis zum General der Kavallerie auf, danach zum Hofkriegsratspräsidenten, heute würde man sagen Kriegsminister, und auch zum obersten Kommandanten aller Streitkräfte des Kaisers. Er wird das, was man in Frankreich einen »Connétable« nennt – einer, der sowohl als Generalleutnant der Vertreter des Kaisers und gleichzeitig als Vorsitzender der geheimen Staatskonferenz der höchste Politiker ist. Bis an sein Lebensende behält Eugen diese Machtfülle und wird »Atlas der Monarchie« genannt.

Generalleutnant, das bedeutet eine Zuständigkeit für fast alles, zumindest in Kriegszeiten. Er hat das Recht, Waffenstillstand zu schließen und Bündnisse weiter auszubauen – es ist also auch ein politisches Amt.

Der Dienst in der Armee macht Prinz Eugen reich. Solche außerordentlichen Verdienstmöglichkeiten lassen sich heute schwer nachvollziehen. Von einem Feldherrn dieses Standes erwartete man geradezu, dass er sich prächtige Schlösser zulegt, entworfen von den besten Baumeistern – gipfelnd im Belvedere zu Wien. Aus heutiger Sicht noch viel verwunderlicher als der Reichtum des Prinzen ist dabei, dass niemals der Verdacht der Korruption gegen ihn geäußert wird, und das in einer Welt der höfischen und politischen Intrige. Im Gegensatz etwa zu Wallenstein Jahrzehnte zuvor missbraucht Prinz Eugen seine Macht nicht gegen den Kaiser, sondern er definiert einen neuen Ehrbegriff. Nicht die Herkunft, keine persönlichen, keine familiären Bindungen, auch keine privaten Wünsche lassen ihn je auch nur einen Augenblick vergessen, was seine Pflicht ist.

Der »edle Ritter«, wie er im Volkslied besungen wird, ist loyal und integer, und diese Verhaltensmaxime gilt nun als Ideal für den österreichischen Offizier und selbstverständlich auch für Beamte. Ein wichtiges Prinzip austriakischer Tradition ist damit in die Welt gekommen. Es prägt die österreichische zivile und militärische Verwaltung noch jahrhundertelang. Diese Selbstlosigkeit und dieser Verzicht auf die Verfolgung privater Interessen finden indes nicht nur Bewunderer, sondern lassen manche argwöhnen, mit dem Prinzen stimme etwas nicht. Auch wenn er mit den regierenden Häusern von halb Europa versippt ist, bleibt Eugen trotz weitläufiger Verwandtschaft ein einsamer Mensch – die unnahbare Sphinx von Wien inmitten einer bunten barocken Welt.

Mit dem Spitznamen »Madame Lancienne« sei schon der 17-jährige Prinz von einem Gespielen neckisch gerufen worden, berichtet Lieselotte von der Pfalz in einem ihrer zahlreichen Briefe, was aber wie so vieles bei dieser Klatschchronistin ihrer Zeit nur als Boulevard-Gerücht einzustufen ist. Auch Eugens Ehelosigkeit spricht nicht unbedingt für Homosexualität. Es gibt verschiedene Fürsten der Zeit, von denen man mit viel besserer Begründung annimmt, sie seien homosexuell gewesen, die aber sehr wohl von ihren Familien verheiratet wurden, und aus deren Ehen auch Kinder entsprungen sind.

Eine der wenigen Frauen in Eugens Leben ist erwiesenermaßen eine Eleonore Gräfin Batthyány. Und diese angebliche Seelenfreundin gibt noch heute Rätsel auf. Die Suche nach ihrer Briefkorrespondenz mit Prinz Eugen verlief bisher erfolglos.

Über anderes aus dem Leben des Prinzen geben die vorhandenen Dokumente besser Auskunft. Gottseidank sind die Akten aus dem Besitz von Prinz Eugen nicht wie der Rest seines Eigentums von den Erben verschleudert und in alle Winde zerstreut worden, sondern kamen in staatlichen Besitz. Heute liegt ein Großteil der »Akte Prinz Eugen« im Kriegsarchiv, einem Bestandteil des Österreichischen Staatsarchivs in Wien. Dazu gehören die Feldakten, also jene der kämpfenden Truppe; die Kabinettsakten, das sind die Protokolle der Beratungen am Kaiserhof, vor allem in militärischen Angelegenheiten; die sogenannte große Korrespondenz, die im Haus-, Hof- und Staatsarchiv gelagert ist; weiters die diplomatische Korrespondenz, und dann gibt es noch Zeugnisse von Eugens Tätigkeit als Mäzen und Sammler wie die »Tabula Peutingeriana«, eine der wenigen mittelalterlichen Abschriften einer römerzeitlichen Straßenkarte, die Eugen 1715 erworben hat.

Aus den Dokumenten taucht in mühevoller Kleinarbeit das Bild eines Menschen auf, der mehr ist als ein verkitschter Lesebuchheld oder ein steinerner Parkwächter am Autogelände des Wiener Heldenplatzes. Es ersteht das Bild eines der ganz wenigen bedeutenden Männer dieser Zeit um und nach 1700, der für ganz Mitteleuropa relevant ist. Er kennt die Ungarn wie die Menschen in seinen südslawischen Besitzungen in Slawonien, ist am Hof des Kaisers genauso zu Hause wie auf den Schlachtfeldern Süddeutschlands und Oberitaliens. Prinz Eugen prägt einen neuen Feldherrntypus. Er ist kein Raubein, sondern ein umfassend gebildeter Mann mit Führungsqualität. Interessanterweise ist er aber kein Reformer, verändert nichts im Kriegswesen, sondern nimmt das, was er vorgefunden hat, und bringt dann mit den vorhandenen Mitteln das Bestmögliche zuwege, sowohl im Krieg als auch in der Politik.

Was ist das Ziel des Krieges in einer Zeit, da er als Fortsetzung der Politik mit anderen Mitteln gilt und noch nicht die nahezu folgerichtige totale Zerstörung des Gegners in sich trägt wie in den Weltkriegen oder gar im Atomzeitalter? Hier hat Prinz Eugen klare Vorstellungen. Er handelt so, wie es später Carl von Clausewitz, der große preußische Kriegsphilosoph, formuliert: »Ziel des Krieges ist der Frieden.« Das ist in der Geschichte alles andere als selbstverständlich. Denn es gibt auch Männer mit anderen Kriegszielen, wie zum Beispiel der Vernichtung des Feindes. So einer ist Prinz Eugen nicht. Das hat natürlich mit Pazifismus im heutigen Sinn nichts zu tun, denn Leichenberge liegen auch auf den Schlachtfeldern von Kriegen, die strategisch auf Frieden ausgerichtet sind.

Von Prinz Eugen kann man wie von kaum einem anderen in der Galerie großer Feldherren behaupten, dass er keine Schlacht verloren hat. Vielleicht liegt das daran, dass er klug genug war, in Situationen ohne Gewinnchance auch keine Bataille zu riskieren. Dafür gewinnt er dort, wo er ins Gefecht geht. Nachdem 1690 Belgrad und andere Gebiete wieder an die Osmanen verloren gegangen sind, vernichtet und demütigt Eugen 1697 mit einem glorreichen Sieg die Osmanische Armee bei Zenta an der Theiß in der Wojwodina und setzt so einen vorläufigen Schlussstrich unter die Westexpansion des Islam. Im Frieden von Karlowitz bringt Habsburg bis auf einen kleinen Streifen von Slawonien und den Banat endlich und dauerhaft das ganze Territorium des Königreichs Ungarn unter seine Herrschaft, darunter auch Siebenbürgen. Kaiser Leopold garantiert als ungarischer König den Katholiken, Lutheranern, Calvinern und protestantischen Unitariern innerhalb der Stände ihre Rechte, nicht aber den orthodoxen Rumänen Siebenbürgens. Als Reaktion gründen sich da und dort orthodoxe Unionsgemeinden, die man bald als »griechisch-katholisch« bezeichnen wird. Sie zelebrieren den ostkirchlichen Ritus, aber in Einheit mit der römisch-katholischen Kirche. Das wird diesen »Unierten« dereinst nach dem Zerfall der Habsburgermonarchie ziemliche Probleme bereiten.

Für all diese Zugeständnisse gibt der ungarische Reichstag seinen Widerstand gegen die Habsburger auf und erkennt ihre Erbansprüche auf die Stephanskrone in der männlichen Linie endgültig an. Halleluja. War *das* eine schwere, mit Blut, Schweiß und Tränen getränkte Geburt!

Kaum ist das Gemetzel im Osten vorerst vorbei, geht es im Westen weiter. Karl II., ein ziemlich verblödeter und zeugungsunfähiger Habsburger, stirbt im Jahr 1700. Er ist nicht irgendwer gewesen, sondern der letzte Habsburger auf dem spanischen Königsthron. Seine Hinterlassenschaft ist nicht eindeutig, und sowohl die habsburgischen Vettern in Wien als auch die französische Königsfamilie, die Bourbonen, erheben Ansprüche auf Spanien. Von 1701 bis 1714 kämpft Ludwig XIV. praktisch gegen ganz Europa um dieses Erbe, gegen eine Allianz, die vom katholischen Österreich und dem protestantischen England angeführt wird. Dass am Ende die Bourbonen obsiegen werden, mindert nicht das militärische Genie der beiden führenden Feldherren der Verbündeten, Prinz Eugen und John Churchill, Duke of Marlborough!

Prinz Eugen ist keiner der Generäle, wie sie gerade in seiner Generation eine Schule bilden, die den Krieg als eine Hilfswissenschaft der Mathematik betrachtet. Da gibt es genaue Tabellen, in denen festgelegt ist, wie lange die Belagerung einer Festung dauern darf, nach wie vielen Tagen des Belagertwerdens es für eine Garnison schicklich ist zu kapitulieren und abzuziehen. Diese Art der Kriegsführung, die gerade in Nordfrankreich und den Niederlanden ein Jahr ums andere in großen Belagerungen endet, ist nicht das Terrain, auf dem sich Prinz Eugen profiliert, sondern eher die schnelle, bewegliche Kriegsführung. Darunter sind auch wagemutige Husarenstückchen wie 1706 ein Marsch quer durch Oberitalien oder ein aufsehenerregendes, nahezu sportliches Großereignis: eine Alpenüberquerung nämlich, mit der er die in der Etsch-Ebene stehenden Franzosen durch einen Übergang über die Berge auf der östlichen Flanke umgeht. Doch bleibt bei all dieser Risikofreude doch immer alles in einer gewissen Balance, sodass Eugens Spielzüge nie in eine wirkliche Tollkühnheit ausarten.

Vielleicht will er aber auch nicht zu viel riskieren, da der Kaiser im Gegensatz etwa zu den mit reichen Kolonien ausgestatteten Spaniern oder den durch Handel reich gewordenen Holländern kein Geld hat, um unbeschränkt für Kriegsnachschub zu sorgen. Dafür gelingen Eugen prächtige Siege, die auf der Prestigeebene für gute Laune sorgen. Ihm ist es zum Beispiel zu verdanken, dass zwischen 1718 und 1740 Belgrad über Jahre hinweg zu Österreich gehört – das einzige Mal in der Geschichte.

Noch entscheidender sind die Gewinne hingegen in der Realpolitik: Prinz Eugen siegt im Pfälzischen Krieg, einem weiteren Konflikt zwischen Frankreich und dem Rest Europas um ein saftiges Stück Deutschlands, und zumindest militärisch im Spanischen Erbfolgekrieg. Er weist das Osmanische Reich auf dem europäischen Kontinent in seine Schranken und schickt es auf seinen langen Weg in den Untergang, den es dann 1918 paradoxerweise gemeinsam mit dem Alten Österreich erleiden wird müssen. Er sichert Ungarn für Habsburg und bringt es damit nach Mitteleuropa zurück. Eugen schlägt den letzten Kuruzzenaufstand des mächtigen ungarischen Adeligen Ferencz Rákóczy nieder, beherrscht aber auch die hohe Kunst des Zweckbündnisses und der rechtzeitigen Versöhnung. Er erkennt, dass er nur im Bündnis mit England und den Niederlanden die Franzosen daran hindern kann, über Süddeutschland und Oberitalien nach Wien vorzustoßen, drängt aber dann auf eine Verständigung mit Frankreich.

Ich gestehe, als friedfertiger Mensch jetzt in eine Zwickmühle geraten zu sein, erlaube mir aber dennoch eine Feststellung trotz der blutigen Zweischneidigkeit dieses Begriffes: Die Jahre Prinz Eugens sind eine »große Zeit«. In Analogie zum »chinesischen Fluch« (»Mögest du in interessanten Zeiten leben!«) will man sie vielleicht nicht erlebt haben, aber es darf festgestellt werden, dass Schlachten am Balkan und im Westen wie Zenta, Belgrad, Höchstädt, Turin, Oudenaarde und Malplaquet noch 200 Jahre später in dicken Lettern ins große Buch der militärischen Traditionspflege Altösterreichs eingeschrieben sein werden.

Eugen ist aber kein Schlächter schlechthin. Nach dem Gemetzel hört er nicht auf weiterzudenken. Letzten Endes will er, um einem späteren österreichischen Erbfolgekrieg auszuweichen, eine sehr enge Verbindung zu Bayern (dessen Kurfürst Max Emanuel II. im Spanischen Erbfolgekrieg auf die Seite Frankreichs gewechselt hat und nach Höchstädt 1704 sein Land für zehn Jahre an Habsburg abtreten muss) und möglichst auch zu Sachsen, um mit ihnen einen Block zu bilden; außerdem befördert er den Frieden mit den ungarischen und den böhmischen Ständen und bringt das auch mehr oder weniger zustande. Danach berät er seinen letzten Kaiser, der mit einer prächtigen Tochter, aber keinem Sohn ausgestattet ist, bei der »Pragmatischen Sanktion«. Diese »Pragmatische Sanktion« ist eine Erklärung samt Abmachung auf Europa-Ebene. Sie soll entgegen einer aus dem Frühmittelalter überkommenen, auf Männer beschränkten Regel den Töchtern die Erbfolge in den habsburgischen Ländern sichern, falls die Familie im Mannesstamm ausstirbt. Dass dann, als Karls Tochter Maria Theresia 1740 das Erbe tatsächlich antritt, trotzdem ein österreichischer Erbfolgekrieg ausbrechen wird, dem hat auch das Geschick Prinz Eugens nicht vorbeugen können. Aber diesen Krieg erlebt er schon nicht mehr. Seine große Epoche liegt in den Jahrzehnten davor.

Am Beginn des 18. Jahrhunderts erfindet er zusammen mit seinem fast kongenialen englischen Widerpart als Politiker-Feldherr Marlborough das »europäische Konzert«, also das Zusammenspiel der europäischen Großmächte. Darin eingeschlossen ist nach dem Spanischen Erbfolgekrieg auch eine Verständigung mit dem Block der Bourbonen, also Frankreich und Spanien.

GENIE UND NACHWELT

Eugen ist militärisch und geistig auf der Höhe seiner Zeit. Barocker Kult um Größe und Stärke ist ihm ebenso zu eigen wie die Merkmale früher Modernität, ja beginnender Aufklärung. Schwärmer mögen ihn etwas übertrieben als Philosophen bezeichnen und mit Hegel einen »Geschäftsführer des Weltgeistes«. Später, als das Englische Mode wurde, hätte man den Politiker-Feldherrn vielleicht als »skilled gentleman« bezeichnet, im barocken höfischen Sprachgebrauch klingt es noch etwas französischer. Er ist ein »honête homme«, nicht gerade einer, der alles weiß, aber der alles versteht, der alles einordnen kann, der also bei geistigen Problemen ebenso mitreden kann wie bei politischen.

»Erziehung« ist ein Ideal, das durch die Aufklärung neu definiert wird. Aufklärung, das ist die geistige Bewegung, die den Aberglauben durch rationales Denken ersetzen und so den »Fortschritt« der Menschheit befördern will. Dieser »progrès« ist unter den französischen Denkern bereits ein Begriff – lange noch bevor ihn der Philosoph Hegel zu Beginn des 19. Jahrhunderts für den deutschen Idealismus einführt: »Die Weltgeschichte ist der Fortschritt im Bewusstsein der Freiheit – ein Fortschritt, den wir in seiner Notwendigkeit zu erkennen haben.« Davon weiß Eugen noch nichts, aber er ist de facto der erste österreichische Aufklärer von Rang, der an den Hebeln der Macht sitzt. Er wirkt, wenn schon nicht reformatorisch, so doch immerhin schöpferisch. Wirtschaftsfachleute der Gegenwart würden ihn vielleicht einen Innovator nennen. So ist er der Erste, der für seine Militärs eine technische Mittelschule in Wien und dann Brüssel gegründet hat, denn er ist – habe ich Ihnen das schon erzählt? – zeitweilig nebenbei auch Statthalter der Spanischen Niederlande.

Dabei denkt er in den Belastungen der Kriegsführung nicht nur an die Offiziere. »Man soll ohne Ursach den gemeinen Mann nicht zu sehr anstrengen, und die Schärfe nur gebrauchen (…), wo die Güte nicht verfängt«, schreibt er einmal in eine Weisung für einen seiner Heerführer. Klingt jetzt nicht so übertrieben human, ist aber für die damalige Zeit ein bemerkenswerter Ansatz.

Europaweit ist des Prinzen Aufgeschlossenheit für neue Geistesströmungen weithin bekannt. Voltaire, dieser laszive, exaltierte und etwas manierierte Hauptdichter der Aufklärung, ist tief vom Genie des Savoyers beeindruckt, ebenso wie der Staatstheoretiker Montesquieu. Und hätte man in Wien mehr Geld, so würde der universalgeniale Leipziger Gottfried Wilhelm Leibniz vielleicht angesichts des großen Mäzens und Förderers Eugen seine Akademie der Wissenschaften nicht in Berlin, sondern in Wien gegründet haben. Mit Leibniz hat Eugen zumindest eines gemeinsam: Er will einen Ausgleich zwischen Katholiken und Protestanten finden.

Eugen, der Laienabt von San Michele della Chiusa und Santa Maria di Casanova, ist auch im Glauben ein pragmatischer Brüter. Er habe, so mag er gedacht haben, die Christenheit nicht vor den Osmanen gerettet, damit Europa sich dann weiterhin in konfessionellen Glaubenskämpfen zerspalte. Dabei geht er für einen barocken Katholiken sehr weit. So gewährt er den Anhängern des niederländischen Denkers Cornelius Jansen, den »Jansenisten«, geistige Zuflucht, obwohl sie als Häretiker vom Papst gebannt worden sind. Dazu treibt ihn eher Toleranz und nicht etwa eine ideologische Nähe zu der fast calvinistisch denkenden asketischen Jansenistenbewegung. Viel mehr interessieren ihn die frühen Aufklärer Frankreichs und Italiens, deren einige er an sich ziehen kann.

Einer davon ist der französische Dichter Jean-Baptiste Rousseau, im Gegensatz zu seinem Namensvetter, dem großen Jean-Jacques Rousseau, ein etwas kleinerer Geist, aber immerhin einer der besten Lyriker seiner Zeit. Prinz Eugen macht ihn 1715 zu seinem Hofpoeten und lässt sich von ihm geradezu hymnisch als übermenschliches Wesen andichten. Das ist sicherlich nicht ganz einfach, denn Prinz Eugen, mittlerweile in seinen 50ern stehend, ist wortkarg, fast kalt zu nennen und – wie ein anderer Dichter an seinem Hof, Karl Ludwig von Pöllnitz bemerkt – mit Flecken von Schnupftabak an der Kleidung verunziert, also nicht gerade eine romantische oder gar heldische Erscheinung. Wie nach ihm Joseph II. oder Friedrich II. von Preußen liebt es Eugen, in seiner prunkvollen Umgebung bescheiden, gar ärmlich aufzutreten. Die gedämpfte Stimmung im Belvedere gleicht eher der einer Bibliothek oder eines Museums als jener eines Fürstenhofes. Indessen ist die Sammeltätigkeit des Prinzen ein Glück für die Nachwelt. Seine Bestände sind noch heute ein wichtiger Teil der kulturellen Identität Österreichs.

Obwohl er auch gegen Ende seines Lebens noch als Heerführer im Feld steht, ermüdete er trotzdem zusehends. Als er einmal vor dem Palais der Seelenfreundin Batthyány in der vierspännigen

Kutsche vorfährt, ist er eingenickt. Die Gräfin, die es vom Fenster aus bemerkt, zählt das Lebensalter der Rösser, der beiden Lakaien, der Kutscher und des schlafenden Herrn zusammen, kommt auf ein Gesamtalter von 310 Jahren – und lässt Eugen schlafen.

Am 21. April 1736 entschläft er endgültig. Er stirbt an »Lungelsucht« und Austrocknung, wie die Ärzte bemerkten. Wie viele Große hat auch er keinen Nachfolger eingeschult und lässt das von ihm geschaffene Offizierskorps führerlos zurück. Die ersten Kriege nach seinem Tod verlaufen dann auch nicht gerade glücklich, doch davon etwas später …

Die Nachwelt flocht ihm Kränze. Seit dem 18. Oktober 1865 kann man Anton von Fernkorns Prinz-Eugen-Denkmal auf dem Heldenplatz vor der Hofburg bestaunen – acht Monate später verlor die österreichische Armee gegen Preußen die Schlacht bei Königgrätz …

Im 19. Jahrhundert schien die Figur des Prinzen Eugen entrückt und seither überlagert von den Ereignissen, die Europa und die Welt völlig verändert hatten: dem Siebenjährigen Krieg, amerikanischen und französischen Revolutionen und den Napoleonischen Kriegen. Dennoch wurde er gerade im 19. Jahrhundert zur Symbolfigur, da er Kriege gegen »äußere Feinde« geführt hat, eben gegen die Türken. Das hat zwar im 19. und 20. Jahrhundert als Feindbild kaum mehr wirklich eine Rolle gespielt, konnte aber schön hergezeigt werden. Österreich als die Vormauer, als der Schutz Europas. Das Haus Habsburg schützt das restliche Europa vor den feindlichen Heerscharen aus dem Osten. Prinz Eugen wurde zur Propagandafigur; auch durchaus in Richtung Preußen gewandt. Jemand wie Prinz Eugen, der den Kampf gegen Frankreich zu einem Zeitpunkt geführt hat, da von Preußen noch kaum die Rede war, das ließ sich gerade im 19. Jahrhundert nach beiden Richtungen hin blendend vermarkten. Es ist auch kein Zufall, dass wenige Jahre nach der Schlacht bei Königgrätz, als der österreichische Generalstab langsam nach preußischem Vorbild organisiert wurde und auch seine kriegsgeschichtliche Abteilung bekam, die erste Aufgabe dieser Abteilung war, eine Geschichte der Feldzüge der Prinzen Eugen zu schreiben. Damit waren die Herren dann 20 Jahre lang beschäftigt und gingen erst danach dazu über, die napoleonische Zeit oder die Zeit Friedrich des Großen zu erforschen.

Noch ein Jahrhundert nach seinem Tod wurde das Andenken Prinz Eugens von den Hütern des alten Österreich als Mahnung für jene eingesetzt, die die Größe des Reiches nicht bewahren konnten, die vor allem die großen Niederlagen des 19. Jahrhunderts eingefahren hatten. Nicht nur angesichts der Niederlagen 1859 bei Solferino und Magenta und 1866 bei Königgrätz erinnerte man sich wehmütig an den siegreichen Feldherrn. Auch den streitenden Nationalitäten der k. u k. Monarchie hielt man den Prinzen als übernationalen Helden vor Augen. Als einen Helden, der durch seine Taten die Völker aneinanderband. Während der Ersten Republik, also in der Zwischenkriegszeit, galt Prinz Eugen als Repräsentant der einstigen, entschwundenen Großmachtstellung Österreichs. Im Dritten Reich verkörperte Prinz Eugen den idealen »Reichsgeneral-Feldmarschall«, der die deutsche Mission im Osten begründet hatte. Tja, und im Wiederaufbau der Zweiten Republik nach 1945 hat man wehmütig an den Prinzen Eugen im Zusammenhang mit den im Krieg zerstörten Schlössern gedacht. Man würdigte ihn als Kunstfreund und als Mäzen und trachtete danach, wenigstens sein kulturelles Erbe zu retten.

Heute, im dritten Jahrtausend, sind seine Bauten, wie sein Winterpalais in der Wiener Himmelpfortgasse, in dem seit Langem das österreichische Finanzministerium logiert, längst saniert und seine Sammlungen gesichert, aber als Symbolfigur gilt Prinz Eugen längst nicht mehr. Verzeihen Sie mir bitte dennoch gnädigst, dass ich sie über diesen wichtigen Mann so intensiv instruiert habe, wie über kaum einen anderen bisher. Er hat es verdient, und Sie erst recht.

Jetzt folgen ohnehin kleinere Geister, denn wir sind gleich wieder bei Kaisers und baden noch ein bisschen im Barock.

Würde man die beiden nun folgenden kaiserlichen Brüder mit Wiener Kaffeemischungen vergleichen, so ist Joseph I. ein »kurzer Schwarzer« mit Koffein-Kick, während der ihm nachfolgende Karl VI. eher einer stark verwässerten Wiener Melange mit schalem Nachgeschmack ähnelt. Trotzdem kennt man Letzteren zumindest in seiner Eigenschaft als Vater Maria Theresias, und Ersteren – gar nicht!

Selbst wenn man heute geschichtskundige Menschen nach dem römisch-deutschen Kaiser Joseph I. fragt, wird man keine oder vielfach falsche Antworten bekommen. Häufig wird der Kurzzeitherrscher mit seinem berühmten Namensvetter Joseph II. verwechselt, und tatsächlich haben beide Habsburger einiges gemeinsam. Beide sind Aufklärer, beide versuchen Reformen »von oben« durchzusetzen, treten für Frühformen eines modernen Staatswesens mit Ansätzen von Gewaltenteilung und mehr oder weniger vorsichtiger Trennung von Staat und Kirche ein.

Joseph I. hat dafür nur sechs Regierungsjahre Zeit. Schon als Thronfolger seines Vaters Leopold I. schart er den »jungen Hof« um sich, ein Team von Reformern wie Prinz Eugen, Philipp Sinzendorf und Johann Friedrich Seilern. Sie bilden eine Knospe der Frühaufklärung in den Erblanden, die aber durch den frühen Tod Josephs I. 1711 nicht richtig aufblühen kann. Zurück bleiben verpasste Chancen, ein geteiltes spanisches Erbe und ein jüngerer Bruder, der als Karl VI. ein schwacher, aber doch bedeutsamer Herrscher wird. Dennoch sind beide in ihrer Art wahre Söhne Leopolds I.

Selbst die Familie des absoluten Herrschers bleibt nicht verschont vom Leid, das damals alle Menschen ohne Ansehen des Standes trifft, und das heißt im Falle Leopolds sechs gleich nach der Geburt oder nach kurzer Zeit verstorbene Kinder von zwei Ehefrauen, eine überlebende Tochter, aber kein Thronerbe. Erst 1678, am 26. Juli, gebiert die dritte Gemahlin Eleonore von

Pfalz-Neuburg einen Knaben, der sich als lebensfähig erweist. In vom Papst geweihte Windeln gewickelt, wird er auf den Namen Joseph getauft – ein kleiner Hoffnungsträger, der sofort für die Verhältnisse der Zeit verwöhnt und modern erzogen wird. Modern bedeutet, dass nicht mehr die Jesuiten den katholischen Thronerben anleiten, sondern der Weltgeistliche Franz Ferdinand von Rummel. So muss der kleine Erzherzog nur ein Mal statt mehrmals pro Tag die heilige Messe hören und hat stattdessen mehr Freizeit, in der er freilich auf mögliches Fehlverhalten hin beobachtet wird. Weltlicher Erzieher ist Karl Theodor Otto Fürst Salm, Herrscher über zwei kleine Rheinfürstentümer, ehemaliger Student der Philosophie und – das eigentlich revolutionäre – gewesener Protestant! So wie auch Rummel beeinflusst er den kleinen Joseph im Geist der Trennung von Staat und Kirche. In dieser Zeit, an diesem Ort sensationell modern! Was hat wohl Leopold I., diesen bigotten Mann, der in seinen ersten Jahren als Herrscher noch wütend die Gegenreformation betrieben hatte, dazu bewogen, seinen Erben so erziehen zu lassen?

Die Prägung zeigt jedenfalls ihre Wirkung. Später, als Kaiser, ist Joseph I. kein großer Freund der Kirche – und der Papst sein Rivale. Noch aber ist er nicht Regent, sondern führt als Jüngling ein ausschweifendes und riskantes Leben. Er unternimmt waghalsige Jagdtouren, stürzt etliche Male vom Pferd und entwickelt vor allem seit seinem 16. Lebensjahr einen schier unstillbaren Sexualtrieb! Pornografische Zeichnungen von seiner Hand sind neben großartigen Karikaturen von Leopold I. und dessen Beratern als Randgekritzel auf Akten erhalten geblieben.

Der Hof versucht, diese Sexsucht durch eine frühe Verheiratung zu kanalisieren und zu zähmen. Das scheint auch am Anfang ganz gut zu funktionieren. Zumindest gibt es die Geschichte, dass die Messe und das Abendessen am Tag nach der Hochzeit um viele Stunden verschoben werden müssen, da Joseph sich von seiner Frau nicht so schnell trennen kann. Wahr ist aber auch, dass Joseph seine Gemahlin Amalia Wilhelmine von Braunschweig-

Lüneburg bald mit einer Geschlechtskrankheit, vermutlich der Syphilis, ansteckt, noch ehe ein lebensfähiger Thronerbe auf der Welt ist.

Auch wenn es seinem Vater nicht gelungen ist, den Jungen in Sachen Lebensstil zur Raison zu bringen, so bindet er ihn doch schon früh, ab seinem 17. Lebensjahr, in die Regierungsgeschäfte mit ein. Joseph ist der erste Habsburger neuen Typs, der zielgerichtet zum Herrscher erzogen wird.

1703 zieht sich Leopold sukzessive von den Regierungsgeschäften zurück und der Sohn wächst mit einer Gruppe junger Vertrauter, eben dem Jungen Hof, in die Verantwortung hinein. Als Joseph 1705 nach dem Tod seines Vaters Kaiser wird, setzt sich der Junge Hof schließlich gegen Reste der alten Hofkreise durch und mit ihm eine große Verwaltungsreform des Staates, der dem alten Leopold unter den Fingern vermorschte. Friedrich Baron Seilern und Philipp Ludwig Graf Sinzendorf werden österreichische Kanzler, Träger weiterer klingender Namen besetzen andere wichtige Ämter: Kinsky, Wratislaw, Oettingen, Herberstein, Obizzi, Mollart und Traun – bis auf den militärischen Übervater Prinz Eugen die meisten von ihnen längst vergessen, vom Nebel der Geschichte verschluckt.

Joseph setzt in der Verwaltung auf kleine, schlagkräftige und handlungsfreudige Ämter und Teams. Das Ergebnis kann sich bald sehen lassen. Der Kaiser baut eine gut funktionierende Hofkammer auf, und auch die Finanzen werden neu geordnet. Der jüdische Hoffaktor Oppenheimer ist bereits um die Rückzahlung seiner Kredite geprellt worden, und dessen Neffe Samson Wertheimer wird erst später als neuer Finanzier auf den Plan treten. Also schnorrt Joseph erfolgreich die mit ihm gegen Frankreich verbündete englische Königin Anna um Geld an, das sie auch vorstreckt.

Und Geld braucht er jede Menge. Denn Joseph I. ist ein Barockmensch durch und durch, seine Vergnügungen verschlingen

Unsummen. Der ehemals so fromm-biedere Hof zu Wien ist nicht mehr wiederzuerkennen. Die Habsburger waren traditionell düster-schwarz gekleidet, am Hofe Leopolds I. herrschten dunkle Farben vor. Joseph hat das geändert, und der ganze Hof versucht natürlich dem Beispiel des jungen Kaisers zu folgen, kleidet sich ebenso in bunte Stoffe. Plötzlich ist überall sehr viel Gold zu sehen, und Luxus, den man in Wien vorher nicht gekannt hat. Üppige Feste und eine ausgelassene Stimmung konterkarieren die nicht immer so erfreulichen Meldungen von den Kriegsschauplätzen. Mit seinem vom italienischen Barock beeinflussten Lebensstil versucht Joseph sich als Sonnenkaiser aufzuführen und wird auch als solcher dargestellt. Ich bin der christlichere Herrscher als der Franzose, versucht er der Welt zu sagen. Ludwig XIV. hasst er regelrecht und ganz persönlich. Gegen ihn liegen Josephs Truppen vom ersten bis zum letzten Tag seiner kurzen Regierung permanent im Kampf. Ludwig ist für ihn der Erbfeind schlechthin. Als Kind hat er miterlebt, wie die kaiserlichen Truppen gegen Frankreich sukzessive an Boden verloren haben und Österreicher noch dazu von den Osmanen bedroht wurden. Wenn die Habsburger, so denkt Joseph, die Herrschaft über die österreichischen Erblande verlieren, dann ist Ludwig XIV. der letzte christliche Herrscher, der das Abendland vor den Türken retten kann. Und um Ludwig diese Chance auf gar keinen Fall zu geben, ist sein erklärtes Ziel, die Franzosen so weit es geht in die Enge und zurück zu treiben. Das ist auch der Grund, warum er seinen Bruder Karl im Erbfolgekrieg dabei unterstützt, die spanische Krone zu halten. Der Jüngere versucht ziemlich glücklos, dem französischen Konkurrenten Philipp von Anjou diese Würde wieder abzujagen.

Neben diesem großen Krieg und dem schließlich erfolgreich niedergeschlagenen letzten Kuruzzenaufstand schürt Joseph noch einen weiteren, eher kurios anmutenden Konflikt, an dem sein Geschichtslehrer Hans Jacob Wagner von Wagenfels nicht ganz unschuldig scheint, der Autor des Werkes *Der Ehren-Ruff Teutsch-*

lands. Joseph hat es ziemlich sicher gelesen und lässt ihm Taten folgen. Er führt einen sehr beschränkten, aber immerhin den letzten Krieg eines römisch-deutschen Kaisers gegen einen Papst, den »Comacchiokrieg«.

Comacchio ist ein kleines Städtchen, ein Venedig im Miniformat an der adriatischen Küste, das zum päpstlichen Herrschaftsbereich gehört. Mit Papst Clemens XI. hat der Kaiser ein Hühnchen zu rupfen. Denn der fühlt sich in Rom in alter Manier wie sein Vorgänger von Karl V. von Österreich und dem ebenfalls habsburgischen Neapel eingekreist und leiht seine Sympathie im Spanischen Erbfolgekrieg der französischen Seite. Außerdem rügt der Heilige Vater den konfessionell konzilianten Joseph, der im Norden seines Besitzes, in Schlesien, den Protestanten Zugeständnisse gemacht hat, um die Schweden als potenzielle Kriegsgegner ruhig zu halten.

Nun streitet sich der Kaiser ganz offen mit dem Papst um dieses kleine Lehen in Oberitalien. Es bleibt bei beiderseitigen, wenn auch hochbewaffneten, Drohgebärden, doch es ist klar geworden, dass Joseph I. eine Neubewertung der Reichspolitik will. Der Kaiser, und nicht der Papst, soll derjenige sein, der auch in Italien so wie die deutschen Staufer des Mittelalters wahrhafte Reichspolitik treibt. Eine Sicht, die vom Geschichtsschreiber Wagner von Wagenfels sehr stark beeinflusst ist. Er vertritt einen deutschen Reichsgedanken, den er nicht mehr auf das alte Rom zurückführt, sondern auf der Kraft der deutschen Fürsten selbst aufbaut, und er macht als Feinde romanische Mächte wie Frankreich und als Störfaktor den römischen Einfluss fest. Die heldenhaften Beschützer Deutschlands sind bei ihm die Habsburger: »Seelig bist du O Teutsches Israel! Wer ist dir gleich O du Volck Gottes / deme von Herrn durchs Hauß von OEsterreich Heyl widerfahret? Diese Ertz-Fürsten seynd ein Schild deiner Hülff / und das Schwerdt deiner Herrlichkeit.« Da ist sie also, die deutsche Sendung des Hauses Österreich! Und der »Ehren-Ruff« ist so etwas wie ihr Taufschein.

Der aus Schlesien stammende Dichter Johann Christian Günther bezieht auch Prinz Eugen in diese deutsche Mission mit ein und bemüht in einer Ode an den Savoyer dafür sogar Hermann, den Cherusker: »Nur drauf, du Kern der deutschen Treu, Nur drauf, du Kraft aus Hermanns Hüften, Beweise, wer dein Ahnherr sei.«

Abgesehen von derlei germanischen Überlegungen macht Joseph – eingesponnen in ein dichtes Netz von Bündnissen – mithilfe seines jüngeren Bruders Karl, der wie beabsichtigt spanischer König werden soll, europaweite Politik. Er schickt den sieben Jahre Jüngeren nach Iberien hinunter, der dort mit einem kleinen Expeditionsheer landet und mithilfe portugiesischer und englischer Truppen ein wenig Land um Barcelona und zeitweilig sogar Madrid gewinnt. Bis aber Bruder Joseph 1710 wirklich aktiv in den Erbfolgekrieg auf dem spanischen Festland eingreift, ist es fast schon zu spät ...

Abseits der Schlachtfelder inszeniert sich der barocke Kaiser auf einem ganz anderen Gebiet selbst: Joseph I. gilt als erster Bauherr des Schlosses Schönbrunn, damals *bei*, mittlerweile *in* Wien. Indes steht nicht ihm allein die Urheberschaft zu – da hat schon sein Vater Leopold I. einiges an Ideen gehabt. Immerhin hat er für seinen Sohn das neue Gebäude auf den Ruinen der von den Türken 1683 schwer beschädigten Gatterburg, zuletzt Alterssitz der Kaiserin-Witwe Eleonora, bei Fischer von Erlach in Auftrag gegeben. Eigentlicher Gestalter wird dann aber ab den 1690er-Jahren Joseph, und man sagt ihm auch hier ein Konkurrenzdenken zu Ludwig XIV. und dessen Schloss Versailles nach. Doch da erhebt die moderne Kulturwissenschaft Einspruch. Der Kunsthistoriker der Österreichischen Akademie der Wissenschaften, Herbert Karner, hat Bauten wie Schönbrunn und die Hofburg in ihrer historischen Entwicklung erforscht. Versailles als Vorbild wird dabei überschätzt, meint er. Beide Kaiser, Leopold wie Joseph, folgten im Baustil einer Familientradition; ein eigen Ding, fernab bloßer

Imitation französischen Modeprunks. Die Geschichte mit Schönbrunn ist nämlich folgende, erzählt mir Herbert Karner und breitet eine Karte aus: »Der Typus dieses Schlosses ist ein zu dieser Zeit hochaktueller: ein lang gestreckter Bau, der über die Mitte zu betreten ist und von dem ab einem Mittelsaal dann nach links und nach rechts die beiden Appartements abflanken. Bei allen anderen Beispielen, die zu dieser Zeit gebaut werden, gibt es aber eine ganz klare Geschlechtertrennung, das heißt ein Flügel für die Fürstin und der andere für den Fürsten. Die haben räumlich überhaupt keine Beziehung zueinander. Das schaut bei den Habsburgern seit 1700 völlig anders aus. Die Appartements gehen in keiner Weise voneinander weg, sondern treffen sich im innersten Zentrum, nämlich im Schlafzimmer. Das ist ein wirkliches habsburgisches Spezifikum, das sich auch mit den spanischen Habsburgern kurzschließen lässt.«

Das unterscheidet die habsburgische Appartementfolge von den Franzosen ganz massiv. So konsequent wird der spezifisch habsburgische Kern gewahrt, dass auch die Hofburg nie vollständig umgebaut, sondern nur erweitert wird. Fazit für Herbert Karner: »Man ist nicht bereit, ein als habsburgisch empfundenes Wohn- und Raumsystem aufzugeben. Auch wenn man durchaus modern und französisch orientiert baut, bleibt es im Inneren habsburgisch.«

Typisches Austro-Barock also. Eine Konkurrenz mit dem Franzosen im Anspruch, nicht aber im Stil.

Viel ist von Josephs anderen Bauvorhaben nicht im Bewusstsein geblieben. Nur der Name des 8. Wiener Bezirks, Josefstadt, und die Josefsgasse künden noch von ihm. Als er am 17. April 1711 mit 32 Jahren nach nur sechs Jahren als Kaiser den Folgen einer Pockeninfektion erliegt und in der Wiener Hofburg für immer die Augen schließt, hinterlässt er zwar seiner Hauptmätresse, der Gräfin Pálffy, das ungeheure Vermögen von 550 000 Gulden, aber kein politisches Testament. Eilig wird der jüngere Bruder, der als glückloser König Karl III. noch immer in Spanien herumgurkt, nach

Wien gerufen. Zwischen ihm und Joseph I. existiert ein geheimer Vertrag, der Josephs ältere Tochter Maria Josepha für Österreich (nicht natürlich für die Kaiserkrone des Reichs) erbberechtigt gemacht hätte, doch Karl ignoriert das Papier. Das wird sich später rächen, denn Josephs Töchter heiraten die Kurfürsten von Sachsen und Bayern, und der Bayer wird dann nach dem Tod Karls VI. Erbansprüche auf Österreich und mehr stellen, die sich gewaschen haben …

War das frühzeitige Ende Josephs I., des Schöpfers des Jungen Hofes, und seiner Reformen womöglich eine verpasste große Chance Österreichs? Ein politischer Koffeinschub war seine Ära allemal. Ihm folgt die schale Kaisermelange Karls VI.

Der junge Karl VI. ist im Gegensatz zu seinem Bruder jesuitisch erzogen worden. Er entmachtet den Jungen Hof und macht nach dem kurzen Vorflimmern der Aufklärung wieder die barocke Frömmigkeit zur Maxime staatlichen Tuns. Jetzt hat der »Spanische Rat« unter seinem Freund Michael Graf Althan das Sagen, obwohl der sich doch eigentlich nur um den Krieg auf der Iberischen Halbinsel kümmern soll. Überhaupt wird in Österreich alles spanischer, vom düsteren Mantelkleid bis zur Hofreitschule, denn Karl kann den Verlust seines Königtums nicht verwinden. Der wird schmerzlich, aber gültig festgeschrieben, als sich die Seemächte England und Holland mit Frankreich 1713 im Frieden von Utrecht auf einige Gegengeschäfte einigen, die den Kaiser einigermaßen politisch isoliert zurücklassen. Dabei könnte er jubilieren, hat er doch kontinentale Landmassen unter sich wie kein anderer Habsburger vor oder nach ihm. 1714 kommt im Frieden von Rastatt das Königreich Spanien samt Kolonien zwar an Philipp, den Enkel Ludwigs XIV., aber die Habsburger erhalten das spätere Belgien, das man nunmehr »Österreichische Niederlande« nennt, und in Italien Mailand, Neapel, Sardinien und Mantua.

Den glücklosen Bayern gibt man wenigstens ihr eigenes Land zurück. Die hatten sich 1703 eine blutige Nase geholt, als sie glaubten, ihren französischen Verbündeten in Norditalien ausgerechnet mit einem Marsch durch Tirol zu Hilfe kommen zu müssen. Die Tiroler Schützen vermöbelten sie (ziemlich genau 100 Jahre, ehe das Andreas Hofers Mannen ein zweites Mal tun sollten) ganz kräftig, und unter der Führung des Landeshauptmannes Graf Künigl warfen die Tiroler die Bayern aus dem Land. Die Habsburger metzelten ihrerseits aufständische bayerische Bauern nieder, was in München und Umgebung für keine gute Meinung von Österreich sorgt.

1714 rät der weise Prinz Eugen dennoch dem Kaiser, Bayern zu behalten und dem geflüchteten Wittelsbacher Max Emanuel dafür das weit entfernte Belgien zu lassen, wo sich der Bayer ohnehin wohler fühlt als daheim. Aber Karl VI. bleibt stur. Mit den ehemals Spanischen Niederlanden möchte er wenigstens ein Stückchen des geliebten verlorenen Königreichs zurückhaben. Vor allem aber will er die Österreichischen Niederlande als Ausgangspunkt für ein Handelsimperium nutzen. – Das geht gründlich schief. Denn England und Holland dulden keinen Überseerivalen und erzwingen die Auflösung von Karls Niederländischer Ostindien-Kompanie. Auch die zweite orientalische Handelskompanie mit Sitz in Triest und Fiume (Rijeka) mit ihren Filialen in China und Indien irritiert die Seemächte. Die vormaligen Verbündeten sind verärgert. Der Kaiser hat diplomatisch versagt.

In Ungarn waltet Karl dagegen weise. Er gibt Anweisung, die Magyaren »mit mehr Glimpf zu traktieren, und ihnen die Apprehension zu nehmen, daß sie von den Deutschen unterdrückt werden«. Er stellt die Grausamkeiten von Militärs und Beamten in den Gebieten der Stephanskrone weitgehend ab. Diese Haltung wird dann seiner Tochter Maria Theresia zugutekommen, als sie die Unterstützung der Ungarn dringend nötig hat. Dieses prächtige Mädchen wird 1717 als erste Tochter Karls und seiner schönen Gemahlin Elisabeth Christine von Braunschweig-Wolfenbüttel geboren, und ihr Vater erreicht, dass bis 1730 fast alle europäischen Mächte die Pragmatische Sanktion anerkennen. Wichtigster Inhalt für Österreich ist darin, dass die Erblande ungeteilt vererbt werden sollen – ein weiterer Schritt auf dem Weg zu einer groß-österreichischen Identität jenseits der deutschen Kaiserwürde.

1715 stirbt in Versailles nach 72 (!) Herrscherjahren der alte Ludwig XIV. und hinterlässt eine ähnliche Stimmung wie 238 Jahre nach ihm der verendete Josef Stalin: Ein Aufatmen geht durch Europa und durchs eigene Land, wo nur Großmachtnostalgiker dem Despoten nachtrauern. Für Karl VI. nur kurzfristig eine – und wirklich nur eine einzige – Sorge weniger.

Nachdem 1713 die Pest wieder in Wien auftaucht und ein osmanischer Großwesir namens Ali sein Glück noch einmal westwärts erfolglos versucht, bekommt der Kaiser 1718 im Frieden von Passarowitz den Temesvarer Banat, die Kleine Walachei, Nordserbien, Bosnien und – einmal mehr – Belgrad dazu. Prinz Eugen rät dringend, eine starke Ostkolonisation zu beginnen, denn im weiten Land zwischen dem Leithagebirge und dem Schwarzen Meer wohnen nach jahrhundertelangen Kriegen und Verheerungen nur mehr eine Million Menschen. Damit lässt sich kein Staat machen.

Doch der Train nach Osten rollt nur schleppend. Zwar verschiebt man katholische deutsche Siedler aus dem ganzen Reichsgebiet als Bauern, Bergleute und Holzarbeiter ins Banat (wo man sie bald als »Banater Schwaben« bezeichnet) und 1200 hartnäckige Kryptoprotestanten aus dem Salzkammergut ins ohnehin protestantische Siebenbürgen, wo sie als »Landler« den lutherischen Siebenbürger Sachsen beigeordnet werden, aber das reicht nicht, um das Land wirklich dicht zu besiedeln. Und die 22 000 (!) im Jahr 1731 brutal vom dortigen Fürsterzbischof aus dem benachbarten Salzburg (Pinzgau und Pongau) vertriebenen tüchtigen Evangelischen nehmen ihre Richtung natürlich nicht nach Osten zu den bigotten Habsburgern, sondern west- und nordwärts in die protestantischen Länder des deutschen Reichs, vor allem nach Preußen.

Erst unter Maria Theresia und Joseph II. werden 60 000 weitere Deutsche in diese Gebiete gepumpt – »transmigriert«, wie man den Binnenverschub nennt. Ob freiwillig oder nicht. Sie werden im Verein mit den Deutschen Böhmens, Mährens und Schlesiens die deutsche Diaspora bilden, die 1919 und dann wieder 1945 von und aus den Nachfolgestaaten der Monarchie ermordet und ausgetrieben wird.

Frühere Ansiedlungsaktionen auf dem Balkan waren vor allem von militärischer Bedeutung gewesen. Schon seit dem 16. Jahrhundert hatten die Habsburger einen breiten Grenzstreifen gegen die Osmanen entwickelt, der Militärgrenze genannt wurde, sich mit zunehmenden Landgewinnen von Kroatien über Slawonien und das Banat bis nach Siebenbürgen erstreckte und mit kroatischen, serbischen, magyarischen (den sogenannten Szeklern) und aus der Walachei zugewanderten rumänischen Wehrbauern besiedelt wurde. Befehligt wurde das Ganze zunächst vom kroatischen Vizekönig, dem »Ban«, später vom innerösterreichischen, also steirischen Adel, dessen zentrale Waffenkammern (Zeughäuser genannt) in Graz und Laibach (Ljubljana) lagen. Bis ins 19. Jahrhundert führte die Militärgrenze ein gewisses Eigenleben mit einer eigenen Gerichtsbarkeit und sonstigen Spezialitäten, was die Mentalität ihrer Bewohner prägte und phasenweise das Selbstbewusstsein des kroatischen Adels hob.

In den Erblanden Karls VI. bricht unterdessen ein wahrer Bauboom aus, stellen Stararchitekten wie Vater und Sohn Fischer von Erlach, Lukas von Hildebrandt und Jakob Prandtauer prächtigsten Barock in die Landschaft. Die Karlskirche (benannt nach dem Pestheiligen Karl Borromäus), die Piaristenkirche, die Hofbibliothek und das Belvedere in Wien, die Dreifaltigkeitssäule und die Deutschordenskirche in Linz, Schlosshof, die Stiftskirche in Göttweig, die Kollegienkirche in Salzburg und der barocke Ausbau des Stiftes Melk in der Wachau – alles das ist steingewordener Ausdruck der österreichischen Idee, wie sie durch die Habsburger repräsentiert wird, und der typische Zuckergussstil ist das Layout ihrer Staatspropaganda.

Es hilft aber alles nichts – der Mythos des alten Heiligen Römischen Reichs geht nach und nach flöten, da von der Nordsee bis zum Bodensee ohnehin alle Mächtigen machen, was sie wollen. Dafür haben die Habsburger jetzt ihre laut Kontrakt unteilbaren Länder, die – und das kristallisiert sich allmählich heraus – Karls älteste Tochter Maria Theresia erben wird.

Nicht im Vertrag enthalten ist mangels Rechtsgrundlage die deutsche Kaiserwürde. Doch wer soll sie dereinst einmal erhalten, da bei den Habsburgern kein männlicher Nachfolger mehr in Sicht kommt? Nachdem der Plan, Maria Theresia mit dem preußischen Kronprinzen Friedrich zu verheiraten, fallengelassen wurde, heiratet sie 1736 Franz Stephan von Lothringen. Das ist zwar der Mann, den die junge Frau wirklich liebt, aber politisch ist er ein Verlierer, denn die Franzosen haben ihm sein Land abgenommen und ihn mit der Toskana entschädigt, die nach dem Aussterben der Medici zur Vergabe »freigeworden« ist. Die Franzosen gewinnen der Perspektive wenig ab, den von ihnen gedemütigten Lothringer als nächsten deutschen Kaiser vorgesetzt zu bekommen. Karl dafür umso mehr, zumal die verärgerten Länder England und Holland ihre Zustimmung zur Pragmatischen Sanktion davon abhängig gemacht haben, dass die Thronerbin einen Prinzen von geringer eigener Macht heiratet. Der Kaiser erzieht den Schwiegersohn, der als Enkel einer österreichischen und Urenkel einer spanischen Habsburgerin mehr habsburgische Vorfahren hat als Maria Theresia, und schon als Jugendlicher nach Wien übersiedelt ist, für die Regierungsgeschäfte – nicht aber seine eigene Tochter! So groß ist noch die bange Hoffnung auf ein männliches Enkelkind. Ein britischer Historiker hat einmal gesagt, Karl VI. habe Himmel und Hölle in Bewegung gesetzt, um seiner Tochter die Erbfolge zu verschaffen, und gleichzeitig alles getan, um sie zur Regierung ihrer Länder unfähig zu machen.

Als Karl VI. 1740 mit 55 Jahren in seinem Schloss »Favorita« auf der Wieden vor Wien stirbt und mit ihm das Geschlecht der Habsburger im Mannesstamm erlischt, ist Maria Theresia 23 Jahre alt, hat mit Franz Stephan drei Töchter, ist zum vierten Mal schwanger und nach allgemeiner Ansicht nicht regierungstauglich.

EINE SCHRECKLICH NETTE FAMILIE
UND IHRE FEINDE

»Ach, ade meine Jugend!«, soll Maria Theresia bei der Nachricht vom Tod ihres Vaters ausgerufen haben. So sehr sie Franz Stephan liebt – die Nachfolge in den Erblanden tritt sie ihrem Gemahl nicht ab. Karl VI. hinterlässt leere Staatskassen, ein vier Jahre nach Eugens Tod desolat gewordenes Heer, das in einem weiteren Türkenkrieg Nordserbien, Bosnien und Belgrad wieder verloren hat, und ein Bündel »feierlicher Verträge«, mehrfache Bestätigungen der Pragmatischen Sanktion, deren Autogramme zwar für ein Stammbuch der europäischen Herrschereliten taugen, politisch aber das Papier nicht wert sind, auf dem sie geschrieben stehen. »Die Macht erhält sich nur durch Macht«, hat der Philosoph Leibniz einmal zu Prinz Eugen gesagt. Und dieser kalte Satz wird nun zur politischen Realität.

In Berlin hat zeitgleich der um fünf Jahre ältere Friedrich II. aus dem protestantischen Herrscherhaus der Hohenzollern den Königsthron des aufstrebenden Landes Brandenburg-Preußen erklommen. Er liefert seiner Kollegin in Wien sofort eine Steilvorlage nach der anderen.

Zum einen geht er auf der Stelle daran, seinen Staat in einen anderen politischen Aggregatzustand zu versetzen. Er schafft die Folter ab und schreibt als Antwort auf das Ansinnen eines seiner Ministerialen, katholische Schulen unterdrücken zu wollen, am 27. Juni 1740 den weltberühmten Satz: »Die Religionen Müsen alle Tolleriret werden und Mus der fiscal nuhr das auge darauf haben das Keine der andern abruch Tuhe, den hier mus ein jeder nach Seiner Fasson Selich werden.« – Ein Wetterleuchten der Toleranz, und ein unerhörter Skandal in einer Zeit, in der über Konfessionsgrenzen hinweg hüben wie drüben allenthalben das jeweils einheitliche Religionsbekenntnis als staatserhaltend gilt.

Zum anderen hat Fritze im Gegensatz zu Maria Theresia von seinem Vater eine funktionierende und schlagkräftige Armee samt voller Kriegskasse geerbt. Vergessen sind die Tage, an denen Kaiser Karl VI. dem vom Papa kurz gehaltenen jungen Preußen aus Mitleid heimlich 2500 Dukaten pro Jahr zugesteckt hat. Jetzt zieht Friedrich vergilbte Erbansprüche aus der Lade, rückt in Schlesien ein und schnappt sich diese reichste aller österreichischen Provinzen. Maria Theresias überkommene Berater sind alt und schlapp, und sie raten – gar nichts!

In der Zwischenzeit entdeckt der bayerische Kurfürst Karl Albrecht, dass er nicht nur der Schwiegersohn des längst verwichenen Kaisers Josephs I. ist, sondern überhaupt Ansprüche auf die böhmische Krone hat! Und jetzt kommt's dick, wirklich dick für Österreich! Denn so manche deutsche und einige andere europäische Mächte entdecken, dass ihnen ein Teil des habsburgischen Imperiums »zusteht«. 1741 rücken Sachsen, Bayern und Franzosen in die österreichischen Erblande, Oberösterreich und Böhmen ein, und das mittlerweile ja so wie Frankreich von Bourbonen regierte Spanien nimmt sich die italienischen Länder der Habsburger. Dagegen steht Maria Theresia mit leeren Kassen und einem verlotterten Heer da, dessen viele Völkerschaften einander nicht einmal der Sprache nach verstehen, geführt von alten Generälen.

In dieser aussichtslosen Situation setzt sie auf die Ungarn. Ausgerechnet auf die Ungarn! Deren Magnaten sind in Preßburg, der alten Krönungsstadt des Königreichs, eigentlich zum Reichstag zusammengekommen, um der Habsburgerherrschaft den Laufpass zu geben. Maria Theresia eilt aus dem Wochenbett nach Preßburg, sie hat soeben ihren ersten Sohn Joseph zur Welt gebracht. Das Kind im Arm appelliert sie mit tränenerstickter Stimme an den Edelmut der Adelsversammlung und sagt den ungarischen Ständen allerlei weitere Privilegien zu. Die Stimmung kippt, der Reichstag schließt mit »Eljen«-, also Heilsrufen und dem Beschluss »Vitam et sanguinem pro rege nostro Maria Theresia!« – Leben und Blut für unsere Königin Maria Theresia! Die reichen Magnaten krönen sie auch formell zur Königin von Ungarn, stellen

20 000 Soldaten zur Verfügung, und dem tüchtigen General Ludwig Andreas Graf von Khevenhüller gelingt es nicht nur, die bayerisch-französischen Truppen zurückzuwerfen, sondern die Hauptstadt Bayerns einzunehmen.

Just an dem Tag, als die Österreicher 1742 München erobern, wird der Wittelsbacher Karl Albrecht in Frankfurt zum Kaiser gekrönt – als erster Nicht-Habsburger seit 1440! Doch seine Zeit ist auch schon wieder faktisch vorbei, denn das Blatt wendet sich. England und Holland sind am Weiterbestand des europäischen Gleichgewichts interessiert, kämpfen gegen Franzosen und Spanier in Italien und in den Kolonien in Übersee – und sponsern die österreichische Kriegsführung. 1745 stirbt der Wittelsbacher Kurzzeitkaiser Karl Albrecht. 1748 gibt auch Fritze Ruhe und bestätigt die Pragmatische Sanktion. So enden zwei Schlesische Kriege und ein österreichischer Erbfolgekrieg. Friedrich II. darf den Großteil Schlesiens behalten und wählt dafür gemeinsam mit den anderen deutschen Fürsten Franz Stephan zum Kaiser Franz I.

Meine Lieben, ist das nicht zum Heulen? So viel Blutvergießen, weil sich einige absolutistische Potentaten einbilden, hier Raub und territoriale Umverteilung betreiben zu müssen. Sonst geht es ja um nichts, nicht einmal mehr um Glauben, Wissen oder die Wahrheit. Es geht nur mehr um Masse und Macht. Diese Kriege und der nachfolgende noch viel schlimmere stören nicht nur Österreichs Prestige und Wirtschaftskraft, da mit Schlesien eine Haupthandelsroute entlang der Oder perdu ist, sondern bringen eine Generation gebildeter Europäer zum Nachdenken darüber, wie denn die Zeiten, Staaten und Herrschaften besser beschaffen sein könnten, in denen sie leben. Aufklärung, Sie wissen schon …

Maria Theresia übernimmt die Zügel der Herrschaft und hält sie straff in der Hand, während ihr Gemahl Kaiser Franz I. seinen teuren Hobbys wie der Kuriositätenkammer und der naturwissenschaftlichen Sammlung, die das spätere Kunsthistorische Museum begründet, und diversen Liebschaften frönt. Sie holt sich den Stardiplomaten Wenzel Anton Graf Kaunitz als Kanzler, der ihr rät, die Allianzen zu wechseln. Denn er hat eine Annäherung zwischen Preußen und England bemerkt, die auch die Franzosen beunruhigt. 1756 schließen Österreich und Frankreich ein Bündnis – eine historische Premiere! Auf der Stelle rückt daraufhin Preußen, dem auch nicht verborgen geblieben ist, dass Frankreich sich an einen kommenden europäischen Mitspieler, nämlich an das russische Zarenreich, angenähert hat, ins inzwischen mit Österreich verbündete Sachsen ein. Österreich schießt zurück, und mit ihm Frankreich, Schweden und Russland, die alle keine weitere Expansion Preußens wollen. Friedrich II. wird immerhin von den Briten unterstützt, die das Ganze zum Kolonialkrieg gegen die Franzosen in Nordamerika und Indien ausweiten, wodurch der erste eigentliche Weltkrieg daraus wird!

Friedrich entfaltet sein ungeheuer großes Können als Feldherr und zeigt auch persönlichen Mut, obwohl oft genug das Kriegsglück für ihn auf der Kippe steht. Ihm stehen fähige österreichische Generäle gegenüber, wie Leopold Joseph von Daun (der Sieger der Schlacht bei Kolin), Ernst Gideon von Laudon (der Sieger von Kunersdorf und Verlierer bei Liegnitz), der Heeresreformer, Stratege und Schlachtentwerfer bei Maxen und Hochkirch Franz Moritz von Lacy und der verwegene ungarische Graf Andreas von Hadik-Futak, der 1757 mit 5000 Mann für einen Tag (!) die Hauptstadt des Feindes Berlin besetzt und ihr Lösegeld abringt – eine als »Berliner Husarenstreich« berühmt gewordene Aktion. Einige dieser Herren schaffen es nebst den Kaunitz', Mozarts und Sonnenfels' als steinerne Gäste auf das Maria-Theresien-Denkmal, das seit 1888 zwischen den beiden großen Museen an der Wiener Ringstraße prangt.

1763 endet der Siebenjährige Krieg in Europa mehr oder weniger aus allgemeiner Erschöpfung mit einer Pattstellung. Die Ergebnisse? Frankreich ist seine amerikanischen Kolonien los, vollkommen pleite und hat vorerst genug von den österreichischen Verbündeten. Preußens Friedrich gilt fortan als »der Große«, als militärisches Genie und behält Schlesien. Maria Theresia hat nach der Schlacht von Kolin 1757 den Militär-Maria-Theresien-Orden gestiftet, die höchste Tapferkeitsauszeichnung für Offiziere der österreichischen Armee, und weiß jetzt, dass sie ihre Länder zu einem echten Staat machen und die Organisation einführen sollte. Dafür mussten mehr als eine halbe Million Menschen durch unmittelbare Kriegshandlungen allein auf dem europäischen Festland sterben.

Die fruchtbare (16 Kinder!) Kaiserin (als Gemahlin des Imperators führt sie diesen Titel) Maria Theresia verheiratet ihre Kinder in politisch wichtige Fürstenhäuser. Den ältesten Sohn Joseph zunächst an eine heiß geliebte, doch kurzlebige Prinzessin von Spanien, danach an eine von ihm gehasste bayerische Prinzessin; den zweitgeborenen Sohn Leopold mit Maria Ludovica, der Tochter des bourbonischen Königs von Spanien; Tochter Maria Christina an den hochtalentierten Albert von Sachsen-Teschen, dem Wien die Albertina als bedeutende Kunstsammlung verdankt. Und da ist dann noch das Nesthäkchen Maria Antonia oder auch »Antoinette«, das 1770 zur Verfestigung des austro-französischen Pakts als weinendes 14-jähriges Kind mit Ludwig, dem einfältigen Kronprinzen Ludwig von Frankreich, verheiratet und ihrem königlichen Gemahl 1793 auf die Guillotine der Französischen Revolution folgen wird.

Bereits 1765 ist Franz I. Stephan gestorben, und die 48-jährige Maria Theresia hat sich die Haare abschneiden lassen und schwarze Witwenkleidung angelegt. Nie wieder wird die »Imperatrix vidua«, die Kaiserinwitwe, anders als in Schwarz gesehen werden.

Ihr ältester Sohn, selbst schon Witwer nach seiner geliebten ersten Frau Isabella, die den Pocken zum Opfer gefallen ist, wird als Joseph II. in Frankfurt, wie es dort seit dem 16. Jahrhundert üblich ist, zum römisch-deutschen Kaiser gekrönt. Doch das ist mittlerweile ein Kasperltitel ohne reale Macht und mit bloß symbolischem Ansehen. In den Erbländern und in Ungarn behält Maria Theresia die Herrschaft fest in Händen. Inzwischen hat sich eine Sammelbezeichnung für den ganzen großen Länderhaufen vom Flämischen und Alemannischen bis in die Karpaten und von Südschlesien bis an die Adria eingebürgert, der den Zeitgenossen wie von selbst von den Lippen rinnt: Österreich.

Geist und Geister

Die Freude über die Toleranzpatente Kaiser Josephs II. (1741–1790)
war nicht so allgemein, wie auf diesem Bild dargestellt …

Das europäische 18. Jahrhundert hat's echt in sich! Es ist eine einzige Kriegshölle, in der christliche Herrscher aufeinander losgehen und dabei ihre Untertanen gnadenlos verheizen und verkaufen. Die Fürsten erheben absoluten Anspruch auf Länder und Leute und übersehen dabei zunächst, dass die Menschen nach und nach aufwachen. Schön langsam haben es nämlich viele satt, eitlen Despoten permanent als Kanonenfutter zu dienen und dazu noch Denkverbote aufgebrummt zu bekommen. Und ein paar, zumindest jene, die lesen und schreiben können, nutzen die Möglichkeit, um geistig in neue

Welten vorzustoßen. Österreich hat hier ... na ja, also nicht gerade die Nase vorn.

Dabei ist Potenzial durchaus vorhanden, das aber nur bedingt aufblühen kann. Der Philosoph und Vater der deutschen Aufklärung, Christian Wolff, etwa, der im damals österreichischen Breslau geboren wird und aufwächst und dem wir Begriffsschöpfungen wie »Aufmerksamkeit«, »Bedeutung« oder »Bewusstsein« verdanken, muss nach Jena, Leipzig und Halle ausweichen, um sein großes Werk zu tun.

Doch vollkommen ignorant sind die Habsburger auch nicht. Sie erkennen, dass die österreichischen Länder modern werden müssen, weil neben dem Krieg eine neue Form der Konkurrenz immer wichtiger wird: der wirtschaftliche Wettbewerb! Nicht mehr die Anzahl der Untertanen oder die Größe des Landes spielen eine Rolle, sondern Produktivität und Erträge. Eine Modernisierungswelle rollt durchs Land, für die sich die Habsburger sogar mit der Kirche anlegen! Die breite Masse spielt da freilich nicht mit, die Volksseele kocht. Dabei erspart die Reform Österreich eine Revolution, obwohl einige sie durchaus wagen wollen, einen jungen Kaiser damit schwer traumatisieren, letztlich aber kläglich scheitern. Am Ende des Jahrhunderts regiert nicht mehr Geist, sondern obwalten Geister – oder sollte man sagen ... Gespenster? Schemenhafte Darsteller eines grotesken Theaterstücks ...

PROLOG IM THEATERHIMMEL

»Du bist ein braves Mädchen und eine treue Patriotin«, sagt der Kaiser Joseph zur Bahnwärterstochter und streichelt sie sanft, als sie bewundernd von den »Großwürstelträgern« (statt »Großwürdenträgern«) bei der Frankfurter Kaiserkrönung spricht, und beklagt, dass freche Wilddiebe dem Kaiser die »liaben Gamserln« wegschießen. In der munteren Posse *Kaiser Joseph und die Bahnwärterstochter* des schrulligen Literaten Fritz von Herzmanovsky-Orlando (1877–1954) fährt Joseph II. nicht nur mit der Eisenbahn

(Jahrzehnte vor deren tatsächlicher Erfindung) durch eine skurrile, fantasierte Habsburgermonarchie, sondern er begegnet dort neben der Bahnwärterstochter auch bedeutenden Gestalten wie dem auf einer sommerlichen Erholungsreise begriffenen Mörder und Räuberhauptmann Rinaldo Rinaldini und allerlei wunderlichen Erscheinungen aus dem Reich der Täuschungen wie einem k. k. Doppeladler, mehreren Lämmlein, dem Zugmeldedackel Waldmann und einem Pfefferfresser (alle ausgestopft), nebst zwei Gnomen auf einer Draisine. Dass sich außerdem noch Angehörige des Hochadels auf der Strecke befinden, versteht sich fast von selbst; etwa Gräfin Primitiva von Paradeiser, die Obersthofmeisterin, und der geheime Staatsminister Graf Cobenzl. Am Ende der Reise erreicht den Kaiser ein Schreiben des englischen Königs, in dem dieser den Österreichern untersagt, die Eisenbahn erfunden zu haben, da er selbst dem Vater von George Stephenson das Privileg erteilt habe, dass dessen Sohn im Jahr 1829 das Dampfvehikel erfinden dürfen wird. Kaiser Joseph nimmt's gelassen: »No ja. Lassen wir's halt denen Roastbeefischen. Mit der Eisenbahn hat man eh nix wie Scherereien.« Das Gleiche könnte er frustriert am Ende seines Lebens über die Aufklärung gesagt haben. Jubelnd stimmt das Volk in die Schlussapotheose ein:

> Daß die Eisenbahnen längst erfunden waren
> Hier bei uns, das wussten wir ja gleich.
> Doch die Welt wird leider nie davon erfahren –
> Ja so geht es schon einmal mit Österreich.

Auch hier ersetze man das Wort »Eisenbahn« durch »Aufklärung«. Kaum ein Land hat in der Aufklärungs-Geschichtsschreibung eine so schlechte Nachrede wie Österreich. *Verdrängter Humanismus – verzögerte Aufklärung* heißt gar eine 2006 erschienene, mehrbändige österreichische Philosophiegeschichte, und weniger seriöse Anwürfe stempeln Österreich überhaupt zum Hort der Reaktion, einem Land halsstarriger Älpler, einem Zwergengarten, dessen inferiore Bewohner sich hartnäckig und mit Erfolg gegen alle Versuche wehren, aufgeklärt zu werden.

Das stimmt – in aller Zurückhaltung gesagt – zu einem gar nicht so geringen Teil nicht. Doch nimmt man sich anders als in Frankreich und England bei Habsburgs die Freiheit heraus, einmal begonnene Aufgeklärtheiten wieder abzulegen, und das teilweise in einem sehr frühen Stadium.

BEI HABSBURG-LOTHRINGENS

Am Abend des 7. März 1743, einem Donnerstag, findet im Haus des Reichsgrafen Albert Joseph Hoditz (wie wir nicht sicher wissen, aber annehmen) zu Wien ein bemerkenswerter polizeilicher Militäreinsatz statt. Über 100 Mann Grenadiere und Kürassiere unter einem Obristwachtmeister von Mühlberg heben eine geheime Versammlung hoher Standespersonen aus! Es sind ausschließlich Männer, die sich zu einem Ritual versammelt haben, und nun, gegen sieben Uhr Abend, werden die Daten der Herren von den angesichts deren Prominenz etwas kleinlaut gewordenen Soldaten aufgenommen: Starhemberg, Lievenstein, Kaunitz, Trauttmansdorff, Gallas, Pfuhl, Gondola … Der halbe Wiener Hochadel, ergänzt durch ein paar Bürgerliche, ist hier mit Symbolen und Ritualgeräten ertappt worden: einem Zirkel, einem Winkelmaß, einer Richtschnur, zwei Steinen, seltsamen Schurzen … Der Sensationsjournalismus blüht: »Dem Vorgeben nach hat wenig gefehlt, so wäre das Geheimnis der Freymäurer entdeckt worden«, jubelt der Wien-Korrespondent der *Vossischen Zeitung*.

Die Freimaurer sind in aller Munde! Sie werden als Geheimbund betrachtet, der sich seit der offiziellen Gründung eines Dachverbandes, einer »Großloge«, im Jahr 1717 in England über den europäischen Kontinent ausgebreitet hat. Später wird man sie als eine Art Virusüberträger der Aufklärung einordnen.

Die Aufklärung wurde von zwei Katastrophen befeuert. Noch ehe das verheerende Erdbeben samt Tsunami, das am 1. November

1755 Lissabon völlig verwüstete, bis an die Küsten Nordafrikas Hunderttausende Menschen ihr Leben kostete und sogar noch in Venedig das Dach des Dogenpalastes wackeln ließ, Europas Philosophen wie Voltaire zur Abkehr vom Glauben an einen gütigen Gott bewog, hatte 1666 ein großer Brand halb London zerstört. Das brachte nicht nur ein Umdenken in der Stadtarchitektur, sondern King Charles II. dazu, die überkommene Zunftordnung aufzulösen. Denn die alten Handwerkszünfte hätten die Aufbauarbeit niemals bewältigt, und man brauchte zu den *alten freien* gewerblichen Maurern, Schreinern und Metallverarbeitern zusätzlich auch noch *angenommene* Kräfte. Sie waren entweder Handwerksleute, die von weit her kamen, oder Männer, die gar nicht vom Fach waren, sich aber bald die praktischen und theoretischen Kenntnisse der Handwerkskunst aneigneten. Nach und nach organisierten sie sich in geschlossenen Zirkeln namens »Logen«, in denen diese alten freien und angenommenen Maurer nicht nur der Geselligkeit frönten, sondern auch Kenntnisse austauschten, die sie aus ihren unterschiedlichen Umfeldern und Lebenswelten her besaßen. Fruchtlose Konfliktthemen wie Konfessionszank und Tagespolitik hielten die daran beteiligten Handwerker, Bürger, Händler und Aristokraten draußen. Sie widmeten sich stattdessen dem Versuch einer grundlegenden Welterklärung, die bald zu einer Philosophie prinzipieller Toleranz, verbrämt mit Erkenntnisritualen älterer Mysterienkulte wurde. Schon in England, das damals von innerprotestantischen Glaubenskonflikten zwischen staatskirchlichen Anglikanern und radikalen Puritanern zerrissen wurde, war diese Vereinigung von Männern scheinbar unvereinbarer Ansichten ein starkes Stück und musste sich daher nach außen hin diskret bedeckt, um nicht zu sagen geheim halten. Und dann erst in Kontinentaleuropa! Vor allem für die katholische Kirche ist eine Organisation vollkommen abzulehnen, die nicht nur Erkenntnis neben der göttlichen Offenbarung Christi sucht, sondern auch noch die göttliche Gesellschaftsordnung durcheinanderbringt und Männer verschiedener Stände brüderlich vereint, die im Leben gefälligst nichts miteinander zu tun haben sollen. Und das Ganze noch geheim und international vernetzt, also brandgefährlich. Ein permanenter Skandal ersten Ranges!

Sinnlos. Die hohe Aristokratie, auch die katholische, kümmert sich einen Dreck um das päpstliche Verbot. Nebenbei bemerkt gründeten einige aristokratische Freimaurer aber auch eigene Logen oder sogenannte »Hochgrade«, um sich von den anderen abzugrenzen. Es war also nicht immer weit her mit der Gleichheit, und manche freimaurerischen Historiker beziehen das Attribut *angenommen* auch auf die Duldung von Nichtadeligen in den Logen. Aber da gibt es viele Versionen. Die Geschichte von diskreten oder geheimen Bünden ist eben per definitionem nicht so einfach zu erfassen und schreiben …

1731 wird der junge Franz Stephan von Lothringen im niederländischen Haag in den Bund aufgenommen. Deshalb lässt er später die Bannbulle gegen die Freimaurer, die der Papst 1738 herausgibt, in den österreichischen Ländern und in Ungarn nicht von den Kanzeln verkünden. Im Jahr dieser Bulle ist übrigens auch der protestantische Kronprinz von Preußen, der spätere Friedrich II., in eine Loge aufgenommen worden.

Ausgerechnet der spätere katholische Fürsterzbischof von Breslau, Graf Schaffgotsch, initiiert die Gründung der ersten Freimaurerloge in Wien. 1742 vereint sie unter dem Namen »Aux trois Canons« vor allem hohe Adelige mit klingenden Namen wie Hessen-Rheinfels, Bethlen, Wallenstein, Hoyos, Starhemberg, Trauttmansdorff, Drašković, Zinzendorf, Seilern und Salm; quasi eine Familiengenealogie von Leistungsträgern österreichischer Geschichte. Eben diese Loge lässt Maria Theresia am 7. März 1743 ausheben. Sie weiß, dass ihr Mann Freimaurer ist, sich allerdings, seit er Kaiser ist, nicht mehr aktiv betätigt. Aber als fromme Katholikin kann und will sie keine Vereinigung dieser Art in ihren Ländern dulden. Die Ertappten werden verhört und dann ihrem Stand gemäß behandelt. Die »Kavaliers« bekommen Hausarrest, dürfen 14 Tage nicht bei Hof erscheinen und keine maurerischen Aktivitäten mehr setzen, sonst wird ihr Vermögen konfisziert. Die Bürgerlichen dagegen werden ins Gefängnis geworfen, ein irischer Geistlicher in den Kotter des Erzbischofs.

Das alles hindert Maria Theresia nicht daran, Freimaurer in hohe und höchste Ämter zu befördern; ihr Sohn Joseph II. wird das dann ganz bewusst fortsetzen und den Logen in einem eigenen Freimaurerpatent eine staatlich streng kontrollierte Betätigungsgenehmigung erteilen, ebenso wie den Protestanten der griechisch-katholischen Christen oder den Juden. Selbst wird er aber als apostolischer Monarch, als geweihter und gesalbter katholischer Herrscher, nicht Mitglied des Vereins werden, der satzungsgemäß keine Standesgrenzen kennt. Obwohl ihn die *Brüder* durchaus umworben haben …

Vieles davon spricht sich im Volk herum und führt zu wilden Gerüchten. Die Angst vor geheimen Gesellschaften wird im 18. Jahrhundert schließlich so groß, dass gegen eine Prager Alchemistengesellschaft namens »Societas aureae cruciferae rosae«, also einen Rosenkreuzerverein, 1763 wegen »unerlaubter Herstellung von Gold« Anklage erhoben wird und einige ihrer Mitglieder mit sechs Jahren Kerker in der Festung Spielberg bei Brünn bestraft werden. Die darauffolgende Hysterie lässt 1766 die Angst vor einem »Freimaureraufstand« wachsen. Die Persekutionen der Geheimpolizei treffen allerdings keine echten Verschwörer, sondern die harmlose Loge »Zu den drei Säulen« des Urvaters der böhmischen Freimaurerei Franz Anton Graf Sporck, der die Loge für drei Jahre stilllegen muss. In der Folge werden die Logen immer wieder erlaubt, verdächtigt, verboten und müssen unter Franz II. ab 1793 unter dem Eindruck der Französischen Revolution ihre Tätigkeit schrittweise einstellen, bis sie 1801 den Todesstoß erhalten, da den Staatsbeamten die Mitgliedschaft verboten wird.

Im Hause Habsburg-Lothringen geht man unverdrossen daran, die Staatsreform weiterzutreiben. Joseph II. hat von seinem verstorbenen Vater viel Geld geerbt, tilgt mit zwölf Millionen Gulden die Staatsschulden, und gründet mit den restlichen sechs Millionen zusammen mit Mutter Maria Theresia den Familienversorgungsfonds als gemeinschaftliches Vermögen der Familie Habsburg. Staatskanzler Kaunitz, Steuerreformer Haugwitz und die Wirtschaftsfachleute Cobenzl, Zinzendorf, Sonnenfels, Sinzendorf, Justi und Borié werken dran, dass die Arbeit der Bevölkerung zur Grundlage des Staates wird. Der Fleiß wird eingeführt, und Pünktlichkeit nach Uhrzeiten (bis dahin keine Selbstverständlichkeit). Arbeit statt Askese und Beschaulichkeit lautet das Programm. Unter lautem Protest der Kirche werden Feiertage und mehrtägige Wallfahrten abgeschafft, die allgemeine barocke Frömmigkeit kommt in Bedrängnis. Dafür verdienen viele Menschen jetzt erstmals Geld, und es entsteht ein System von Angebot und Nachfrage nach neuen Produkten. Neuerdings zahlt es sich auch in Österreich aus, fleißig zu sein. Die Leibeigenschaft wird reduziert und dann abgedreht. Das schafft neue Mentalitäten.

Nach dem Tod Maria Theresias wird Joseph als Alleinherrscher von 1780 bis 1790 noch weiter gehen, 400 beschauliche Klöster aufheben, die Zahl der Ordensleute von 68 000 auf 23 000 reduzieren, als »Joseph der Deutsche« die ganze Habsburgermonarchie zu einem Zentralstaat aus 13 Regierungsbezirken mit der Amtssprache Deutsch machen und die Jesuiten vertreiben, die ohnehin schon drauf und dran sind, aufgelöst zu werden. Diese Politik des »Josephinismus« bleibt nicht nur im Volk unverstanden, sondern trägt ihm 1782 den Besuch des tief beunruhigten Papst Pius VI. ein, der nach Wien eilt, der Stadt und der Welt vom Balkon der Kirche am Hof aus den Segen erteilt, aber mit dem Kaiser kein sachliches Gespräch führen kann. Der Monarch bleibt dabei, dass die Kirche unter der Fuchtel des Staates steht, dessen erster Diener und absoluter Herrscher er selbst ist. Am Ende prangt das Bild eines schrulligen Mannes, der in seiner Hauptstadt dem Volk zwar den Prater und den Augarten als Vergnügungsorte öffnet und das Allgemeine Krankenhaus errichtet, aber als Kauz unter dem Pseudonym »Graf von Falkenstein« durch eigene und fremde Lande reist, mal einem Bauern symbolisch helfend den Pflug aus der

Hand nimmt, ein anderes Mal dem Dichter Voltaire, der ihn bewundert, die kalte Schulter zeigt, dafür heimlich den Erzfeind Friedrich von Preußen trifft.

Zu ihren Lebzeiten schwächt Maria Theresia diese Entwicklungen noch entscheidend ab. Da geht's noch einigermaßen gemäßigt zu. Zunächst einmal wird die Polizeigewalt zentralisiert, Einwohnerkarteien werden erstellt, jeder muss einen Vor- und Zunamen haben. Das führt unter den Juden zu Problemen, die nur Eigenoder Vatersnamen führen. Viele von ihnen sind in Galizien daheim. Dieses Land hat bis 1772 zu Polen gehört, das sich jedoch durch innere Streitereien selbst geschwächt hat und von Russland, Österreich und Preußen an seinen Rändern empfindlich reduziert wird. 1775 nimmt Österreich dann noch von den gerade schwächelnden Osmanen das kleine Buchenland, die Bukowina, als äußersten Nordostzipfel dazu. Mit einem Schlag bekommt die Habsburgermonarchie also polnische und ukrainische Bewohner. Den dortigen Juden brummen kaiserliche Beamte nun Nachnamen wie Karfunkelstein, Veilchenblüh oder Hirsch auf, soweit diese sich nicht schon nach den Adelsgeschlechtern ihrer Grundherrschaft wie Kinsky oder Pottoky benannt haben.

Der schlesische Augustiner Chorherr Ignaz Felbiger entwirft, nachdem er selbiges schon für Preußen getan hat, auch für Österreich eine Schulordnung. Alle Kinder vom sechsten bis zum zwölften Lebensjahr müssen Schulen besuchen, die im ganzen Land entstehen und sogar mit Schulbüchern in allen Volkssprachen ausgestattet werden. Der Lehrplan orientiert sich danach, pünktliche und gehorsame Diener des Staates, ob zivil oder im Militär, zu erziehen.

Außenpolitisch versucht Joseph II. 1778 im Austausch gegen die österreichischen Niederlande, also Belgien, nach dem Aussterben der Wittelsbacher Königslinie Bayern zu ergattern, um im Deutschen Reich wieder eine starke Bastion, und zugleich Menschenmaterial für die Ostbesiedlung zu bekommen, aber Friedrich II.

von Preußen, den der Österreicher heimlich bewundert, kann das nicht zulassen und eröffnet einen kurzen bayerischen Erbfolgekrieg. Fazit: Bayern bleibt bayerisch, nur das Innviertel und Braunau kommen 1779 zu Österreich. »Zwetschkenrummel« (nach dem beschlagnahmten Obst für die Versorgung der Armeen) oder »Kartoffelkrieg« nennt man ihn auch, diesen Konflikt, weil die Soldaten hauptsächlich mit dem neu eingeführten Volksnahrungsmittel ernährt werden, das die Österreicher nach dem Französischen »pomme de terre« (Erdapfel) nennen …

Wie die Landwirtschaft neu organisiert wird, zeigt das Beispiel der »Agrarsocietät« in Kärnten. Zwölf Adelige und elf geistliche Männer rufen sie im Jahr 1765 als einen exklusiven reformistischen Klub ins Leben, dem ein Graf Lodron als Präsident vorsteht. Die Vereinsmitglieder sind vor allem am Anbau von Rohstoffen interessiert, die sie in ihren Betrieben weiterverarbeiten wollen. Denn wenn man die Gesellschaft weiterbringen will, muss man landwirtschaftlichen Fortschritt erzielen. Erträge steigern, neue Kulturpflanzen einführen, und Forschung betreiben. Zunächst werden Flachs und Hanf angebaut, um daraus Stoffe zu erzeugen, ihnen folgen dann Kartoffeln und Mais, der »Kukuruz«.

In der Viehwirtschaft haben Rinder damals nicht einmal das halbe Gewicht von heute, der Milchertrag ist minimal. Auch hier beginnt man zu forschen, zu züchten, Versuchskulturen anzulegen. Unterstützung kommt von der im gleichen Jahr in Wien gegründeten »Lehrschule zur Heilung der Viehkrankheiten«, die als Vorläuferin der Veterinärmedizinischen Universität neben den Milchkühen auch die wichtigsten militärischen Tiere beforscht und behandelt, die Pferde.

Die ersten Versuche der »Agrarsocietät« aber gelten den Verbesserungen des Flachsanbaus, um Spinnschulen als Winterarbeit für Kinder und Gesinde zu entwickeln.

Die Aristokraten nehmen in dieser Zeit die Rolle von Mäzenen ein und fördern neben der Landwirtschaft und der frühen Industrie vor allem die bildende und die Tonkunst. Neben dem allseits hochverehrten Christoph Willibald Gluck sind es Komponisten wie Joseph Haydn und Wolfgang Amadeus Mozart, die von den Esterházys oder dem Salzburger Fürsterzbischof finanziert, aber auch zeittypisch existenziell und ideell unterdrückt werden. Erst Ludwig van Beethoven, obwohl auch er ein Protegé des Fürsten Lichnowsky, wird dann dem neuen Typ des freischaffenden Komponisten entsprechen.

In Wien finden die Künstler eine durchaus anregende intellektuelle Atmosphäre vor. Seit etwa 1730 ist in der neuen bildungsbürgerlichen Elite eine Lesewut ausgebrochen. Professoren, Geistliche, Beamte, Offiziere, Lehrer, Ärzte, Advokaten, Bankiers, Fabrikanten, Studenten, Kaufleute, Handelsleute, Handwerksmeister und viele gebildete Frauen aller Stände lesen, kaufen und sammeln Bücher von Klopstock, Bürger, Herder und Lessing.

Bereits in den 1720er-Jahren wird erstmals laut über eine Entmachtung der Jesuiten als Träger der Universität nachgedacht. Neben aufgeklärten Aristokraten, denen die scholastische Ausbildung zu verzopft erscheint, sägt auch die innerkirchliche Konkurrenz, der Benediktinerorden, am Stuhl der Jesuiten. Vor allem aber braucht man modern ausgebildete Juristen als Beamte. Maria Theresia holt aus den Niederlanden den Mediziner und Aufklärer Gerard van Swieten nach Wien – als Leibarzt und als Reformer des österreichischen Gesundheitswesens und der Hochschulausbildung. Das Ende der Jesuitenuniversität ist gekommen. Van Swieten errichtet unter anderem einen botanischen Garten und ein chemisches Labor und führt den klinischen Unterricht ein, die Medizin am Krankenbett. Daraus entsteht die sogenannte Ältere Wiener Medizinische Schule. Zugleich endet aber auch die Autonomie der Universität. Sie wird zur staatlichen Einrichtung.

So greift also der Staat nach der Bildung. Der Neubau der Universität im Wiener Stubenviertel bringt das deutlich zum Ausdruck. Dort zeigt sich das neue Programm im Deckenfresko des Festsaals, wo nicht mehr Gott im Mittelpunkt eines Welttheaters steht, sondern die Porträts von Maria Theresia und Franz Stephan.

Genialer Helfer dabei ist der Mann gewesen, der dem irischen Autor Bram Stoker als Vorbild für seinen Vampirjäger Van Helsing dienen wird.

Achtung, es folgen nun Storys über schier unglaubliche Vermischungen von Rationalität, Skurrilitäten und allerlei Aberglauben …

VAN SWIETEN UND DIE GHOST BUSTERS

Endlich war sie also durch, die große Universitätsreform! Hunderte von Jahren, bemängelten Kritiker etwas bitter, hätte sich nichts an dem starren Wissenschaftsbetrieb geändert, waren nahezu alle Versuche im Sand verlaufen, der geistigen Unbeweglichkeit der Wiener Fakultäten beizukommen. Eigentlich war das größte Problem die »Publicistik«. Seit Jahren hatte die Universität Wien, und hier wiederum ihre Juristen, darauf gedrängt, doch die schon lange gewünschte Professur für »Publicistik« einzurichten, mittels derer man endlich einen gewissen Gleichstand mit hervorragend entwickelten berühmten ausländischen Universitäten zu erreichen hoffte. Einen geeigneten Kandidaten für diesen Lehrstuhl müsse man natürlich aus ebendiesem gebildeten Ausland holen, man würde ihm die Übersiedelung nach Wien trotz hoher Lebenshaltungskosten schmackhaft machen. Immerhin könne der Gelehrte hier nebenbei Politik in der hauptstädtischen Praxis studieren und obendrein Fremdsprachen und Dialekte erlernen, von deren Existenz er bis dahin bestenfalls erzählen gehört hatte. Ja, es stimme wohl, dass man den Mann hervorragend zu bezahlen hätte, doch werde ein gesteigerter Zulauf brav zahlender und hierorts auch lebender, will heißen: konsumierender, »Publicistik«-Studenten der Wienerstadt und dem Staat mehr als ausreichende finanzielle Genugtuung bieten. Und nun, nach Jahren des Bittens und Bettelns sollte es also so weit sein! Was die Initiative eines einzigen Wissenschaftlers von Rang nicht alles vermochte!

Als der weltberühmte Mediziner in die Stadt kam, fand er eine Universität vor, die ihm in jeder Hinsicht missfiel: Sie ergehe sich in der steten Reproduktion von Wissen, das nicht nur einem veralteten Ideal anhänge, welches den Anschluss an westliche Standards längst verloren hätte, ja sie liefere nicht einmal dem ohnehin etwas rückständigen, von Wien aus verwalteten Staat genügend geeignete Absolventen, um den vermehrten Bedarf nach fähigen Beamten zu stillen, der durch allgemeine Verwaltungsreformen entstanden war. Aber nicht nur das Jus-Studium erschien dem großen Mann ungenügend, auch die Theologen sollten gefälligst mehr Kirchengeschichte und Exegese betreiben, da, wie ein dem Großen gleichgesinnter Kollege spitzzüngig bemerkte, Latein und Metaphysik alleine wohl noch keinen Gelehrten machten.

Folgerichtig wurden auch die weltlichen Studien in Richtung Geschichts- und Sprachwissenschaften gedrallt. Ein straffer Studienplan sollte alle Leerläufe beseitigen, und die Professoren wurden dringend ermahnt, zu publizieren und vor allem gute Lehrbücher zu schreiben. Seine eigene Disziplin, die Medizin, schließlich wolle er persönlich auf Vordermann bringen. In den modernen Ländern, dozierte der Reformer, sei dieses Hochschulkonzept grandios aufgegangen, was er indes nicht erst hätte eigens erwähnen müssen, denn dass die Wiener Universität auf allen Gebieten hinter den west- und nordeuropäischen Stätten der Gelehrsamkeit hinterherhinkte, war jenen, die ihn nach Wien gerufen hatten, selbst schmerzlich bewusst.

Mit großer Sorge hatte das Staatsoberhaupt den Medizin-Guru zuvörderst für die Behandlung eigener Bresthaftigkeiten geholt, doch dass es nicht bei der Betreuung höfischen Zipperleins bleiben würde, verstand sich ohnehin fast von selbst. Maria Theresia beachtete denn auch das Wirken ihres Hofmedicus wohlwollend. Denn wer Gerard van Swieten (1700–1772) kannte, wusste wohl, dass er seine aufgeklärte Wirkmächtigkeit nicht zur Gänze der Obsorge über das kaiserliche Kindbett oder die Linderung von Gicht und Podagra bei Hof widmen würde. So stand die Wiener

Universität in den Jahren 1752/1753 unter der Ägide Van Swietens am Beginn einer Phase der Runderneuerung, schon bald konnte auf die Federführung des Wiener Erzbischofs Trautson, des letzten »Studienprotectors«, verzichtet werden.

Die neue »Publicistik«, gewissermaßen als die »Lehre von den öffentlichen Dingen und Angelegenheiten« und damit dem heutigen Verständnis gemäß zwischen Staats- und Politikwissenschaften und juristischen Fächern anzusiedeln, entsprach naturgemäß nicht dem »Publizistik«-Fach des 21. Jahrhunderts.

Spannend war fast alles an dieser ersten Maria-Theresianischen Universitätsreform, besonders die Wege der damaligen Jurisprudenz, da ihr in Wien die bisher bei den Artisten angesiedelte Professur der Geschichte zugeordnet wurde, und sie somit für die Entwicklung der aufgeklärten Geistesaristokratie in Österreich von besonderer Bedeutung ist.

Doch es gab gegen van Swieten und Genossen auch Widerstand, was nicht weiter verwundert; denn die habsburgische Universität war mehr oder weniger in mittelalterlicher Methode erstarrt. Wie groß musste bei manchen Universitätslehrern das Entsetzen gewesen sein, als van Swieten eine straffere Studienordnung erließ, Historie und Philologie zu Schwerpunkten der Artistenfakultät erhob und nicht nur den Unterricht in deutscher Sprache erlaubte, sondern auch das lateinische Diktat in der Vorlesung verbot. Noch dazu wurden die entsetzten Professoren angehalten, anstelle der abgeschafften Diktate Lehrbücher zu verwenden oder gar solche »Compendien« selbst zu verfassen. Starker Tobak für eine Lehrerkaste, die nicht nur didaktisch zurückgeblieben, sondern auch notorisch unterbezahlt war. Das sah auch die Wiener Reformkommission so, und noch Trautson schrieb der Kaiserin, dass gerade unter den Juristen »wackere Männer« eine solche Professur »ohne guten Gehalt und Ehrentitel« nicht beibehielten und in lukrativere Berufe und Stellen wechselten. »Ich wüßte auch nicht, warum bey denen Professoribus mehr als bey andern zu besorgen sey, daß sie zu comode durch großes Gehalt gemacht werden.«

Da Trautson natürlich wusste, dass die sparsame Maria Theresia auf Geldforderungen nur bedingt bis gar nicht eingehen würde, regte der umsichtige Kirchenfürst im selben Gutachten an, diese Professoren zumindest zu *Hofräten* zu machen, wie in Sachsen oder Preußen üblich, um sie in Ansehen und Würde zu steigern – ein neuzeitlicheres Pendant zur zuvor gepflegten Nobilitierung und noch früher üblichen Erhebung in die Klerisei also, ein Staatszirkus um Titel und Würden, der fortan – und auch zu Zeiten besserer Bezahlung – das professorale Bewusstsein prägen würde.

Mit einem vollkommen anderen Phänomen hatte sich van Swieten in Mähren herumzuschlagen. Und das kam so: In Nordserbien, wo die Wächter der Militärgrenze, die orthodoxen »Heiducken«, angesiedelt waren, traten in den 1720er-Jahren plötzlich seltsame Todesfälle auf. Menschen starben massenhaft an einer rätselhaften Krankheit. Aus ihren Gräbern hörte man ein lautes Schmatzen. Für die Menschen war ganz klar: Untote! Vampire!

Wien schickte Militärärzte, die viele sogenannte »vervampirte« Tote exhumierten und entdeckten, dass sie nicht verwest, Haare und Nägel offenbar nachgewachsen waren, die Haut sich schälte und scheinbar nachwuchs. Im 20. Jahrhundert hat der Wiener Gerichtsmediziner Christian Reiter herausgefunden, dass es sich bei der Krankheit um eine Milzbrandepidemie gehandelt hat, die vor allem durch verseuchtes Dörrfleisch übertragen wurde. Nachgewachsen ist da gar nichts, die Haut ist schlicht geschrumpft, und das Schmatzen entstand durch postmortale Gärprozesse. Und nach zwei, drei Wochen ist eine Leiche ohnehin kaum noch verwest. – Das wusste man damals alles noch nicht und ging daran, ein Grab nach dem anderen zu öffnen und den Leichen den berühmten Eichenpfahl ins Herz zu treiben. Für die nicht gerade appetitliche Tätigkeit des nachträglichen Unschädlichmachens der exhumierten Vampire wollten die Beamten eine zusätzliche finanzielle Entschädigung, was die Verwaltung in Wien aber ablehnte, woraufhin rätselhafterweise die Vampirepidemie sehr rasch zu Ende war.

Die schlauen Militärärzte hatten der verängstigten Bevölkerung parallel, quasi als getürkte Kotrollgruppe, stark verweste exhumierte Leichen präsentiert und behauptet, diese seien der Normalfall. Mangels finanzieller Honorierung wurde das Projekt »Wir bereichern uns am Vampirismus« aber dann fallengelassen.

Mitte des Jahrhunderts kehrte das Phänomen dann wieder, und zwar in Mähren. Van Swieten reiste an, erklärte den Leuten die naturwissenschaftlichen Grundlagen und schrieb in seinem Bericht *Abhandlung des Daseyns der Gespenster:* »… daß der ganze Lärm von nichts andern herkömme, als von einer eitlen Furcht, von einer aberglaubischen Leichtgläubigkeit, von einer dunklen und bewegten Phantasey, Einfalt und Unwissenheit bei jenem Volke.«

Van Swieten – Maria Theresias Mann für alle Fälle, vom Universitätsprofessor bis zum Vampir!

Anfang November 1780 versagt der Aufzug in die Kapuzinergruft, der die gebrechliche Kaiserwitwe immer wieder zum Sarkophag ihres geliebten Franz Stephan gebracht hat. Sie nimmt es als Omen. Am 29. November kehrt sie selbst dahin heim und findet ihre letzte Ruhe an der Seite ihres Mannes, neben ihren Ahnen. Die fromme Katholikin ist tot, und der Sohn Joseph II. steht allein in der Gischt des Zeitgeistes, umbrodelt von Freigeistern, irrlichternden Geheimbündlern, »Illuminaten« und einer Geisteshaltung namens »Deismus«.

WETTERLEUCHTEN

Es war entmutigend. Da hatte der Kaiser bereits 1783 ein Hofdekret erlassen, in dem genau gesagt wird, wie mit einem zu verfahren ist, der sich bei einem Ober- oder Kreisamt als »Deist« meldet: Nach 24 Prügeln und Karbatschenstreichen auf den Hintern wird er wieder nach Hause geschickt, »nicht weil er ein Deist ist, sondern weil er sagt, das zu sein, was er nicht weiß, was es ist. Ingleichen ist auch jener der einen Deisten in der Gemeinde nennt oder angiebt, von dem Ober- oder Kreisamte mit zehn Stockhieben zu belegen.« – Und dann tauchen Jahre danach noch immer bekennende Deisten auf, die an keinen persönlichen Gott glauben! Etwa diese drei Familien in Zinzendorf in Böhmen, von denen dem Kaiser in diesem Schreiben da auf dem Tisch berichtet wird. An einen »allmächtigen Geist« als »Spender der Gnade« glauben sie, kraft welcher sie eine gerechte Vergeltung ihres Lebenswandels nach ihrem Tod erwarten. Joseph II. sieht von dem Papier auf und seufzt tief. Es sind nicht nur die immer wiederkehrenden körperlichen Schmerzen, die ihn plagen, und die dringend des nächsten heilsamen Sitzbades bedürfen. »Diese Undankbaren!«, grollt er, »Habe ich ihnen nicht alles gegeben, was mir als Souverän zu geben möglich war? Und dann dieser Rückfall in dumpfen Aberglauben – es gebe keinen Gott! Welch himmelschreiender Unsinn! Es ist doch ebenso absurd, sich eine Religion ohne Gott auszuklügeln, wie einen Gott ohne Religion zu denken! All die Schulen, all die Beförderung guter Gedanken, all die Verbote haben nicht gegen solch primitives Heidentum genützt, wie es allenfalls noch die ›Sauvages‹, die Wilden in den Kolonien meiner Vettern und Cousinen kennen. Diesen Rückfall in pagane Vorkultur schriftlich en detail darzulegen, habe ich Gott sei Dank den Ämtern längst verboten, sonst wird er noch zum Lehrinhalt verrückter Sektengründer! Mir reichte schon der närrische Kyrill zu Czernikow in Böhmen und seine verwirrte Anhängerschaft! Katholisch müssen sie ja nicht werden, aber sie sollen sich um Himmel willen wenigstens den Lutherischen anschließen oder alles in der Stille denken, ohne zum Amt zu laufen und sich zu deklarieren!«

Und erst die ganzen Geheimgesellschaften! Welche Büchse hatte er da mit seiner Toleranz geöffnet? Wie zudringlich sie geworden waren – besonders die Freimäurer. Extra hatte er seinem Handbillet, das jetzt schon allenthalben »Freimäurer-Patent« genannt wird, einen Satz vorangestellt, in dem er auf Distanz geht zu den »Freimäurer-Gesellschaften, deren Geheimnisse mir ebenso unbewußt sind, als ich deren Gaukeleien zu erfahren wenig vorwitzig jemals war«. Trotzdem waren einige dieser Herren, deren viele er ja unter seinen Beratern hatte, an ihn herangetreten und hatten ihm allerlei von »Einweihungen« gesprochen und ihm ihre »Geheimnisse« nahezu aufgedrängt, ihn zu einem der ihren machen wollen. Genügt es ihnen denn nicht, dass er ihnen ihre Zusammenkünfte und Riten erlaubt hat? Muss er auch noch persönlich damit behelligt werden? Wohl, dass sie ihm ihre Mitgliederlisten bekanntzugeben haben, das ist doch segensreich. Nur so kann er, der Souverän, einigermaßen einen Einblick bekommen, in dieses Knäuel von Geheimbünden. Drohend mahnt das Beispiel Frankreichs. Wie schlimm ist es da drüben bei Vetter Louis und Schwester Maria Antoinette damit bestellt!

Die harsch bekämpften Logen und Illuminatenbrüder haben sich in Frankreich schon so tief in den Staat hineingefressen, dass Voltaire bereits 1764 schreiben konnte: »Alles, was ich sehe, wirft Saat für eine Revolution, die unfehlbar eintreten wird, deren Zeuge zu sein ich aber nicht die Freude haben werde. Die Franzosen kommen spät zu allem; aber schließlich kommen sie doch. Die Aufklärung hat sich derart verbreitet, dass sie bei der nächsten Gelegenheit eine Explosion herbeiführen wird, und dann wird es heftigen Lärm geben. Die jungen Leute sind glücklich zu preisen, sie werden große Dinge zu sehen bekommen.«

Mühsam erhebt sich der Kaiser und geht ein paar Schritte zum Fenster seines Arbeitszimmers. Durch die unregelmäßig gearbeiteten Fensterscheiben sieht er mehr Wolken als Sonne. »Dies wird nicht«, denkt er, »das einzige Unwetter bleiben, das über Österreichs Horizont heraufdämmert.«

DIE GELEHRIGEN SCHÜLER DER AUFKLÄRUNG

1794. Die Welt ist eine andere geworden. 36 Personen stehen auf der Liste der Polizei. In der Nacht des 24. Juli werden die ersten von ihnen festgenommen in Wien, später auch anderswo, vor allem in Ungarn. Klingende Namen sind darunter: der Dichter und Magistratsrat Martin Joseph Prandstätter etwa, der Platzoberleutnant der Wiener Garnison Franz von Hebenstreit oder Professor Andreas Freiherr von Riedel, Johann Hackel, der Betreiber eines »Glückshafens«, der Hofbibliothekar Abbé Strattmann und der Kriegsgerichtsaktuar Kajetan Gilowsky. Alles in allem ehrenwerte und gesellschaftlich hochstehende Personen. Prandstätter hat einen schöngeistigen Musenalmanach herausgegeben, Riedel ist immerhin der Mathematiklehrer des nunmehrigen Kaisers Franz II. gewesen – in einer Zeit, da dieser noch als kleiner Erzherzog büffeln musste. Allenfalls Hebenstreit gilt als zwielichtig, als etwas raubeiniger Offizier, der gerne trinkt.

Die Anklage gegen die 36 wiegt umso schwerer: sie hätten sich zu einer Verschwörung zum Sturz von Kaiser und Staat zusammengeschlossen. Sie seien *Jakobiner*. Das ist ein Synonym für jene, die zu dieser Zeit im revolutionären Frankreich herrschen und horrende Grausamkeiten verüben. Der Jakobinerklub in Paris ist – nach heutigen politischen Begriffen – der linke Rand der Französischen Revolution. 1793 ist er in Frankreich gänzlich ans Ruder gekommen. In den wenigen Monaten seiner Schreckensherrschaft hat der Meister des von ihm proklamierten Tugendterrors Robespierre nach vorsichtigen Schätzungen 16 600 Todesurteile vollstrecken lassen, unter ihnen ein Drittel Adelige und wohlhabende Bürger. Zwei Drittel sind Kleinbürger und Bauern, die gegen die strengen Verordnungen zur Eindämmung des Schleichhandels verstoßen haben – getrieben vom Hunger.

Im Januar 1793 fällt auch König Ludwig XVI. unter dem Beil der Guillotine. Im Oktober wird ihm seine Frau, die Habsburgerin Marie Antoinette auf diesem Weg folgen. Der Aufklärung ist es in Frankreich seit 1789 offenbar nicht gelungen, die Bestie Mensch zu bändigen. Sie zertritt ihre eigenen Menschenrechtserklärungen mit den Stiefeln von Generälen wie François-Joseph Westermann, der zu Weihnachten 1793 die Konterrevolution von Adel und Bauern in der Provinz Vendée niederschlägt. Dem Revolutionsparlament, dem Konvent, berichtet Westermann danach: »Ich habe die Kinder unter den Hufen der Pferde zertreten und die Frauen umbringen lassen. Ich habe keine Gefangenen gemacht, die mir Vorwürfe machen könnten. Ich habe alle ausgerottet.«

120 000 Menschen sollen der Schreckensherrschaft in Frankreich zum Opfer gefallen sein – das ist in dieser kurzen Zeit ein Rekord, der selbst die nicht zimperlichen Bourbonen in den Schatten stellt. Und solche Scheußlichkeiten sollen auch die Genossen der Jakobiner in Österreich im Sinn haben?

Obwohl Frankreich Habsburg (genau genommen dem König von Böhmen und Ungarn, nicht aber dem Kaiser des Heiligen Römischen Reiches) den Krieg erklärt hat, war bis 1793 noch das Pariser Stadtblatt *Moniteur* in Wien zugelassen – das hat sich nach der Hinrichtung Marie Antoinettes geändert. Niemand kann in Wien in diesen Julitagen 1794 wissen, dass im fernen Paris Robespierre schon in wenigen Tagen abgesetzt und am 28. Juli hingerichtet werden wird, die schlimme »Terreur«-Phase ein Ende nimmt.

Den dingfest gemachten »Jakobinern« wird in Wien der Prozess gemacht. Zur Last gelegt wird den Verschwörern, sie hätten mit der nach der offiziellen Auflösung der Logen im Geheimen weiterarbeitenden Freimaurerloge »Zur Goldenen Weltkugel« und mit ungarischen Geheimgesellschaften den Umsturz vorbereitet. Die Schlagbrücke in Wien hätte gesprengt werden sollen, um die Verbindung mit der Leopoldstadt abzuschneiden, die Holzlagerstätten hätte man anzünden und in der allgemeinen Verwirrung die kaiserliche Familie ausschalten, gefangen nehmen oder ermorden wollen. Der Adel und die reichen Bürger hätten daraufhin ausgeplündert werden sollen.

Ob das wirklich die Absicht von Herren wie Riedel und Strattmann war, scheint zweifelhaft, und bis heute lässt sich nicht beweisen, was und wie viel an dieser Jakobinerverschwörung dran war.

Die Strafen sind hart. Hebenstreit wird hingerichtet, die anderen zu mehrjähriger in der Regel ebenfalls todbringender Festungshaft verurteilt. In der Öffentlichkeit ist man über die ungewohnte Härte des Strafausmaßes überrascht. Immerhin war unter Joseph II. die Todesstrafe offiziell abgeschafft worden. Des jungen Kaisers Franz Unbarmherzigkeit wird, wahrscheinlich zu Recht, als Abschreckung und Warnung gegenüber der Bevölkerung, sich in irgendeiner Art zu organisieren, verstanden.

Als die Verhafteten am Pranger »Am Hof« stehen, zeigt sich, dass sie sicher keinen breiten Anhang unter den Wienern haben, denn es gibt keinerlei Sympathiekundgebungen, das Goldene Wienerherz äußert sich schon damals in Spott und Hohn: »Potz Wetter, Herr Prandstätter!« oder: »O Spektakel, Herr Hackel!«

In dieser Atmosphäre droht dem Staat keine reale Gefahr. Allerdings nehmen kritische Stimmen gegen die Art der Prozessführung und gegen die Verurteilung zu. Immer mehr Menschen erkennen, dass es sich bei der Härte der Polizeigewalt nur um ein Politikum gehandelt haben kann. Aber diese kritischen Stimmen sind zu schwach, um die Ausbreitung des Spitzelsystems rechtzeitig zu verhindern, das bald das gesamte politische, wirtschaftliche und kulturelle Leben der nachjosephinischen Zeit in sämtlichen Bereichen durchdringt.

Dass es den Republikanismus hierzulande als geistige Strömung gibt, ist dennoch unbestritten. Dass er nicht zur großen Explosion kommt, wird gerne den Reformen Josephs II. und seiner Berater zugeschrieben. Neben Van Swieten ist das zum Beispiel Freiherr von Sonnenfels. Als getaufter und geadelter Jude und Freimaurer vereinigte er mehrere Charakteristika der Aufklärung in einer Person. Für den eigentlichen Polizeidienst hielt sich Joseph einen Minister namens Johann Anton von Pergen, der sich als früherer Freimaurer zwar ebenfalls dem Humanismus verschrieben hatte, aber trotzdem dem Kaiser einen Spitzeldienst aufbaute, der dann unter dem Nach-Nachfolger Franz II. totalitär wird. Wir erinnern uns, dass die Stärke dieser kaiserlichen Minister und Berater die Erkenntnis war, dass man den Staat neu definieren müsste. Ihr großes Ziel erreichten Sonnenfels, Van Swieten und Kaunitz freilich nicht, nämlich ein Staatsgrundgesetz, das die Macht des Monarchen beschränken sollte. Denn dann wäre folgerichtig der Untertan zum Staatsbürger geworden. Dafür war die Zeit noch nicht reif – und als sie es dann geworden wäre, ließ der Schock der blutigen Französischen Revolution die Herrscher für lange Zeit in reaktionärem Schreck erstarren.

Im Grunde wollten Maria Theresia und ihr Sohn Joseph mit unterschiedlichem Temperament einen absolut gelenkten, zentralistischen und von totaler Bürokratie beherrschten Machtstaat. Dazu mussten sie die alte mittelalterliche Selbstverwaltung ihres zusammengehamsterten Staatenbündels zerschlagen; aus einem Ständestaat mit tausenderlei Sonderrechten sollte ein einheitliches Gemeinwesen werden, das alles und alle über einen Leisten bog. Der Amtsweg sollte in der ganze Habsburgermonarchie der gleiche werden, mit möglichst nur einer Amtssprache und einem gemeinsamen Staatsbekenntnis. Damit handelten sie bereits im Geist der Aufklärung und erfanden für ihr Gebiet die moderne Verwaltung – freilich aus unterschiedlichen Motiven: Maria Theresia eher unbeabsichtigt, weil sie gute Organisation schätzte und hoffte, alles besser unter Kontrolle zu haben, auch wenn ihr Begriffe wie »Volk« und »Vaterland« im modernen Sinn noch nichts sagten und sie als absolute Herrscherin mit Gott und für das Erzhaus regierte; Joseph II. dagegen im vollen Bewusstsein Aufklärung zu treiben, wie der Preußenkönig Friedrich II. philosophisch zu regieren – und im Übrigen, weil auch er dann alles besser unter Kontrolle hatte. Dennoch sah er sich als Herrscher zwar auch gottbegnadet, aber vor allem als Vollziehender eines wiewohl einseitig geschlossenen Gesellschaftsvertrages zwischen Volk und Kaiser. Das veränderte nicht nur seinen Herrschafts-, sondern auch seinen Lebensstil. Thronte seine barocke Mutter bei aller Popularität noch entrückt und abgeschieden von der profanen Welt, so demonstrierte Joseph auf einmal Schlichtheit. Wie vor ihm Friedrich II. von Preußen und nach ihm Napoleon Bonaparte erschuf er sich eine Aura der Größe, wenn er inmitten von goldstrotzenden Höflingen im abgewetzten Uniformrock auftrat. Was einer Generation vor ihm noch als ungehörige Selbsterniedrigung gegolten hätte, das bewusste Durchbrechen des Zeremoniells durch den Allerhöchsten, war auf einmal Zeichen von Stärke und Größe. Plötzlich galt die Einfachheit als Tugend. Diese Blendung durch das vordergründig Volkstümliche soll freilich da wie dort nicht täuschen. Ein Demokrat, also ein Anhänger der Volkssouveränität, war Joseph II. dabei natürlich nicht. Er wollte eigentlich niemanden mitreden lassen, ersetzte die aristokratische durch die absolutistische Aufklärung. »Alles für das Volk, nichts durch das Volk« blieb seine Devise. Gerade die sogenannten unteren Schichten vermochten den Kurs seiner Alleinregierung von 1780 bis 1790 nicht nachzuvollziehen, wenn er die beschaulichen Klöster aufhob – und damit auch gleich jene Einrichtungen, aus denen hektoliterweise Klostersuppe für die Armen geflossen war. Oder wenn er den Ärmsten ihre Andachtsbildchen wegnahm und zeremonielle Begräbnisse verbot, ihnen das Jenseits vermieste ohne sie im Diesseits vor dem Hungertod zu retten. Jahrhundertlang hat man sie katholisch gemacht, und jetzt soll das alles nicht mehr gelten? Dementsprechend brachen auch nach Josephs Tod in Ungarn, Böhmen und den österreichischen Niederlanden Revolten aus, die eine Rücknahme seiner Reformen verlangten.

Diesen Widrigkeiten von Kaiser Josephs Zwangsbeglückung stand das bedeutendste Reformwerk seiner Zeit gegenüber, das im *Josephinischen Gesetzbuch* von 1786 gipfelt, in dem es heißt: »Unter dem Schutze und nach der Leitung der Landesgesetze genießen alle Untertanen ohne Ausnahme die vollkommene Freiheit.«

Mozarts und Schikaneders Singspiel *Die Zauberflöte* formuliert 1791 ein entsprechendes Ideal: Dem Ausruf »Er ist Prinz!« folgt die Feststellung »Noch mehr, er ist Mensch!«. Die beiden Logenbrüder haben da nicht nur ein starkes Stück freimaurerischer Mentalität, sondern den Zeitgeist einer bestimmten Gesellschaftsschicht verpackt.

Noch in seinen letzten Jahren musste Joseph auf vielfältigen Druck die meisten Reformen zurücknehmen. Zum Zeitpunkt seines Todes, am 20. Februar 1790, umwehte der Hauch der Freiheit nicht wirklich viele Volksschichten, schon gar nicht die unteren.

Dem späten 18. Jahrhundert war allerdings der Begriff »Unterschichten« fremd. Sehr wohl aber hatte man Vorstellungen vom »Oben« und »Unten«. »Genieße, was dir Gott beschieden, entbehre gern, was du nicht hast, ein jeder Stand hat seinen Frieden, ein jeder Stand hat seine Last«, reimt der Leipziger Dichter und Moralist Christian Fürchtegott Gellert und trifft damit genau den Geist der alten Zeit. »Gemeines Volk«, »Pöbel«, »gemeiner Haufen«, »niedrigste Schichten« oder »arbeitende Klassen« sind oft gelesene Formulierungen der damaligen Zeit. Offen bleibt dabei freilich, wer genau damit gemeint war. Für den Verfasser einer *Skizze von Wien*, Johann Pezzl, war der gemeine Mann durchaus ein anständiges Wesen: »Gemeiner Mann, so nenne ich nicht den letzten Pöbel, sondern den Bürger, oder, um es eigentlicher auszudrücken, den Professionisten und Handwerksmann, den Hof- und Herrschaftsbediensteten der unteren Klasse; kurz, die gewöhnliche Menschengattung zwischen Adel und Domestiken.«

Für den gesamten deutsch-österreichischen Raum, also die österreichischen Erblande im engeren Sinn, wurde die Gruppe der ständig von Verarmung bedrohten Menschen auf etwa ein Viertel der Bevölkerung geschätzt. Düsterer noch war das Bild für Wien: Dort verstarb im Jahr 1790 nicht nur Kaiser Joseph II., sondern mit ihm noch eine erkleckliche Anzahl von Untertanen: 65,5 Prozent von ihnen waren vermögenslos – das heißt, sie besaßen nur die Kleidung, die sie auf dem Leib trugen, und gelegentlich einige Möbelstücke wie ein Bett, eine Truhe oder einen Sessel. Weitere fünf Prozent verfügten über Besitztum im Wert von ein bis zehn Gulden, das heißt verkäufliche Einrichtungsgegenstände oder Zweitbekleidung. Bis 100 Gulden schwer waren 9,3 und bis 1000 Gulden immerhin 9,4 Prozent der in diesem Jahr Verstorbenen. 10,8 Prozent hinterließen über 1000 Gulden.

Insgesamt also ein Bild bitterer Armut, wobei man nach dem Geschmack der Zeit sehr genau zwischen den Armen unterschied, die »unverschuldet« in ihre Situation gekommen waren, wie Alte, Kranke, Witwen und Waisen – und jenen, die liederlich oder kriminell waren. Dass schon eine Missernte einen Bauern oder eine plötzliche Krankheit einen Handwerker oft zu Brotdieben werden ließ, die stahlen, um das nackte Leben zu erhalten, blieb dabei freilich unberücksichtigt. Die Gefängnisse quollen bereits im Österreich des guten Kaisers Joseph von solchen Fällen über. In Haft kam man damals als Besitzloser sehr leicht, kein Wunder in einem verelendeten Land, in dem ein striktes Verbot von Bettelei und Unterstandslosigkeit herrschte und in dem das Schmuggeln von Lebensmitteln hinter die Wiener Verzehrungssteuerlinie den armen Mann zum Kriminellen machte.

Wer half nun diesen Armen? Zunächst einmal: sie selbst. Die Solidarität untereinander dürfte groß gewesen sein, denn es bildeten sich allenthalben Wohngemeinschaften von Armen, und Almosen waren an der Tagesordnung. Doch auch hier war Vorsicht geboten: Wer aus Mitleid einem gassenkehrenden Zuchthäusler ein Almosen zusteckte, konnte ebenso festgenommen werden, wie ein allzu ungestümer Bittsteller bei einem Angehörigen des Hofes, der sich damit des Delikts der »Hofbehelligung« schuldig machte. Uralte Volksrechte wurden von der aufgeklärten Herrschaft verworfen und vergessen.

Nicht einmal die jahrhundertealten Sondergesetze der Handwerkszünfte hielten noch in dieser Zeit. Als 1786 eine Streiterei im Wiener Maurergewerbe ausbrach, die früher zunftintern geregelt worden wäre, griff jetzt die Staatsmacht ein, und 150 Maurergesellen wanderten als Unruhestifter in die Festungshaft. Festung, das war verschärftes Gefängnis in Ketten mit Zwangsarbeit und Züchtigung, das ab einem gewissen Strafmaß einem Todesurteil gleichkam.

Im großen Stil halfen kirchliche Einrichtungen und Einzelpersonen. Weltpriester hatten, obwohl oft selbst arm, ständig besitzlose Untermieter, und nicht wenige Arme lebten ausschließlich von der Klostersuppe. Doch auch dieser Hilfe waren enge Grenzen gesteckt, wie eine Instruktion für die sogenannten »Armen-Väter« zeigt: »Es wäre sehr gefehlt, wenn eine Armen-Anstalt jemanden das als Unterstützung geben wollte, was er durch Fleiß und Arbeit sich selbst erwerben kann; dieses hieße den Trieb der Arbeitsamkeit ersticken, den Müßiggang mit allen ihn begleitenden Lastern und üblen Folgen immer allgemeiner machen, und anstatt der Armut zu helfen, das Verarmen befördern.« Diese Arbeitsethik besagt also, dass der Arme immer und zuerst selbst an seiner Armut schuld ist. Sogar in Krisenjahren, in denen es für die ungelernte Masse schlichtweg keine Arbeit gab, wurde die Fiktion eines aufnahmefähigen »Arbeitsmarktes« aufrechterhalten.

So klafften Welten zwischen dem Anspruch von Staat und Kirche auf der einen und der Lebensrealität der meisten Menschen auf der anderen Seite, eine Volksmoral konnte sich nicht bilden. Daran konnte weder die Mildtätigkeit der Armenpriester noch der aufgeklärteste Kaiser etwas ändern. Vom josephinischen Ideal eines aufgeklärten, gehorsamen und sparsamen Untertanen waren die armen Menschen weit entfernt, ohne religiöse Bindung, im Glauben an die Zauberkraft von Amuletten, bloß für den Augenblick lebend, in einer Welt, die keine Zukunft zu bieten schien. Wie sollten sie Stellung beziehen in den Auseinandersetzungen der gelehrten Herren zwischen Reaktion und Aufklärung, in den intellektuellen Balgereien zwischen gefinkeltem kirchlichem Dogmatikerlatein und freizügigen französischen Modeschriftstellern wie Voltaire, D'Alembert und Diderot, die sich in kapriziösen Versen und verschlungenen Romanen äußerten?

Freilich konnten die Aufklärer einige handfeste Ideale sehr wohl breiteren Schichten vermitteln: »Freiheit von kirchlichen Zwängen« etwa. Das bedeutete damals nicht etwa so wie heute, sich problemlos vom Religionsunterricht in der Schule abmelden zu können oder Bischöfe ungestraft beleidigen zu dürfen, sondern es hieß, einer Gerichtsbarkeit zu entkommen, die vorehelichen Geschlechtsverkehr, sofern er ruchbar wurde, mit Gefängnis ahndete, die für mangelnden Respekt vor durch die Straßen getragenen Monstranzen mit dem Allerheiligsten die Strafen des Räderns und des Handabhackens verhängte. Im revolutionären Frankreich der Schreckensherrschaft geriet diese »Freiheit von kirchlichen Zwängen« dann zu massenhaftem Priestermord und Kirchenraub. Die Revolution ist eben selten ein Durchbruch von Volksmoral, und benimmt sich auch dementsprechend.

In Wien war alles anders, hier fand die Revolution der 1790er-Jahre in den Köpfen einer kleinen Gruppe von Dichtern und Denkern statt, in Kreisen aufmüpfiger Offiziere und belesener Beamter. Nachdem schon Leopold II. und vollends sein Nachfolger Franz II. auch den Rest der Reformen Josephs zurückgenommen hatten, wollten sich die Demokraten der 1790er-Jahre nicht mehr damit begnügen, die verbriefte *persönliche* Freiheit zurückzugewinnen – sie wollten die *politische* Freiheit haben. Da waren sie bei Franz aber an den Falschen geraten.

Dass es diesen Franz geben konnte, ist zum einen dem Umstand geschuldet, dass Joseph II. mit 50 Jahren an Erschöpfung und Tuberkulose im wahrsten Wortsinn einging. Zum anderen verweigerten ihm die Ungarn die neu erlassenen Steuern und die Belgier revoltierten gegen den ihnen aufgezwungenen österreichischen Zentralismus. Preußen, Osmanen und Franzosen verbündeten sich mit Belgiern und Ungarn und zwangen den Todkranken 1788 in einen letzten Türkenkrieg, in dem er persönlich das Kommando übernahm. In höchster Not hob er seine neuen Steuergesetze auf und starb am 2. Februar 1790.

Sein Bruder und Nachfolger Leopold II. hatte schon seit 1765 politisches Talent als Großherzog der Toskana bewiesen. Nun schloss er Frieden mit den Preußen (was ihm deren Zustimmung zu seiner Wahl zum Kaiser sicherte) und den Türken, befriedete geschickt

Ungarn und Belgien, sperrte einige der österreichischen Klöster wieder auf, ersetzte den Polizei-Bluthund Pergen durch den liberaleren Sonnenfels und liberalisierte die Presse. 1789 hatte er als Großherzog noch den Beginn der Französischen Revolution begrüßt, denn in Florenz und Wien herrschte die Ansicht, dass man in Österreich eine solche Reformpolitik ja ohnehin schon vorgemacht hätte und die Franzosen halt jetzt nachziehen würden. Als Kaiser wäre er dann vielleicht noch zu einem Ausgleich mit der Revolutionsregierung gekommen, doch starb er vollkommen unerwartet am 1. März 1792. Gerüchte um einen Giftmord sind nie ganz verstummt. Noch während er im kurzen Todeskampf lag, soll sich sein Sohn und Nachfolger bereits am kaiserlichen Schreibtisch und Aktenschrank zu schaffen gemacht haben …

WER IST KAISER FRANZ?

Nein, er ist kein grauslicher Typ aus einer Geisterbahn der Geschichte – er hat eine fast lupenrein aufgeklärte Erziehung genossen. Dieser Habsburger wuchs in einer Atmosphäre auf, die sogar manch später Herrschende an mitfühlender Gelehrsamkeit, an Bildung des Verstandes und des Urteils übertraf. Franzens Vater, Leopold, schrieb 1782 für seine Schwester einen Ratgeber, wie sie ihr gerade geborenes Kind aufzuziehen hatte, und verhielt sich damit ganz im Sinne der Diderot'schen *Encyclopédie*, in der neben den Wissenschaften seiner Zeit auch Anleitungen zum Kochen, Fischen und Scherenschleifen enthalten waren und die damit weit ausladend absteckte, was für den aufgeklärten Menschen wirklich wichtig zu wissen war.

So verfuhr Leopold auch mit seinem eigenen Sohn, mit dessen Erziehung sich im Jahr 2000 der Wiener Soziologe Reinhold Knoll in einer Arbeit auseinandergesetzt hat. Insgesamt war die Erziehung des späteren Kaisers Franz nach einer Pädagogik ausgerichtet, welche die Glückseligkeit steigern, aber vor allem einen Optimismus als Voraussetzung für den ökonomischen Ausbau des

Landes herausbilden sollte. Leopold legte auch eine Punktation der Erziehungskriterien für seinen Sohn fest. Darin sind hochmoderne Alltäglichkeiten enthalten, wie die Pflicht, die eigenen Sachen aufzuräumen und dass in der Behandlung zwischen dem Erzherzog und anderen Kindern kein Unterschied gemacht werden solle, Sparsamkeit und Almosenverteilen, Achtung für das eigene Land und seine Eigenart, Abneigung gegen überhöhte Steuern (!) und die Weckung des Verlangens, die Bevölkerung glücklich zu machen: »Fürsten müssen vor allem anderen von der Gleichheit der Menschen überzeugt sein (…) Ihre höchste Pflicht müssen sie darin sehen, zuzuhören und zu trösten (…) Die Fürsten müssen sich immer bewußt sein, daß sie Menschen sind, daß sie ihre Stellung nur einer Übereinkunft zwischen anderen Menschen verdanken, daß sie ihrerseits alle ihre Pflichten und Aufgaben erfüllen müssen, was die anderen Menschen mit Recht von ihnen erwarten (…) Fürsten müssen bedenken, daß sie andere Menschen nicht erniedrigen können, ohne sich selbst zu erniedrigen.«

Nach diesen Grundsätzen wurde also jener Mann erzogen, der später Generationen von liberalen wie republikanischen Revolutionären, linken wie rechten Demokraten als reaktionärster Bekämpfer aufgeklärter Haltungen galt und gilt, und wenn er auch, wie überliefert wird, kein besonders guter Schüler gewesen sein mag, hat er doch eine hervorragende Kenntnis über sozialen und kulturellen Wandel erhalten – so gut, dass er als 20-Jähriger eigenständig »Dysfunktionen« des Josephinismus zu erkennen vermochte: »Die meisten Männer, die öffentliche Ämter bekleiden, sind entweder dumm und schwach und arbeiten nicht mehr, als man ihnen vorlegte (…) oder sie sind geschickt und dann voll mit schmutzigen Ränken und Protektionen und unverträglich (…) Die Trägheit im Arbeiten ist etwas Erschreckliches. Die Sachen bleiben liegen, ohne daß man an ein Ende sieht (…) Ferner ist keine Verschwiegenheit vorhanden und die Käuflichkeit ist erschrecklich.«

Ungefähr zu selben Zeit, da sich dieses erzherzogliche Erziehungsprogramm vollzog, fiel im aufgeklärten Wien eine Entscheidung von großer Tragweite: Ignaz von Born (1742–1791), ein bedeutender Naturwissenschaftler und Doyen der hiesigen Freimaurerei, stellte seinen Brüdern der Loge »Zur Wahren Eintracht« die schicksalhafte Frage, ob man die von Spitzenintellektuellen getragene Loge nicht in eine »Akademie der Wissenschaften« umwandeln wolle. Entgegen Borns Absicht entschied sich eine Mehrheit gegen die Akademie und damit für den Verbleib unter der Haut der josephinischen Gesellschaft. Zehn Jahre später folgte das Debakel der Jakobinerprozesse. Von Angst und Wut über die Hinrichtung seiner Tante Marie Antoinette getriebener Hauptankläger war Kaiser Franz. Sowohl die zu Festung oder Tod Verurteilten als auch ihr Verfolger Kaiser Franz hätten trefflich auf einer Ebene im Sinne Rousseaus, Diderots und D'Alemberts disputieren können. Sie waren aufgeklärte Männer und hatten zu denken und zu reden gelernt.

RIEDEL UND GENOSSEN

Eine Schlüsselfigur der Wiener Jakobiner war Professor Andreas von Riedel. Bei ihm trafen sich die Hauptakteure, darunter auch der Buchhändler und Polizeispitzel Josef Vinzenz Degen, der leichtes Spiel hatte; zu linkisch gingen die Männer um Riedel vor. In der Brühl bei Mödling pflanzten die jugendlichen Demokraten aus Wien einen Freiheitsbaum und leisteten einen Jakobiner-Eid: »Im Namen der Natur, der Vernunft und der Freiheit schwöre ich mich zu verbrüdern zur Tugend, schwöre Haß den Despoten und der Hierarchie des dreigekrönten Ungeheuers [eine Anspielung auf den mit der Tiara gekrönten Papst], schwöre Gutes zu thun nach meinen Kräften, zu steuern dem Fanatismus und den Missbräuchen und uns zu lieben als Brüder. Zur Bestätigung dessen lege ich meinen Finger auf diesen Degen und trinke diesen Wein auf das Wohl aller Menschen und wir umarmen uns als Brüder.«

Das waren natürlich große Worte, die von den Spitzeln nicht unbeachtet blieben. Ebenso wenig wie das angeblich von Hebenstreit verfasste Lied auf Kaiser Franz aus dem beliebten *Eipeldauer*-Journal, einer volkstümlichen Zeitschrift:

Drum fort mit ihm zur Guillotin,
Denn Blut für Blut muß fließen.
Hätt man nur hier so a Maschin,
Müßt's mancher Großkopf büßen.

Schaut's enker Kaiserkind nur an,
Mit'n Adel thut er's halten.
Der Ludwig hat's halt a so than,
D'rum haben's'n ja nit g'halten.

(…)
D'rum schlagt's d'Hundsleut alle todt.
Nit langsam wie d'Franzosen,
Sonst machen s'enk noch tausend Noth,
's is nimmer auf sie z'losen.

Solche rauen Gesänge werden trotz der weitverbreiteten Abscheu gegen die Schreckensnachrichten aus Frankreich in Wien kolportiert. Wie viel Anklang sie tatsächlich gefunden haben, ob sie regelrechte Volkslieder wurden oder doch nur den Ho-Ho-Ho-chi-Minh-Parolen einer gesellschaftlichen Randgruppe (wie in der linken 1968er-Bewegung) glichen, kann heute nicht mehr festgestellt werden.

Dass die Stimmung 1794 in Wien auf jeden Fall unruhig war, beschreibt die konservative Beamtentochter Karoline Pichler in ihren Tagebüchern. Sie erzählt, wie die Zöpfe abgeschnitten werden, die Bärte wachsen, sich auch unter sonst unpolitischen Menschen eine Jakobinermode ausbreitet. Kräftige Impulse kommen bereits damals wie dann später 1848 auch aus Ungarn. Schon wird jeder als Jakobiner, interessanterweise auch dann und wann als »Josephiner« bezeichnet, wer nur irgendeine freisinnige Idee äußert, und im Gegenzug jeder Kirchgänger als bigotter Aristokrat gescholten.

Durch die Koalitionskriege gegen Frankreich kommt es zu Versorgungsengpässen und gewaltigen Preissteigerungen. Die Unzufriedenheit ist groß und wird vor allem im Wiener Gegenstück zum Pariser »Palais Royal«, der Limonadenhütte auf der Burgbastei, lautstark geäußert. Besonders von den 20 000 Hausbediensteten, denen bestimmte Stunden des Tages auf der Bastei vorbehalten waren. Sie sind auch ohne Zeitung immer bestens informiert und stellen bei einer Gesamteinwohnerzahl von 280 000 einen beachtlichen Teil der Wiener Bevölkerung. An diesen Details sieht man übrigens auch, wie wenig Bewegungsfreiheit in der damaligen Gesellschaft existierte, welche Person welchen Standes sich wann wo aufhalten durfte, die fehlende Reisefreiheit, von Pressefreiheit und Briefgeheimnis gar nicht zu reden, und die zunehmende Zahl an Spitzeln. Man meint sich einerseits in die DDR versetzt – zum anderen ist nachzufühlen, was der Wunsch nach Freiheit für die Menschen bedeutet haben muss. Das schlimmste Vergehen der Wiener Jakobiner um Riedel war, dass sie sich selbst in dieser zwar aufgeheizten, aber eben nicht umstürzlerischen Stimmung zu auffällig verhielten. Der verschuldete Marktamtsbeamte Prandstätter etwa unternahm Heurigenpartien durch Niederösterreich und machte die Weinstraße zu seiner persönlichen Freiheitsgasse. Beim Wein redete er mit seinen Mitzechern offen darüber, dass die Unterdrückung durch Kaiser Franzens Despotie ein Ende haben müsste.

Ohne es meist selbst in dieser Tragweite einzuschätzen, bereiteten all diese Schwärmer, Aufklärer oder Revolutionäre zwei Phänomene der Moderne vor: Gottesferne und Nationalismus.

In Österreich war der Katholizismus nach wie vor Bestandteil des Staatskultes, im Barock zwar immer mehr dem Landesherrn unterworfen, nach außen hin aber in demonstrativer Einheit mit

Rom. In Frankreich (und auch in Spanien) war der Anteil der Kirche seit über 100 Jahren geringer. Der »Gallikanismus« wurde zum Vorbild der staatskirchlichen Bestrebungen des 18. Jahrhunderts. Der Barockkatholizimus war von der Aufklärung als der große Gegner erkannt worden. Schon der aufgeklärte Absolutismus Josephs wollte den Vorrang der Kirche zugunsten des staatlichen umkehren, nicht zuletzt darum, weil die Kirche im ganzen katholischen Deutschland gesamtgerechnet bis zu 60 Prozent des anbaufähigen Bodens besaß, die der Kaiser gerne selbst gehabt hätte. Der Kaiser wollte außerdem nicht mehr nur den Leib der Untertanen besitzen, sondern griff nach deren Innenwelt, deren Loyalität, deren Seele. Um religiöse Bedürfnisse weiterhin zu stillen, sollte die Kirche den Äußerlichkeiten abschwören und sich »verinnerlichen«. Mit dieser reformkirchlichen Strömung wollte die Aufklärung, ähnlich wie mit dem Absolutismus, ein Bündnis auf Zeit eingehen, aber nur um ihr eigentliches Ziel zu erreichen, die Zerschlagung der im Volk verbreiteten Frömmigkeit.

Ende des 18. Jahrhunderts scheiterte die Aufklärung noch an ihren unpassenden Verbündeten. Was blieb, waren zum einen ihre fratzenhaft verzerrte politische Parodie, der totalitäre Bürokraten- und Spitzelstaat Kaiser Franz II., und zweitens die wichtige Erkenntnis, dass in Österreich im Gegensatz zu Frankreich, wo der Einfluss atheistischer Denker groß war, eine Gesellschaftsreform offenbar nur mit einer Art von Kompromiss mit dem Katholizismus durchgeführt werden konnte und nicht mit einer staatlich bestimmten Theologie der Nützlichkeit, wie sie Joseph II. einführen wollte. Die Idee der Staatskirche war gescheitert. Stattdessen baute sich ein zunächst hintergründiger Nationalismus auf.

Die potenziellen oder tatsächlichen Revolutionäre wünschten sich, dass nicht mehr Fürstenwillkür die Staatsgrenzen und die Geschicke des Staates bestimmen und bestellen sollte, sondern die kulturelle, die sprachliche, letztlich die nationale Zusammengehörigkeit der Völker. Die heute angewandte genaue Unterscheidung zwischen »etatistischem« und »ethnischem« Nationsbegriff ist nicht immer klar erkennbar. Auch hier gab es in Frankreich extremistische Ausläufer. Robespierre wollte nicht nur alle Franzosen in Staatsuniformen stecken, sondern auch die deutschen Elsässer schlichtweg ausrotten, weil sie nicht die »langue républicaine« sprachen, also die französische Sprache. Napoleon überdeckte dann den Freiheitsgedanken mit der französisch-chauvinistischen Eroberungsidee – und gab damit den folgenden deutschen Freiheits- und Einigungsbestrebungen einen neuen Drall. Das *Allgemeine Bürgerliche Gesetzbuch* von 1812 brachte den Österreichern zwar keine verbriefte politische, aber immerhin die persönliche Freiheit. Der Rechtsstaat war, zumindest auf dem Papier, geboren: »Jeder Mensch hat angeborene, schon durch die Vernunft einleuchtende Rechte, und ist daher als eine Person zu betrachten. Sklaverei und Leibeigenschaft, und die Ausübung einer darauf sich beziehenden Macht wird in diesen Ländern nicht gestattet. Auch solche Rechtsgeschäfte, die das Oberhaupt des Staates betreffen, aber auf dessen Privateigentum oder auf die in dem bürgerlichen Rechte gegründeten Erwerbungsarten sich beziehen, sind von den Gerichtsbehörden nach den Gesetzen zu beurteilen.«

Da stand indes schon eine deutsche, nationale Widerstandsbewegung im Kampf gegen den Napoleonismus – die Fronten hatten gewechselt, von der Wiener Jakobinerbewegung war nichts übrig geblieben; außer vielleicht, dass das liberale im 19. und dann »Rote« Wien im 20. Jahrhundert nach ihren Exponenten die eine oder andere Verkehrsfläche benannte, wie die Blumauergasse im 2. Bezirk nach dem frechen und freisinnigen Schriftsteller Aloys Blumauer, der 1782 angesichts des Segens von Papst Pius VI. in Wien den Hut aufbehalten und ihn mit den kecken Worten »Ist der Segen gut, so geht er durch den Hut« quittiert hatte.

Die Wiener Jakobinerbewegung hat noch nicht der nationalen Urburschenschaftswelle von 1815 geglichen. National im heutigen Sinne war sie allenfalls in ihren magyarisch-ungarischen Ausläufern. Dennoch ist es fast schicksalhaft zu sehen, dass nur wenige Monate nach dem großen Jakobinerprozess im fernen, damals preußischen Wunsiedel Karl Ludwig Sand das Licht der Welt erblickte. Seine Bluttat, die Ermordung des Dichters August von Kotzebue 1819, wird jene Freiheitsideologie für Jahrzehnte beschädigen und in den Untergrund drängen, die 1795, im Geburtsjahr Sands, noch nicht einmal entstanden war und die Europa im 19. Jahrhundert in Atem halten wird: die alldeutsche Einigungsidee eines liberalen oder radikal-demokratischen Nationalstaats und Todfeindin des reaktionären Habsburgischen Kaiserreichs.

EINKRAMPFUNG UND NIEDERLAGEN

So, das waren jetzt hochmögende Ausflüge in die gewaltige Geisteswelt einer Umbruchzeit. Aber keine Angst, wir kommen aus diesen ganzen geistigen Dämpfen gleich wieder auf den Boden einfacher Tatsachen und grundlegender menschlicher Gefühlsebenen zurück. Sie müssen sich vorstellen: Da sitzt ein nicht übermäßig begabter und nicht übermäßig mutiger, nicht übermäßig gutaussehender 25-jähriger junger Mann im Schloss Schönbrunn, das seine Großmutter Maria Theresia zu voller Pracht ausbauen hat lassen, umgeben von jubelndem Rokoko und höflichen Höflingen – und steht unter Schock. In der Innentasche seines Uniformrocks trägt er nahe beim Herzen ständig den Belegungsplan der Festung Spielberg in Mähren bei sich und sieht von Zeit zu Zeit drauf, um sich damit zu beruhigen, dass alle seine Feinde, die Jakobiner, die ihm ans Leder wollten, »eh noch« in Verwahrung sitzen. Um ihrer Sympathisanten, die noch frei herumlaufen mochten, Herr zu werden, hat er die einst von seinem Vater Leopold II. eingeführte Geheimpolizei hochgefahren und den härtesten aller Oberpolizisten, Pergen, reaktiviert. Eine Bespitzelung der eigenen Bevölkerung beginnt, und es herrscht (vor allem dann ab 1803) scharfe Zensur von Zeitungen und Post.

Kaiser Franz II. ist zutiefst traumatisiert. Die französischen Revolutionäre haben in der Phase der linksextremen Diktatur der Herren Robespierre und Saint-Just seine Tante Marie Antoinette bestialisch gekillt und zuvor ebenso Hand an die heilige Person des Königs Ludwig XVI. gelegt. Das bedeutet Todfeindschaft und Krieg, den die französische Republik auch prompt von sich aus erklärt hat.

Zunächst ist man in Wien zuversichtlich, denn Preußen und Österreich, zwei mit Profiarmeen hochgerüstete Mächte, stehen den Chaostruppen der Revolution gegenüber. »Denkste!«, würden zumindest die Preußen sagen. Auf Österreichisch übersetzt: »Glaubst!« Nur ganz zu Beginn haben die Profis Erfolge zu verbuchen. Das ändert sich sehr schnell.

»Levée en masse« nennt man ab 1793 die Massenaushebung aller wehrfähigen Männer Frankreichs von 18 bis 25 Jahren zum Kriegsdienst. Sie sollte der Französischen Republik eine Million Soldaten bringen – geworden sind es immerhin 800 000. Auf jeden Fall mehr, als die Verbündeten gegen Frankreich auf die Beine stellen können. In mehreren Koalitionskriegen trifft diese hochmotivierte Volksarmee auf die Heere der vereinten konservativen europäischen Monarchien. Die Armeen Österreichs und Preußens werden in Schlachten bei Valmy und Jemappes zurückgeworfen, von einfachen französischen Männern in Waffen, mit revolutionären Liedern auf den Lippen.

Belgien und das linke Rheinufer sind nun französisch besetzt. Preußen und Russland, der Dritte im konservativen Bunde, haben derweilen im Osten Polen noch einmal geteilt, wovon Österreich abgeraten hatte, da es wichtigere Aufgaben im Westen gebe. Dabei erhalten die Polen unter Patronanz Preußens sogar eine Verfassung, was wiederum die autokratische russische Zarin Katharina II. vergrämt. 1795 teilen die großen Drei das Land dann zum dritten Mal und löschen es endgültig aus, um den renitenten Polen die Möglichkeit zu nehmen, sich mithilfe der Franzosen zu regenerieren. Diesmal ist Österreich wieder mit von der Partie und erhält ein Filetstück, das im Norden über Lublin hinaus bis nahe an Warschau heranreicht. Der folgende permanente Freiheitskampf der Polen wird europaweit große Solidarität bei den Linksintellektuellen Europas finden. In Frankreich sowieso, aber mehr oder weniger untergründig auch in Österreich.

Ein neuer französischer General, der Korse Napoleon Bonaparte, rückt aus Oberitalien bis Leoben vor. Habsburg schließt 1797 mit ihm den Frieden von Campo Formio, muss endgültig auf Belgien verzichten, verliert die Lombardei und muss sich auf Venetien und Istrien-Dalmatien zurückziehen. Der Große Korse, wie man Napoleon nun allenthalben nennt, führt die Habsburger vor, wie es vor ihm nicht einmal Friedrich der Große geschafft hat. Mittlerweile zum Ersten Konsul aufgestiegen und in Schlachten bei Marengo und Hohenlinden notorisch siegreich, zwingt er Österreich 1801 den Frieden von Lunéville auf. Die Toskana geht verloren, Frankreich hält ganz Italien in Händen. Napoleon formt Deutschland um, weist mittelgroßen Ländern wie Bayern, Sachsen und Baden 112 kleine geistliche und weltliche Territorien zu und beendet 1803 im von ihm erzwungenen »Reichsdeputationshauptschluss« deren Selbstständigkeit. Man nennt das »Mediatisation«. Nur sechs Reichsstädte überleben, aus Bayern, Württemberg und Sachsen werden bald darauf (1805/06) Königreiche von Napoleons Gnaden.

Auch die früher so forschen Preußen haben schon längst den Schwanz eingezogen, sich an Napoleon gekuschelt, erhalten aus seinen Händen zum Lohn als Beute die katholischen Bistümer Paderborn und Hildesheim und besetzen kurzfristig auch das Kurfürstentum Hannover, dessen Herrscher der König von Großbritannien Georg III. (aus dem »Haus Hannover«) ist, der noch als einer der Standhaften in der Allianz gegen Napoleon bleibt. Immerhin ist er anerkannt schwachsinnig, was vielleicht vieles leichter macht.

Und nun folgt der Paukenschlag: Im Mai 1804 erklärt sich Napoleon zum Kaiser der Franzosen. Etwas Vergleichbares hat es seit Charlemagne, seit Karl dem Großen, nicht mehr gegeben. Aber was geschieht nun mit Deutschland? Franz II. hat keine Garantie mehr, dass im Fall einer Wahl seines Nachfolgers die deutsche

Reichskrone wieder an Habsburg und nicht etwa an Napoleon fallen würde, denn die drei katholischen geistlichen Kurfürstentümer von Köln, Mainz und Trier sind Geschichte und Protestanten sowie Napoleon-Freunde haben eine Mehrheit.

Franz vollzieht einen Zweischritt zur Sicherung seiner Macht und zur Verhinderung eines Franzosen als deutscher Kaiser. Zunächst einmal erklärt er sich am 11. August 1804 zu Franz I., Erbkaiser von Österreich. Das, meine Lieben, ist die Geburtsstunde eines neuen Österreich. Seit damals, und keinen Tag länger, gibt es einen »Kaiser von Österreich«! Franz II., Kaiser des Heiligen Römischen Reiches Deutscher Nation, ist nun auch Franz I., Kaiser von Österreich. Ein imperatorisches Doppelwesen also, das einzige seiner Art in der Geschichte.

Das neue Kaiserreich ist nicht so einheitlich, wie man vielleicht glauben möchte. Franz hat seinen Ländern ihre bisherigen Rechte zugesichert. Man spricht daher nicht von einem *Staat*, sondern von österreichischen *Staaten*. Vom Heiligen Römischen Reich übernimmt man einiges an Symbolen. Das neue kaiserliche Wappen zeigt das österreichische Rot-Weiß-Rot mit der römischen Kaiserkrone, Schwarz und Gelb folgen als kaiserliche Farben auf das Schwarz-Gold des alten Reichs, und der Doppeladler des Heiligen Römischen Reichs wird zum österreichischen Kaiseradler. Als imperialen Deckel nimmt Franz die Hauskrone Rudolfs II. zur Hand und zu Kopf, mit der allerdings nie ein Kaiser gekrönt werden wird. Eine solche Zeremonie führt man erst gar nicht ein. Wichtiger ist, dass Titel, Amt und Würde des österreichischen Kaisers erblich sind und die Nachfolge familienintern nach dem habsburgischen Hausgesetz geregelt wird.

Österreich ist nun klarer definiert als »Deutschland« und stürzt sich, mehr verzweifelt als vorbereitet, gemeinsam mit England in den dritten Koalitionskrieg gegen Frankreich, der in einer Katastrophe endet. Dabei beginnt er mit einem Sieg Britanniens zur See bei Trafalgar. Zu Land sieht's anders aus. Der schlaue Napoleon überwältigt durch eine geniale Finte seines Meisterspions

Schulmeister den kaiserlichen General Mack, der die vollbewaff-
nete Reichsfestung Ulm mit Mann und Maus kampflos übergibt,
stürmt Regensburg und zieht in Wien ein. Während der Korse
Quartier in Schönbrunn bezieht, lässt er vor dem Haus des grei-
sen Komponisten Joseph Haydn an der Adresse Windmühle 73,
heute im 6. Bezirk, eine Ehrenwache aufstellen. Der Alte bekommt
auch sogleich Besuch von französischen Offizieren, die Fans seiner Musik sind. Wortlos gibt er ihnen eine Probe seines Könnens
und spielt auf dem Klavier ausgerechnet jene Komposition vor,
die er 1797 als Pendant zur englischen Hymne und als Antwort
auf die Marseillaise zu den Worten des Dichters Haschka geschrieben hat:

Gott erhalte Franz, den Kaiser,
Unsern guten Kaiser Franz!
Lange lebe Franz, der Kaiser,
In des Glückes hellstem Glanz!
Ihm erblühen Lorbeerreiser,
Wo er geht, zum Ehrenkranz!
Gott erhalte Franz, den Kaiser,
Unsern guten Kaiser Franz!

Diese »Volkshymne«, die noch bis 1918 in allerlei textlichen
Abwandlungen die Habsburger besingen wird, ist ursprünglich zu
Ehren des römisch-deutschen Kaisers Franz II. erklungen. Meine
Lieben, merken Sie sich das gut, für den Fall, dass Ihnen einmal
die da und dort zu hörende Meinungsäußerung ahnungsloser Ein-
faltspinsel unterkommt, Österreich habe nichts mit der deutschen
Geschichte zu tun oder sei sogar seit jeher eine Antithese zu allem
Deutschen gewesen.

Am 20. November wird im Theater an der Wien Beethovens
Revolutionsoper *Fidelio* uraufgeführt. Die französischen Besat-
zungsoffiziere im Publikum bescheren dem Stück des Komponisten, der die Widmung seiner *Eroica*-Symphonie an Napoleon

unter dem Eindruck von dessen Kaiserproklamation wieder zurückgenommen hat, einen eher lauen Applaus.

Ein paar Tage danach, am 2. Dezember 1805, schlägt Napoleons Armee bei Brünn Österreicher und Russen vernichtend in der Schlacht von Austerlitz. Der Friede von Preßburg erkennt Österreich das Land Salzburg zu, bringt jedoch Tirol und Vorarlberg an Bayern und die österreichischen Vorlande, den alten habsburgischen schwäbischen und badischen Streubesitz, an Württemberg und Baden, die mit Frankreich verbündet sind. Im Juli 1806 hängt Napoleon 16 deutsche Fürsten von Bayern bis Liechtenstein zu einem »Rheinbund« von Frankreichs Gnaden zusammen, die damit ihren Austritt aus dem Reich erklären. Im Lauf der nächsten Monate folgen die restlichen deutschen Staaten bis auf Preußen und Österreich.

Franzens Gesandter in Paris, Metternich, hat noch im Juni den Auftrag bekommen, mit Napoleon Gegengeschäfte für eine Auflösung des Deutschen Reichs auszumachen. Die Ereignisse nehmen den Österreichern aber jede Verhandlungsbasis.

Am Mittwoch, dem 6. August 1806, verkündet ein kaiserlicher Herold vom Balkon der Kirche Am Hof aus das Ende des Heiligen Römischen Reiches und das Niederlegen der Kaiserkrone. Des Habsburgers letzte Worte als Franz II. werden verlesen: »… daß Wir das Band, welches Uns bis itzt an den Staatskörper des deutschen Reichs gebunden hat, als gelöst ansehen.« – Drunten am Platz ist gerade Markttag. Der Obst- und Gemüsemarkt hallt wieder vom lauten Geschrei der Händler, Käufer, Fuhrwerker. Die dünne Stimme des Herolds geht im lauten Getöse unter, seine Botschaft bleibt ungehört. 533 Jahre beinahe ununterbrochener Herrschaft Habsburgs in Deutschland sind sang- und klanglos zu Ende gegangen.

Zum letzten Mal Weltpolitik

1848 bekommt auch Österreich seine Revolution: Heinrich Mayerhöfer,
Angehöriger der Wiener Nationalgarde. Rares Foto aus dem Jahr 1848

Kaum ist das alte Deutsche Reich untergegangen, baut sich ein volkstümlicher Patriotismus auf, der vom Kampf gegen Napoleon und seine Helfer gefüttert wird. Der österreichische Herrscher wird darin zum »Pater Familias«, zum Vater des Vaterlandes, oder der Nation, was immer das ist. Aber weder Kaiser Franz, dieser wienerischste unter den bisherigen Kaisern mit dem heimlichen resignativen Wahlspruch »Man hätt' halt können …«, noch der spröde und sauertöpfische König Friedrich Wilhelm III. von Preußen eignen sich auf Dauer als Idole gleich welcher Nation. Die Patrioten und nach

ihnen die Nationalisten greifen stattdessen auf sagenhafte Heldenge-
schichten aus dem deutschen Mittelalter zurück, die mehr auf brodelnden Ahnungen und diffusen Gefühlen als auf festmachbaren historischen Fakten beruhen.

Ehe es die Allianz gegen Napoleon schafft, den großen Despoten in
die Knie zu zwingen, müssen sich das erneut widerspenstige Preußen
und das am Boden liegende Österreich von ihm noch kräftig demüti-
gen lassen – die preußischen Hohenzollern auf dem Schlachtfeld, die
österreichischen Habsburger darüber hinaus in Napoleons Ehebett.
Als man den Korsen niedergerungen glaubt, betreiben die großen
und kleinen Mächte bei einem Kongress in Wien noch einmal Weltpolitik, ehe sie bei Waterloo endlich auf den napoleonischen Spuk
den Deckel draufhauen, wesselbigen ein Kutscher Europas weiterhin
mit aller Gewalt auf dem Dampfkessel revolutionärer Gärungen hält.

Das biedermeierliche Österreich wird Hassadresse für Liberale
und Demokraten. Gegen Mitte des 19. Jahrhunderts, 1848, hätten die
Habsburger noch einmal eine historische Chance, doch verschließen
sich fast alle von ihnen den neuen Ideen ihrer Zeit. Die Ignoranz
gegenüber dem Modernismus ist ihre Durchhaltestrategie. Eine
Revolution wird niedergeschlagen, bringt Franz Joseph ans Ruder
und bricht Kräften die Bahn, die Österreichs so grantiger wie tragi-
scher und nachträglich zum Nationaldichter hochstilisierter Verse-
schmied Franz Grillparzer pathetisch über Österreich sagen lassen:
»Inmitten dem Kind Italien und dem Manne Deutschland liegst du,
der wangenrote Jüngling da …«

Der Jüngling mit dem alten Gesicht wird dem Kind erfolglos die
Leviten lesen und vom Manne schmerzhaft eine aufs Maul bekommen …

EIN ALTER HUT

Ein Besuch der Rosenburg bei Horn im Waldviertel, dem nördlichen Niederösterreich, zahlt sich in mehrfacher Hinsicht aus.
Immerhin sieht man ein Renaissanceschloss dieser Ausmaße nicht

alle Tage, es lässt sich trefflich speisen und durch die grüne Umgebung flanieren. Eigentümer sind seit jeher bis heute die Grafen Hoyos, ein einst mit Ferdinand I. aus Spanien eingewandertes Fürstengeschlecht aus Kastilien.

In einem der Schauräume des Schlosses findet sich in einer Vitrine ein leicht abgetragen wirkender, speckiger Zylinderhut auf einem kleinen Podest mit Goldrand, woselbst sich eine zunächst rätselhafte Gravur kreisrund um den alten Deckel windet: »Erinnerung herablassender Güte und unnachahmlicher Freundlichkeit«, steht da zu lesen; daneben ein modernes Schild mit der Erklärung: »Während eines Besuches bei Johann Ernest Graf Hoyos-Sprinzenstein in Horn vergaß der Kaiser Franz I. seinen Hut, der nun als Andenken an diesen Kaiserbesuch hier verblieb.« Danke Rosenburg, danke Hoyos für dieses freundliche Kleinod gütiger Erinnerung an herablassende Unnachahmlichkeit! Besser als mit einem alten Hut lässt sich die lähmend lange (1792–1835) Ära des guten Kaisers Franz nicht charakterisieren.

1822 bereist der Livländische Landmarschall Friedrich von Löwis of Menar, Veteran der Kriege gegen Napoleon, Wien, und trifft dort auf eine kaiserliche Familie, an der ihm einiges bemerkenswert erscheint: »Den Kayser, welcher wie die Erzherzöge und alles Militair außer den Dienststunden im einfachen Frack, ohne Ordenszeichen zu gehen pflegt, sahen wir oft mit der Kayserin in der Kirche und im Prater, wo der Kayser in einer offenen, mit 2 Pferden bespannten Kalesche die Kayserin fährt. Er ist so sehr populair, dass man wenig Notiz von ihm nimmt.« So populär und zugleich farblos, dass er zwischen seinen Untertanen verschwindet. Derart bürgerlich familiär und ohne Inkognito hätte sich ein paar Jahrzehnte früher nicht einmal der Volkskaiser Joseph II. durch seine Lande bewegt. Wäre Löwis Maler, wie der durchaus doppelbödige Wiener Erzporträtist des Biedermeiers Ferdinand Georg Waldmüller, und nicht Schreiber gewesen, hätten wir jetzt vor uns ein Pastellbildchen mit feschen Pferden, die eine weiße Kutsche durch eine kitschgrüne Landschaft ziehen, und rotbackigen Knäblein und Mägdelein, die dem lieben Kaiser mit seiner zuckerlrosa eingepackten Kaiserin zuwinken. Ein Biedermeieridyll eben.

Der gute Kaiser Franz, der Freund der Frommen und der Demokraten Schreck, ist es, den die Wiener mit Jubel empfangen, als er 1814 in die Hauptstadt zurückkehrt, nachdem er seine Soldaten, die Söhne des Volkes, in den Kampf gegen seinen eigenen Schwiegersohn Napoleon geschickt hat; jener Kaiser Franz, der das Heilige Römische Reich erlöschen und durch seinen Koch fürs Eingemachte, Metternich, nicht nur eine der stabilsten europäischen Ordnungssysteme aller Zeiten, sondern auch eine beispiellose Bewegungseinschränkung aller Untertanen einrichten lässt; jener Kaiser Franz, der zum verhaltenen Entsetzen seiner Umwelt den in Wien aus dem Sklavenstand zu hohen gesellschaftlichen Ehren aufgestiegenen Schwarzafrikaner Angelo Soliman nach dessen Ableben ausstopfen und mit einem Baströckchen angetan neben einem Warzenschwein in seinem Naturalienkabinett aufstellen lässt. Ein unendlich kleinlicher und großartiger Kaiser. Eine vielschichtige und zugleich doch so einfach gestrickte Figur, dieser Franz, den es laut Haydns Hymne durch Gott zu erhalten gilt. Ein gefährlich gemütlicher Biedermeier in Hauspantoffeln und mit dem Säbel in der Hand.

Das alles und noch mehr gehört *auch* zum Biedermeier, wie man die hausbackene Ära zwischen 1815 und 1848 nennt, und es ist fast ein Symbol, dass der ausgestopfte Soliman im obersten Stockwerk der Hofburg gerade dann in Flammen aufgeht, als auch das politische Pendant des Biedermeier, der »Vormärz«, sein Ende findet – unter den zu tief zielenden Kanonen der kaiserlichen Entsatztruppen des Fürsten Windischgrätz, die 1848 das revolutionäre Wien beschießen. Da ist der Kaiser Franz längst tot und Metternich gerade verjagt worden. Was vorerst noch eine Zeitlang bleibt, sind die komfortablen Sitzmöbel und die bürgerlichen Manieren der kaiserlichen Familie, die Welt der Rüschenkleider, Fräcklein und artigen Hausmusiken. Und das bereits 1828 jung verstorbene

Wiener Kompositionsgenie Franz Schubert hat post mortem trotz gelegentlicher Popularitätstiefs weiterhin Saison. Auch andere Geistesgrößen bewegen sich vor 1848 gern in Habsburgischen Ländern. Johann Wolfgang von Goethe etwa, der sich von Zeit zu Zeit in Böhmen als Begierdekatholik herumtreibt und gegenüber böhmischen Freunden rühmt, »daß man in katholischen Ländern gelten läßt, was in calvinistischen nicht nur verboten, sondern sogar diskreditiert ist«. Noch in seinem Todesjahr sollte Goethe in seinem Tagebuch die »vorteilhafte Stellung der katholischen Naturforscher« preisen. Ungewohnte Töne über das verstockte österreichische Biedermeier.

Gerade die heraufdräuende Industrialisierung, die die Welt so unbequem macht, die neuerungswütige Gründerzeit und die Hektik der Ringstraßenepoche lassen nach 1850 die ältlichen Raunzer immer öfter nach der guten alten »Backhendlzeit« rufen, in der zu spät zum Dienst kommende Beamte an ihre Schreibtische gekettet wurden, Hinrichtungen noch öffentlich waren und es sich kommod über Basteien und im »Paradeisgartl« flanieren hat lassen.

Der unvermeidliche Grillparzer hat diesen Geist des lähmenden Mittelmaßes in bleierne Worte gegossen:

Eines nur ist Glück hienieden,
Eins: des Innern stiller Frieden
Und die schuldbefreite Brust!
Und die Größe ist gefährlich,
Und der Ruhm ein leeres Spiel:
Was er gibt, sind nicht'ge Schatten;
Was er nimmt, es ist so viel!

Damit diese Form von Frieden einkehren konnte, hatten erst Ströme von Blut fließen müssen.

1806. Napoleon nähert sich dem Zenit seiner Macht und es liegt ein drückender, trügerischer Friede über Mitteleuropa. In Österreich wird Graf Philipp Stadion neuer Außenminister, und er hat eine Idee. In Spanien, so stellt er fest, hat die französische Invasion zu einem nationalen Aufstand geführt, der Napoleon schwer zu schaffen macht. Um Ähnliches in Österreich zu versuchen, müsse ein nicht unwesentliches Detail geschaffen werden: ein österreichisches Nationalbewusstsein. Der Schwabe Stadion sammelt eine lose Propagandagruppe, darunter den schlesischen Schriftsteller Friedrich Gentz, den hannoveranischen Dichter Friedrich Schlegel, den Koblenzer Literaten Clemens Brentano, den Berliner Dichter Ludwig Tieck und den preußischen Philosophen Adam Müller. Sie sollen an die nationalen Gefühle appellieren. An welche Nation denn nun? Erzherzog Johann, ein Bruder des Kaisers und der begabteste Habsburger seiner Zeit, wird Schirmherr der Propaganda und richtet flammende Aufrufe »an die deutsche Nation«. 1807 wird auf dem Josefsplatz in Wien eine Statue von Joseph II. »dem Deutschen« aufgestellt. »Josephinismus« steht plötzlich für eine konterrevolutionäre nationale Sache. – So weit die Deutschen der Monarchie.

In den Provinzen werden daneben noch historische Museen gegründet, um Österreich neu zu definieren. Konkret wird das schwierig. Mit Landwehren versucht man ein Gegenstück zur französischen »levée en masse« zu schaffen. In den deutschen Gebieten Österreichs greift das; nicht so bei den Tschechen und Magyaren, und die franzosenfreundlichen Polen will man gar nicht erst bewaffnen. Erzherzog Johann stiftet allerlei Rebellengruppen zum Aufstand an, darunter die Tiroler Bergler, die einen Partisanenkrieg gegen die bayerischen Besetzer beginnen, und auch in Dalmatien erhebt eine Rebellion gegen die Franzosen das Haupt.

Dem Kaiser Franz ist das alles zu hoch: »Was? Vaterländische Vers'ln hams g'schriebn? Wer hat Ihnen denn dös ang'schafft?«, entgegnet er dem treuen Wiener Propagandadichter Ignaz Franz Castelli, als der um Hilfe gegen die napoleonische Geheimpolizei bittet.

Wirtschaftlich muss sich Österreich 1808 nolens volens der französischen Blockadepolitik gegen England anschließen, was die heimische Textilindustrie mangels Importen ankurbelt. Aber der vergangene Krieg hat eine Inflation erzeugt, welche die städtische Bevölkerung verarmen lässt, die Bauern hingegen als Heeresverpfleger wohlhabender macht.

Erzherzog Karl, ein weiterer Bruder des Kaisers, bringt der Armee neue Tricks bei, die Tirailleur-Taktik, das Vorgehen in aufgelöster Schützenreihe. Anfang 1809 wähnt man sich gut gerüstet, Armee und Landwehr zählen 700 000 Mann. Ziemlich einsam, da die Preußen seit den Schlachten bei Jena und Auerstedt (1806) wieder einmal zum Stillhalten verdammt sind, wagt Österreich einen neuen Waffengang gegen Napoleon. Der marschiert sofort gen Wien und nimmt – ebenso wieder einmal – Quartier in Schönbrunn. Am 21. Mai will er dem Heer des nördlich der Donau heranrückenden Erzherzogs Karl begegnen, tut es auch und wird geschlagen – diesmal ist es ein *erstes* Mal! In der zwei Tage dauernden blutigen Schlacht in den Donauauen in der Lobau bei den Dörfern Aspern und Essling gelingt den Österreichern ein wichtiger Prestigesieg gegen den für unbesiegbar gehaltenen Kaiser der Franzosen.

Realpolitisch bedeutet er indes nichts, denn am 5. und 6. Juli siegt Napoleon bei Wagram und nimmt Österreich im folgenden Frieden von Schönbrunn neben Tirol und Vorarlberg auch Salzburg, das Innviertel, Galizien, die illyrischen Provinzen, also insgesamt 2000 Quadratkilometer mit vier Millionen Einwohnern weg, und dazu den Zugang zum Meer. Das Reich wird zum Binnenland und muss Kriegsreparationen zahlen. Inzwischen ist auch die Tiroler Guerilla unter dem so frommen wie in mehreren Bergiselschlachten standhaften Sandwirten vom Passeiertal Andreas Hofer und dem Freiheitskämpfer Speckbacher in Bedrängnis geraten. Österreich begeht Verrat an Hofer und seinen Kriegern, die grimmig weiter Widerstand gegen die Bayern leisten. Hofer wird durch Denunziation ergriffen und am 20. Februar 1810 zu Mantua hingerichtet.

Österreich ist militärisch, politisch, finanziell und moralisch bankrott. Franz entlässt Graf Stadion und enthebt seine Brüder Johann, den er in die Steiermark verbannt, und Karl aller Ämter. Er beruft den rheinischen Aristokraten Klemens Wenzel Lothar Metternich ins Amt des Außenministers. Der kennt Napoleon und weiß, wie man ihn besänftigen kann. Denn der französische Kaiser ist so richtig böse auf Österreich und will es eigentlich aufteilen und in kleine Stücke reißen, aber sein Außenminister Talleyrand hat ihn davor gewarnt und bemerkt, Österreichs Bestand sei ein Zivilisationsfaktor in Südosteuropa …

Metternich rät nun, Franzens junge Tochter Marie-Louise dem Korsen zur Frau zu geben, denn er lechzt nach Nachkommen aus einer Ehe mit einer Fürstentochter aus einem alten regierenden Haus. Ein moralischer Tiefpunkt für die Habsburger. 40 Jahre nach Marie Antoinette fährt eine weitere weinende Erzherzogin gen Paris … Als sie dem *Empereur*, der auch als *Aigle*, also Adler bezeichnet wird, am 20. März 1811 einen kleinen *Aiglon* schenkt, der vom überglücklichen Napoleon den Titel »König von Rom« bekommt, ist das aus Sicht des Schwiegerpapas keinen Tag zu früh, denn am 20. Februar ist Österreich in den Staatsbankrott geschlittert. Man ist nun ein Satellitenstaat Frankreichs und muss an Napoleons wahnwitzigem Russland-Feldzug teilnehmen. Die 30 000 Mann des Fürsten Karl Philipp zu Schwarzenberg können allerdings von Metternich geschickt aus dem Schlimmsten herausgehalten werden und erfrieren nicht zusammen mit Napoleons Großer Armee im russischen Winter 1812.

Des Korsen Glück hat sich gewendet. In der »Völkerschlacht« bei Leipzig 1813 machen Russen, Preußen, Schweden und Österreicher Napoleon den Garaus. Österreich stellt das größte Armeekontingent. Metternich bleibt dennoch diplomatisch vorsichtig –

immerhin ist Napoleon der Schwiegersohn des Kaisers Franz. Der *Empereur* ist aber zu keinen Zugeständnissen bereit. Im Mai 1814 rücken die Alliierten in Paris ein, Napoleon wird nach Elba verbannt, die Bourbonenkönige kommen in Gestalt von Ludwig XVIII. zurück. Ein »Friede von Paris« wird geschlossen. Das reicht aber nicht, meinen die Alliierten. Es braucht einen großen Kongress zur Friedenssicherung, der die Welt neu ordnen soll. Er wird für September 1814 in Wien angesetzt.

DER WELTKONGRESS

»Ihr weisen Gründer glücklicher Staaten, Neigt Euer Ohr dem Jubelgesang. Es ist die Nachwelt, die Eure Thaten, Mit Segen preist Aeonen lang! Vom Sohn auf Enkel im Herzen hegen Wir Eures Ruhmes Heiligthum, Stets fanden in der Nachwelt Segen, Beglückende Fürsten ihren Ruhm.« Aus jeder Zeile quillt Triumph, in jeder Strophe wird die Gloriole der siegreichen Alliierten über Napoleon gewoben, Kaiser Franz von Österreich, König Friedrich Wilhelm von Preußen, Zar Alexander von Russland. Eine Auftragskomposition des Starkomponisten Ludwig van Beethoven begrüßt hohe Gäste aus ganz Europa: *Der Chor auf die verbündeten Fürsten.* Der Text stammt von Beethovens Freund, dem Journalisten Joseph Carl Bernard.

Weit nüchterner fällt der Kommentar des Volksmunds aus. In den ersten Oktobertagen 1814 kursierte in Wien ein gedrucktes Flugblatt, das die am Wiener Kongress teilnehmenden Monarchen charakterisierte:

Zar Alexander I von Russland: Er liebt für alle.
Friedrich Wilhelm von Preußen: Er denkt für alle.
Friedrich von Dänemark: Er spricht für alle.
Maximilian von Bayern: Er trinkt für alle.
Friedrich von Württemberg: Er frisst für alle.
Kaiser Franz von Österreich: Er zahlt für alle.

Das traf nachweislich vor allem für einen zu, den guten Kaiser Franz, der als Gastgeber des Kongresses tief in die Tasche griff. Doch mochte er auch zahlen – den meisten seiner Zeitgenossen erschien der Kaiser als persönlich geizige, blasse, manchmal geradezu leblose Figur, ein krummbeiniger, hagerer Mann mit etwas zu groß geratenem Kopf, mit einem Hang zu merkwürdigem Humor und frivoler Neugierde. Der Schweizer Jean-Gabriel Eynard: »Er sieht ganz gebrochen und alt aus; klein, dünn von Gestalt, mit rundem Rücken und einwärts gebogenen Knien. Sein Festkleid ist stets das gleiche: ein weißer Rock, rote Beinkleider und schwarze Stiefel. Er zeigte sich während des Gesprächs sehr schüchtern und verlegen. Man kann unmöglich weniger einem Souverän und mehr einem Kleinbürger aus einer Provinzstadt gleichsehen als er.«

Der Theoretiker der Romantik, Adam Müller, sah keinerlei Begeisterung für den Kaiser in der Gesellschaft: »Sie schätzt den Kaiser gering, nicht weil er kein Staatsmann, kein Feldherr ist, sondern weil er nicht elegant, nicht comme il faut ist.« Die sichtbare Gleichgültigkeit des Kaisers gegen die Leiden des Volks in den letzten Kriegen und auch die Verheiratung seiner Tochter Marie-Louise mit Napoleon hätten den »Nationalsinn« der Menschen abgestumpft. Obgleich Eynard einwendet, wohl unter dem Eindruck der allerletzten Monate: »Dieser Herrscher wird von seinem Volk und dem ganzen Hof sehr geliebt; überall vernimmt man sein Lob. Der Ausdruck seines Gesichts ist tatsächlich äußerst geistig, erscheint jedoch wenig geistreich.«

Trotzdem erweist sich Franz gerade auf dem Kongress als großzügig. Nicht nur, dass er geschätzte 80 000 Gulden pro Tag aufgebracht haben, sondern auch angesichts der lockeren moralischen Sitten seiner Gäste geäußert haben soll: »Nur kan Genierer!«

Zurückhaltend ist er auf anderem Gebiet. Seine Tochter Marie-Louise, gewesene Kaiserin von Frankreich, wird von ihm diskret versteckt, sie zeigt sich nicht in der Öffentlichkeit, wird höchstens von Gästen wie Talleyrand besucht. Franz lässt sie von

Graf Adam Albert Neipperg charmant und galant überwacht. Zu seinem Schwiegersohn Napoleon hat der Habsburger ein ambivalentes Verhältnis: Er verhindert zwar die Verbreitung böser Karikaturen Napoleons, sagt aber dessen Sohn, dem »König von Rom«, der nun als Herzog von Parma, später als Herzog von Reichstadt am Wiener Hof lebt, auf die Frage des Kleinen: »Wo ist denn mein Vater?« – »Dein Vater ist eing'sperrt.« – »Warum ist der denn eing'sperrt?« – »Weil er net gut getan hat; und wenn du net gut tust wirst halt auch eing'sperrt.«

Derart volkstümliches Reden ging mit Franzens bürgerlicher Erscheinung einher, er zeigte sich schon damals gern im schlichten Zivilfrack. Neben ihm wirkte seine dritte Gemahlin Maria Ludovika, obwohl von einer Lungenkrankheit geschwächt, direkt glänzend. Eine so zarte wie temperamentvolle Blondine in ihren 20ern, als vor den Franzosen geflohene lombardische Prinzessin Erzfeindin Napoleons und argwöhnisch von Metternich beäugt, welcher der politisch offen mit ihrer Verwandtschaft korrespondierenden Frau misstraute.

Zu Franzens Schicksal gehörte es auch, dass ihm seine jüngeren Brüder, die Erzherzöge Johann, Karl, und Joseph allesamt geistig und wohl auch körperlich überlegen waren und den 47 Jahre alten Mann noch um eine Spur mickriger erscheinen ließen.

Im Herbst 1814 glich die Stadt Wien einem Bienenstock mit zahllosen einheimischen und Besucherbienen, die hektisch zu- und später wieder abflogen. Die Residenzstadt des Kaisers war dennoch zunächst idyllisch anzuschauen und wirkte auf Besucher lieblich. »Der Blick auf Wien hat etwas sehr Heiteres«, meinte etwa Carl Bertuch, Buchhändler aus Weimar, »die weißen, breiten Gebäude, die roten Dächer, die Pyramide des Stephans [gemeint ist hier wohl der Stephansturm], dunkel in die Luft hineinragend. Die heiteren Kuppen der Karlskirche, links der Kranz von Gebirgen und Leopoldsberg. Die Häuserreihen bis Schönbrunn fortlaufend, auf der anderen Seite St. Veit gegen die Brühl. Nach Lachsenburg [!] zur Ebene, im Hintergrund Gebirge von Ungarn …« Die Ausläufer des Wienerwaldes machten den Reiz komplett, der Blick auf den von Weinbergen bedeckten Kahlenberg mit der kleinen Kirche an der Spitze, die an die Befreiung Wiens von den Türken 1683 gemahnte.

Noch war die Stadt von trutzigen Mauern und Bastionen umgeben – erst 1857 sollten dann die Basteien abgetragen werden und das Glacis mit dem Paradeplatz verschwinden, das die Hauptstadt von den Vorstädten trennte. Grob gesprochen wohnten innerhalb der Stadtmauern der Hof, die Aristokratie und die Betuchten, in den Vorstädten Bürger, Beamte und Handwerker, um dann nach außen hin sozial auszuapern. Hier, in den Vororten lebte das gemeine Volk, vor allem Bauern, Landarbeiter, Tagelöhner und die Arbeiter des frühindustriellen Zeitalters. Zusammengerechnet bevölkerten Wien mit Vororten und Vorstädten rund 250 000 Menschen, die es nach London und Paris zu einer der größten Städte des damaligen Europas machten – überragt vom Südturm des Stephansdoms, einem der weltweit höchsten Bauwerke der Zeit. Zwar hatten die Beschießungen und Besetzungen der Napoleonischen Heere 1805 und 1809 der Stadt Wunden geschlagen, aber Wien funktionierte wieder einigermaßen.

Der Lebensstrom, die Donau, war noch nicht wie heute reguliert. Den Norden der Stadt begrenzte einer ihrer Arme, genannt Donaukanal, ein anderer, der Wienfluss, floss entlang der östlichen Stadtgrenze.

Die Besucher trafen auf positiv gestimmte Wiener, die es gewohnt waren, Fremde gastfreundlich zu empfangen. Im Schmelztiegel der Habsburgermonarchie waren auswärtige Sprachen nicht ungewöhnlich, und die Begeisterung über den Fremdenstrom legte sich bei den Einheimischen erst nach ein paar Wochen, als die Preise anzogen und alles teurer wurde.

Zusammengerechnet befanden sich im Zeitraum von zehn Monaten Vertreter von 200 Staaten und anderen Interessengruppen in Wien, insgesamt etwa 100 000 Personen, und eine Woche nach Beginn des Kongresses stellte der Sekretär der Tagung Friedrich von Gentz fest: »Die Stadt Wien bietet gegenwärtig einen überraschenden Anblick dar; alles, was Europa an erlauchten Persönlichkeiten umfasst, ist hier in hervorragender Weise vertreten. Der Kaiser, die Kaiserin und die Großfürstinnen von Russland, der König von Preußen und mehrere Prinzen seines Hauses, der König von Dänemark, der König und der Kronprinz von Bayern, der König und der Kronprinz von Württemberg, der Herzog und die Prinzen der Fürstenhäuser von Mecklenburg, Sachsen-Weimar, Sachsen-Coburg, Hessen usw., die Hälfte der früheren Reichsfürsten und Reichsgrafen, endlich die Unzahl von Bevollmächtigten der großen und kleinen Mächte von Europa – dies alles erzeugt eine Bewegung und eine solche Verschiedenheit von Bildern und Interessen, dass nur die außerordentliche Epoche, in der wir leben, etwas Ähnliches hervorbringen konnte. Die politischen Angelegenheiten, welche der Hintergrund dieses Bildes sind, haben indessen noch keinen wirklichen Fortschritt gebracht.«

Der Optimismus war dennoch zu Beginn groß. Einer der prominentesten Beobachter und schillerndes Enfant terrible der Wiener Gesellschaft, Fürst Charles Joseph de Ligne, meinte zu einem seiner Gäste, dem Grafen de la Garde: »Sie kommen zu rechter Zeit, um große Dinge zu sehen. Europa ist in Wien. Das Gewebe der Politik ist mit Festlichkeit durchsponnen. In Ihrem Alter liebt man die fröhlichen Zusammenkünfte, die Bälle, die Vergnügungen, und ich stehe Ihnen dafür, dass Sie nicht viel Muße haben werden, denn der Kongress schreitet nicht vor, sondern er tanzt. Es ist ein königliches Wirrwarr. Von allen Seiten schreit man: Friede, Gerechtigkeit, Gleichgewicht, Entschädigung, Legitimität, ein Wort um das Ihr Fürst von Benevent [gemeint ist hier der französische Gesandte Talleyrand] das Diktionär der Diplomatie bereichert hat. Wer wird dieses Chaos sichten und dem Strome von Ansprüchen einen Damm entgegensetzen? Ich für meine Person werde als gutmütiger Zuschauer nichts als einen Hut reklamieren, da ich meinen bloß mit dem Grüßen der Souveräne ruiniere, die man an jeder Straßenecke trifft. Aber endlich wird man doch, Robinson Crusoe zum Trotz [der Fürst verulkt hier den auf der Insel Elba exilierten Napoleon], einen allgemeinen, dauerhaften Frieden abschließen. Die Eintracht hat endlich die Völker verbunden, die so lange feindlich waren; ihre berühmtesten Vertreter geben das erste Beispiel dazu. Eine seltsame Sache, die man hier zum ersten Male sieht: das Vergnügen erringt den Frieden.«

De Lignes berühmtes Wort vom tanzenden und nicht arbeitenden Kongress schien ein altes Vorurteil zu bestätigen, das Wien und den Wienern schon früher jene abschätzige Bemerkung Friedrich Schillers, die wir schon kennen, eingetragen hatte, der die Stadt freilich nur vom Hörensagen kannte, dass man an der Donau offenbar nur schmause und pokuliere, ohne zu bedenken, dass das Geld für Speis und Trank nur durch Arbeit aufgebracht werden könne … Das Bild vom liederlichen Wienertum wurde den erheblichen Ergebnissen allerdings nicht gerecht. De Ligne starb noch 1814 und erlebte die intensive Arbeitsphase des Jahres 1815 nicht mehr … Sein Freund – in Wien würde man sagen »Spezi« –, der blumige und überschwänglich formulierende Auguste de la Garde, ein Graf aus der Auvergne, bestätigte dennoch De Lignes Eindrücke: »Für die Fremden war ein so leichtes, von steten Festen durchsetztes Leben wirklich ein Leben voller Wonne. Um die denkwürdige Vereinigung angemessen zu feiern, schien Wien alle Genüsse, die es gewöhnlich bietet, noch übertreffen zu wollen. Im Mittelpunkte des südlichen Deutschlands gelegen, erscheint diese Stadt wie ein Born von Sorglosigkeit und Ruhe inmitten der ernsten wissenschaftlichen und philosophischen Bestrebungen der benachbarten Länder. Ganz der Sinnenlust ergeben, lebt ihr Wesen in Festen, Gastereien, Tanz und vor allem in der Musik. Zu allem der treffliche Ungarwein, der die Freuden noch würzt, lässt sie auch leben und sich im süßen Wohlbehagen materieller Genüsse regieren. Der Fremde ist in Wien gut aufgehoben: er findet bei Privaten herzliche Gastlichkeit, bei den Behörden Offenheit und Wohlwollen. Dafür verlangt man von ihm nur eines: nicht gegen die Regierung sprechen oder handeln.«

Mit Fürsten, Diplomaten und ihrem Gefolge kamen aber auch andere Zaungäste in Land und Stadt, Glücksritter, Spekulanten und Diebe, die den Beamten und Agenten des Polizeiministers Franz Hager Freiherr von Altensteig jede Menge Arbeit machten.

Fernab idyllischer Verklärungen war das Wien der Kongresszeit ein Moloch wie manch andere Großstädte. Trotz hochgelobter Verwaltung und Armenfürsorge stank es in den überfüllten, verwinkelten, engen Gassen. Die Wohnungspreise waren hoch und stiegen durch die vielen Besucher noch mehr. Fürsten und Delegationen wurden in den vorhandenen Palais und Hotels der Innenstadt untergebracht, und sogar einige Erzherzöge aus der Hofburg auswaggoniert, um Platz für allerhöchste Gäste zu schaffen. Die Kosten für den Kongress waren enorm. Am Ende hatte der Kaiser als Gastgeber eine Rechnung von 30 Millionen Gulden zu begleichen – eine astronomisch hohe Summe. Die letztlich zu einem zweiten Staatsbankrott binnen kurzer Zeit führte.

Die Wiener witterten trotzdem gute Geschäfte und boten den Besuchern vielfach ihre Dienste an. Das reichte von Angehörigen nobelster Familien, die sich um Hofdamen-, Kammerherrn- und Pagenstellungen bewarben, bis zu Dienstleistungen, wie sie der Autor Friedrich Anton von Schönholz beschreibt: »Was reiten konnte, bewarb sich um Stallmeister-Posten; wohlhabende Leute boten sich für die Livree an, um nur den Wunderdingen, die da kommen sollten, möglichst nahe zu sein; oder sie hatten die goldenen Dosen und monströsen Trinkgelder im Auge. – Ein gesticktes Kleid, ein Federhut; das Mitwirken bei den Festlichkeiten in irgendeiner, womöglich augenfälligen Weise; einen Diplomaten zur Miete; einen Hoffourier zum Freund und bei allen Spektakels die vordersten Plätze …«

Und – Wien wurde für die Dauer des Kongresses zum Weltzentrum der Prostitution. Die Zahl der aus allen Himmelsrichtungen angereisten Liebesdienerinnen soll in die Tausende gegangen sein, und einige von ihnen arbeiteten auch in »höherem Auftrag« für Metternich oder andere Auftraggeber »erotischer Gegenspionage«.

Da man annahm, der Kongress würde nur zwei Monate dauern, hatte der Wiener Hof im Februar 1814 begonnen, acht bis zehn Feste vorzubereiten. Sie waren bis Ende November angesetzt, zudem dann ja auch die adventliche Fastenzeit begann. Tatsächlich fanden die meisten Feste in den letzten Monaten des Jahres 1814 statt, als die politischen Verhandlungen kaum voranschritten, während das Programm der Monate des Folgejahres eher spärlich besetzt war.

Der überwiegende Teil der gelisteten Feierlichkeiten wurde vom Wiener Hof organisiert. Ihr primärer Zweck war natürlich die Unterhaltung der in Wien anwesenden Souveräne, allen voran der Gäste, die in der Hofburg Quartier bezogen, also der Zar von Russland und die Könige von Dänemark, Preußen, Bayern und Württemberg

Wie so oft lagen die meisten Medienbeobachter auch beim Wiener Kongress falsch. In den Zeitungen und Journalen war nicht der tatsächliche Spielmacher, sondern der politisch unbedeutende, aber prominente Feldherr Karl Fürst Schwarzenberg der österreichische Star schlechthin. Und dennoch hat der eigentliche Fädenzieher bereits 1814 dem 19. Jahrhundert das Gepräge gegeben: Klemens Lothar Wenzel von Metternich. Zur Zeit des Wiener Kongresses Außenminister und später Staatskanzler Österreichs, sorgte der »Kutscher Europas« für politische Verhältnisse, die weitaus länger nachwirkten, als der gebürtige Rheinländer selbst zu steuern vermochte. Das »System Metternich« überlebte den Alten in den Köpfen Europas um viele Dezennien. – Begonnen hat alles beim Tanz.

»Ach, das sind ja meine Stiegelhupferinnen!« – Der gute Kaiser Franz, gerade einmal 48 Jahre alt, gab sich fast altväterlich, als er der Mädchen in den dunklen Hauben, mit farbigen Blusentüchern, die über den Miedern gekreuzt waren, ansichtig wurde. Lou Thürheim, später eine berühmte Malerin und Schriftstellerin, und ihre Schwestern waren dem Motto des Balles im Hause Metternich nachgekommen und in Trachten der Kronländer erschienen. Sie hatten oberösterreichische Bauernkostüme gewählt. Die Bäuerinnen des Salzkammergutes bedachte man mit diesem Kosenamen, da sie die vielen Hecken und Zäune, die die Fußwege ihrer Heimat absperrten, oft nur durch kleine Stiegen überqueren konnten. Viel belacht wurde dagegen das Kostüm der Lady Castlereagh, die wieder einmal den Hosenbandorden ihres Mannes, des großbritannischen Außenministers, im Haar trug, mit der Devise: »Ein Schelm, wer Böses dabei denkt« – sie hatte sich als Vestalin, als keusche, jungfräuliche Hohepriesterin der Antike verkleidet …

Auch Gastgeber Metternich lächelte. Der Karneval würde in diesem Jahr früh enden, schon am 7. Februar, was der Arbeit am großen Werk des Kongresses nur zuträglich sein konnte. Nun, im Jänner 1815, war man »in die Verlängerung« gegangen, da alle gehofft hatten, den Kongress im Lauf des Jahres 1814 über die Bühne zu bringen. Das war eindrucksvoll misslungen. Herr von Metternich, neben dem Kaiser als offiziellem der geschäftsführende Gastgeber, galt seinen Zeitgenossen als »prinzipienlos, hinterhältig und zerstreut, aber unbestechlich und treu – kurzsichtig nur, was unter ihm Stehende betrifft«, wie es die Chronistin Hilde Spiel 150 Jahre nach dem Kongress trefflich zusammenfasst.

Am Ball bewegt sich der bald 42-Jährige als graziöser Herr des Hauses, ein Besucher meint »in ihm einen jener Männer zu erkennen, an denen die Natur ihre reizendsten Geschenke verschwendet hat, die nur für die frivolen Erfolge in der Gesellschaft berechnet zu sein scheinen«. Ein Salonlöwe also. Bei näherem Hinsehen erkenne man allerdings das politische Genie Metternichs, sagt derselbe Beobachter, das »die Ereignisse voraussieht und lenkt. Sein Urteil, die Frucht langen Nachdenkens, ist unwiderruflich und sein Wort entscheidend, wie es einem Staatsmann, der von dem Einfluss jedes seiner Worte überzeugt ist, geziemt. Überdies ist Metternich einer der besten Erzähler unserer Zeit.«

Der aus Koblenz gebürtige Edelmann, der einst vor dem revolutionären Frankreich geflüchtet ist und heutzutage vielen als sprichwörtlicher Inbegriff der Reaktion gilt, sei eigentlich ein »Liberaler der Gesinnung nach«, bescheinigt ihm Kongress-Sekretär Friedrich von Gentz. Kann Metternich so, wie er will? Oder will er gar nichts außer Frieden und den Machterhalt seines Herrn, des Kaisers? Ist er seiner Zeit tatsächlich voraus oder ist es nur die jahrelange Routine im Umgang mit gekrönten Häuptern, dass er sich den Monarchen von Gottes Gnaden gegenüber respektlos benimmt, wie der Hofdichter Giuseppe Carpani beklagt? »Metternich behandelt die Souveräne etwas zu leicht, spricht mit ihnen, ohne sich von seinem Sitze zu erheben, und erlaubt sich einen verletzenden Ton!« Das bemerkt etwas misslaunig auch der französische Gesandte Talleyrand, und der russische Zar Alexander will den saloppen Metternich gleich ganz abgesetzt sehen. Aber das liegt vielleicht auch an seiner Rivalität mit dem Österreicher – in der Politik wie in der Liebe, denn man teilte sich unfreiwillig mindestens mehr als eine Mätresse, unter anderem die vom Zaren mitgebrachte russische Fürstin Bagration oder die Herzogin von Sagan.

Die Geheimpolizei notiert, dass sich vor allem der Preuße Wilhelm von Humboldt über Metternich beschwert: »Er verliert jeden Vormittag, indem er nie vor 10 Uhr früh das Bett verlässt und, kaum angezogen, zur Sagan seufzen geht, fünf bis sechs Stunden lang …« Von 40 Menschen, die ihn täglich sprechen wollen, würden nur drei bis vier vorgelassen, und sie selbst müssten oft stundenlang darauf warten, monieren die Preußen. Auch die anderen österreichischen Repräsentanten wie Schwarzenberg oder Innenminister Ugarte seien entweder dekadent oder unfähig. Die Preußen »müssen daher in Deutschland die erste Rolle spielen, und alle übrigen Mächte müssen es mitbefördern, weil von Österreich gar nichts Energisches zu erwarten wäre.«

In einem sind sich aber alle einig: Herr von Metternich ist nicht bestechlich. Allerdings sei er, so ein russischer Diplomat, bei den Rothschilds verschuldet.

Trotz des scharfen preußischen Verdikts ist die österreichische Mannschaft am Kongress mit eigenwilligen, aber fähigen Männern aufgestellt: der Preuße Friedrich von Gentz als gewandter Sekretär wie Propagandist und der ungesellige, wenn auch liebenswürdige Johann Philipp Freiherr von Wessenberg-Ampringen, der als zweiter Bevollmächtigter des Kaisers großen Fleiß und hohe Arbeitsmoral beweist.

Herr von Metternich betrachtete zufrieden die Gäste seines Balls. Wenn man ihm vielleicht auch nur nachsagte, dass er die Puppen tanzen ließ – heute, hier am Parkett traf es ganz gewiss zu – und morgen war ja wieder ein neuer Tag …

Der neue Modetanz, der Walzer, war erst an der Schwelle zur Hoffähigkeit, da er als zu körperbetont, als zu ordinär galt. Trotz der Verruchtheit des Walzers war der Dreivierteltakt auch bei Hof nicht unbekannt. Vorformen, eher noch im Sinn des Landlers, waren schon Bestandteile des aristokratischen Tanzvergnügens. Auch bei den deutschen Tänzen ist es wieder Ludwig van Beethoven, der 1814 in Wien den Takt angibt. Nicht nur dort. Seine Oper *Fidelio* wird in den neun Kongressmonaten nicht weniger als 15 Mal an Wiener Theatern aufgeführt.

Ein Höhepunkt an öffentlichen Feiern ist das große Wiener Praterfest am 18. Oktober 1814. Zehntausende Menschen feiern hier den ersten Jahrestag der Völkerschlacht bei Leipzig. Im Gegensatz dazu stehen private Soireen, kleine Feste und Ballveranstaltungen in den Palais und Salons der Aristokratie. Jedenfalls nähern sich im Sog der Kongressatmosphäre Menschen unterschiedlicher

Stände und Herkunft einander an wie nie zuvor oder erst wieder lange danach. Neu an alledem ist, dass sich sowohl Fürsten als auch Politiker, Diplomaten und Interessensvertreter in Person an einem Ort zusammenfinden – Menschen, die einander durch gemeinsame Politik und Feldzüge der letzten Jahre gegen Napoleon bereits gut kennen.

Metternich lässt zu Beginn in der Führung der Geschäfte die Zügel vermeintlich locker. Zum einen, weil er meint, es werde nur unproblematische zwei Monate dauern, bis alles unter Dach und Fach ist. Zum zweiten aber ist er auch ein kluger Taktiker. Das bemerkt sofort ein anderer besonders talentierter Politiker, der britische Bevollmächtigte Robert Stewart Viscount Castlereagh. In einem seiner ersten Berichte nach London schreibt er, dass Metternich offensichtlich keinen Plan habe. Jedenfalls überzieht er die Kaiserstadt mit einem Agentennetz, um möglichst alles unter Kontrolle zu bekommen.

Nach Wien kommen 1814 mehrere Sieger und eine besiegte Macht. Frankreich sitzt mit seinem Bevollmächtigten Charles-Maurice de Talleyrand mit am Tisch, einem so wendigen wie konsequenten Politiker, vormals Bischof von Autun, Revolutionspolitiker, Exilant in den USA, dann Außenminister Napoleons und nun Außenminister des zurückgekehrten Bourbonenkönigs Ludwig XVIII. Er ist zwar bei den anderen nicht beliebt, man misstraut und bespitzelt ihn und seine Umgebung, aber man zollt Talleyrand Anerkennung und respektiert auch sein Land; denn man hat nicht Frankreich, sondern Napoleon bekämpft, und gibt sich als generöse Siegerpartei. Frankreich kommt denn auch in den wiederhergestellten Grenzen von 1792 zunächst einmal ohne Reparationszahlungen und Besatzung davon.

Im Prinzip sind es acht Kernverhandler, die auch schon den Pariser Frieden unterzeichnet haben. Kleine Sieger sind zum Beispiel die Herrscher von Bayern und Württemberg, die Napoleon zu Königen erhoben hat, die aber rechtzeitig rund um die Völkerschlacht bei Leipzig 1813 die Fronten gewechselt hatten. Mit ihnen hat man sich schon darauf geeinigt, dass sie ihre Kronen behalten dürfen. Auch die Niederlande werden zum Königreich, und der englische König wird noch dazu König von Hannover. All das bedingt, dass das alte Heilige Römisch-Deutsche Kaiserreich nicht wiederrichtet wird. Die Vertreter der liquidierten geistlichen und weltlichen Fürstentümer des Alten Reiches erhofften aber vom Wiener Kongress die Rückgängigmachung all dessen und die Wiedererrichtung des Heiligen Römischen Reiches Deutscher Nation. Bei ihnen macht sich bittere Enttäuschung breit.

Trotzdem bleiben die Folgen von Napoleons Territorialrevolution bestehen. Womit die Version widerlegt wäre, dass der Kongress lediglich die Uhr zurückgedrängt habe.

Der Kongress bringt eine wesentliche polit-technische Neuerung. Da es aus protokollarischen Gründen keine Plenarversammlungen gibt, erfindet man den *Ausschuss*. So modern und wegweisend die politischen Methoden auch sein mögen, beginnt nun eine Verteilung von Ländern und Seelen, die vorerst eher in die Vergangenheit als in eine europäische Zukunft weist. Wer will nun was?

Da ist einmal Zar Alexander I. von Russland. Er hat, obwohl er von seiner Herkunft gar kein Russe von Geblüt ist, ein besonderes Sendungsbewusstsein, das ihn automatisch mit anderen Großmächten im östlichen Europa wie Österreich in einen Gegensatz bringen muss. Spätestens seit dem gloriosen Sieg über Napoleon bei dessen gescheitertem Feldzug nach Russland 1812 fühlt sich der »Selbstherrscher aller Reussen«, wie Alexanders Titel formell lautet, dazu berufen, in Europa die erste Geige zu spielen, was Metternich, aber auch Castlereagh und den preußischen Gesandten Karl August von Hardenberg beunruhigt. Alexander versteift sich darauf, sich Polen einzuverleiben, das Napoleon zu seinem Satellitenstaat namens Herzogtum Warschau gemacht hatte. Alexander möchte dort den generösen modernen Herrscher geben und den Polen eine Verfassung schenken. Ende des Jahres 1814 wird die polnische Frage fast einen Krieg heraufbeschwören. Dazu kommt

noch, dass auch die Preußen in dieser Region etwas wollen, nämlich Sachsen, das bis zuletzt auf der Seite Napoleons gewesen war.
Alexander will den Preußen dabei helfen, doch alle anderen
Mächte sind dagegen, dass Alexander und Friedrich sich so breit-
machen.

Die Sachsen-Polen-Problematik bringt den Kongress an den
Rand des Scheiterns, gar eines neuen Krieges, doch Talleyrand
vermittelt zwischen England und Österreich auf der einen und
Russland und Preußen auf der anderen Seite – und mogelt solcherart Frankreich wieder ins Konzert der Mächte zurück. Ein
diplomatisches Meisterstück.

Ein weiteres Problem: Italien soll wieder klar österreichische
Einflusssphäre werden. Vor allem Oberitalien. Und der Süden?
Der von Napoleon eingesetzte König von Neapel Joachim Murat,
vormals feuriger Reitergeneral in der französischen Eroberungs-
armee, hat sich, wie er meint, gerade noch rechtzeitig auf die Seite
der siegreichen Alliierten geschlagen. Nun, 1814, betreibt er eine
Schaukelpolitik. Er will den Thron behalten, doch Talleyrand und
das französische Königreich wollen einen Bourbonen, also einen
Verwandten Ludwigs XVIII. in Neapel einsetzen. Beide Seiten
haben Delegationen zum Kongress entsandt. Die Chefverhandler
Österreichs und Englands, Metternich und Castlereagh, möchten
hier auf Zeit spielen und das Problem erst später lösen. Dann allerdings, als Napoleon aus Elba entflieht und ab März 1815 umjubelt
in Frankreich Einzug hält, macht Joachim Murat einen schweren
Fehler, der alle Seiten zum Handeln zwingt. Er setzt noch einmal
auf Napoleon und verliert damit Neapel, das daraufhin von alliierten Truppen besetzt wird.

DYNAMIK UND ERSTARRUNG

»Der Kongress ist aufgelöst«, soll Napoleon gesagt haben, als er
Anfang März 1815 aus seinem Verbannungsort Elba in Frankreich
eintrifft. Das beschleunigt die Verhandlungen entscheidend. Bei

den meisten Österreichern löst Napoleons Rückkehr Angst und Schrecken aus. Vor dem bösen »Napolium«, wie er volkstümlich verballhornt wird, fürchten sich viele, und der Geheimdienst registriert patriotische Aufwallungen. Bisweilen kommen sie von richtiggehenden Freaks und schillernden Gestalten. Der aus Ostpreußen stammende und 1810 zum Katholizismus konvertierte, exaltierte Kanzelprediger *und* Freimaurer Zacharias Werner schreibt einen 21-strophigen Hassgesang auf Napoleon, deren markigste Kernaussagen wir hier wiedergeben (nicht zum Nachsingen geeignet …):

Schlachtgesang
für die zum neuen Kreuzzuge gegen den Erzfeind der ganzen
Menschheit verbündeten deutschen Strafheere …

Alte Zeit wird wieder neu,
Trotz dem Teufel die deutsche Treu!

Noch einmal ziehn wir aus zum Kriegen,
Ist Gott mit uns, zum letzten Mal!
Es bleibt uns keine Wahl als siegen
Oder dem Tieger [!] zu erliegen;
Da hat die Wahl denn keine Qual!

…

Der Feind, wir haben sein geschonet,
Denn das geziemt dem deutschen Mann;
Der Feind hat schändlich uns gefrohnet
Und dennoch uns mit Hohn gelohnet:
Ein Schelm, der das ertragen kann.

…

Die Losung »Gott und Deutschland!« schalle
Vom Donaustrom zum Seinestrand.
Mit uns ihr Europäer alle!
Es kämpft mit uns, daß Babel falle,
Wer Gott hat und ein Vaterland!

…

Der Sohn der Hölle stürzt zum Lohne
Hinunter auf den Flammenthron
Sein harrt die ewig glüh'nde Krone,
Die Hölle, huldigend, heult mit Hohne:
Vive l'Empereur Napoleon!

Chor: Nein! Der am Kreuze starb, er schone
Dein dort. Doch hier bedeckt mit Hohne
Der Menschheit, stirb Napoleon! «

Da gewinnt man den guten Grillparzer dagegen richtig lieb, mit seinem Faserschmeichlerpatriotismus …

Ehe Briten und Preußen Napoleon bei Waterloo endgültig besiegen, wird neun Tage davor noch eilig der Schlussstrich unter den Wiener Kongress gezogen. In der Schlussakte vom 9. Juni 1815 stehen erstaunliche, und auch weniger bekannte Ergebnisse. Eine kleine Auswahl:

- Frankreich wird nicht gedemütigt, aber auf seine Grenzen von 1792 reduziert.
- Die größten Landgewinne erringen Russland und Preußen sowie Großbritannien in Übersee.
- Österreich verliert endgültig Belgien und die Vorlande, bekommt dafür Venedig, Salzburg, Brixen sowie Trient und hat nun einen soliden, territorial zusammenhängenden Machtblock, flankiert von habsburgischen Fürsten in der Toskana und

der Lombardei. Endlich sind die Wünsche von Prinz Eugen und Joseph II. in Erfüllung gegangen …

- Sachsen wird kleiner, bleibt aber als selbstständiges Königreich bestehen. Polen wird wieder einmal zerstückelt, der Löwenanteil kommt als Königreich an den Zaren – wie er es sich gewünscht hat. 1831 wird dieses Russisch-Polen dann Russland direkt einverleibt.

- Den deutschen Buchhändlern wird Rechtssicherheit und ein modernes Copyright in Aussicht gestellt, den europäischen Juden weitergehende Emanzipation, dem Kirchenstaat seine weitere Existenz, der Schweiz die Garantie ihrer Neutralität, und auf Betreiben Großbritanniens und gegen den Willen Spaniens und Portugals wird der Handel mit Sklaven in Übersee verboten. Das machen die Briten nicht aus Menschenfreundlichkeit, sondern um einen Wettbewerbsvorteil zu erringen, denn sie setzen auf die Konkurrenz der Sklaven, die Massen der neuen Arbeiterschaft, die von Klassenkämpfern bald als Sklaven des Kapitalismus bezeichnet werden.

- Machtpolitisch befördert der Wiener Kongress zwei Gebilde: die »Heilige Allianz« zwischen den Monarchen Russlands, Preußens und Österreichs gegen jede Regung von Revolution, und den »Deutschen Bund«, der bis 1866 mit mehr oder weniger großem Erfolg die ehemaligen Territorien des alten Reiches, inklusive jene Österreichs und Preußens, in einem losen Staatenbund vereinigen wird. Den Vorsitz führt Österreich mittels eines Präsidialgesandten.

Was der Wiener Kongress vorerst nicht gebracht hat, ist ein gesellschaftlicher Wandel. Die feudale Ordnung der Gesellschaft bleibt bestehen, es gibt weiterhin ein Oben und Unten. Wer etwas anderes von den nationalen Befreiungskriegen erwartet hat, wird bitter enttäuscht. Ein paar Tage lang hat sich auch im Umfeld der preußischen Delegation von der Öffentlichkeit weitgehend unbemerkt der Vater der Turnerbewegung Friedrich Ludwig Jahn in Wien aufgehalten. Er hat keine Gesprächspartner gefunden, man verstand seine eigentümliche Sprache samt Inhalt nicht …

Dafür aber hält ein neuer Stil der Diplomatie Einzug, eine internationale Verabredungskultur mit vielen Folgekonferenzen des Wiener Kongresses. Ihre Ergebnisse bringen eher Erstarrung als Bewegung, wie die Unterdrückung nationaler Bestrebungen und Aufstände in Italien und Griechenland. Das klappt auf Dauer nicht, Griechenland etwa wird ab 1821 schrittweise seine Unabhängigkeit vom Osmanischen Reich erkämpfen, was zu Spannungen innerhalb der Heiligen Allianz mit Russland führt. Auch kann die Allianz nicht verhindern, dass in Frankreich 1830 nach einer weiteren Revolution eine liberale konstitutionelle Monarchie entsteht.

Gewisse alte Feindschaften sind auch nicht mehr das, was sie einmal waren. Durch den aggressiven Drang Russlands nach Westen und Süden werden die kränkelnden Osmanen, die ihre beste Zeit hinter sich haben, auf einmal die natürlichen Verbündeten von Mächten wie Großbritannien (und Frankreich sowieso) und sogar irgendwie auch von Österreich, das dann in der zweiten Jahrhunderthälfte Territorien am Balkan nicht mehr erkämpft, sondern, wie Bosnien, von den Türken übernimmt, respektive dabei hilft, unabhängige Staaten wie Serbien, Bulgarien und Rumänien aus den osmanischen Landmassen herauszuschälen.

Davon ist in den ersten Jahren nach 1815 noch keine Rede. Hart gesagt scheitert Metternich mit seiner Weltpolitik, hält aber dafür in Mitteleuropa die Fäden umso fester in der Hand. Er schwört den Deutschen Bund auf die Unterdrückung jeder revolutionären nationalen Regung ein, während die neue Burschenschaftsbewegung 1817 auf der Wartburg ein Zeichen für eine deutsche Einigung setzt. Am 12. Juni 1815 von Studenten im Gasthaus »Zur Tanne« in Jena, damals im Großherzogtum Sachsen-Weimar-Eisenach, gegründet, also drei Tage nach der Schlussakte des Wiener Kongresses und sieben Tage vor Waterloo, setzt die »Urburschenschaft« gleich mehrere Dinge in Gang. Ihre Farben sind

Schwarz-Rot-Gold, aus den alten deutschen Reichsfarben Schwarz und Gold mit dem kämpferischen Blutrot zur Freiheits-Trikolore kombiniert. Nun hat man den Franzosen also auch ein gleichwertiges Banner entgegenzuhalten. (Nebenbei bemerkt findet sich das schwarz-rot-goldene Farbmuster erklärtermaßen bis heute im österreichischen Bundeswappen wieder, dessen schwarzer Adler eine rote Zunge hat und die goldenen Attribute Hammer und Sichel in den Klauen hält.) Sie wollen nicht nur den Missständen auf den Hohen Schulen ein Ende setzen, den Raufereien, Saufereien und der Misshandlung der Erstsemestrigen (dem »Pennalismus«), sondern auch klarstellen, dass die Studentenschaft nicht mehr abgehoben agiert, sondern im Dienst des ganzen Volkes steht, dessen Teil sie ist. Daraus ergibt sich, dass an jeder Universität nur eine Burschenschaft existieren soll, im Gegensatz zu den diversen studentischen Corps und Landsmannschaften, die die deutsche Kleinstaaterei repräsentieren. Jahns Turnerbewegung und die Burschenschaften leben als Erste und am konsequentesten diesen Einigungsgedanken, ohne den es nach vielen, allzu vielen anderen mehr oder weniger bemerkenswerten Staatsgebilden heute keine Bundesrepublik Deutschland mit ihren Bundespräsidenten und Bundeskanzlerinnen geben würde.

Dass die Burschenschaft einen protestantischen Touch hat, wird daran sichtbar, dass sie anlässlich des 300. Jubiläums des Luther'schen Thesenanschlags auf dessen Lieblingsgemäuer, der Wartburg, in der Tradition französischer Revolutionsfeten zum Fest bittet. Katholische Universitäten sind nicht eingeladen, und die österreichischen vor allem deshalb nicht, weil es von dort aus keinen freien Personenverkehr nach Eisenach gibt. Auf der Wartburg wird am 18. Oktober 1817 der Einheitsgedanke aller Deutschen noch einmal formuliert. Nach Ende des Festes und der Rückkehr der meisten etwa 450 Teilnehmer nach Eisenach verbleiben noch einige wenige am Lagerfeuer, und der Student der Philologie und evangelischen Theologie Hans Ferdinand Maßmann ergreift spontan das Wort. Er erinnert an die segensreiche Verbrennung einer päpstlichen Bulle und der kanonischen Rechtsvorschriften durch Martin Luther 1520. Nun schaffen einige Turner Makulaturballen herbei, die Bücher darstellen sollen, darunter den französischen *Code civil,* Werke von Zacharias Werner, Saul Ascher und August von Kotzebue. Sie werden gemeinsam mit militärischen Attributen der alten Feudalheere Österreichs, Preußens und Hessens feierlich verbrannt. Was das dreckige Dutzend damit angerichtet hat, ahnen diese Männer nicht. Diese »Bücherverbrennung« lastet als schwerer Makel auf dem Gedenken des Wartburgfests.

Als schließlich der Student Karl Ludwig Sand 1819 den deutschen Dichter und als russischer Agent geltenden August von Kotzebue ermordet, atmet Metternich ob des willkommenen Anlasses richtiggehend auf und setzt die »Karlsbader Beschlüsse« durch, die jede Nationalbewegung an den deutschen Universitäten ersticken sollen und vor allem die österreichischen Länder in eine totalitäre Zone verwandeln. Im vormärzlichen Österreich ist es fortan verboten, dass außerhalb der Märkte mehr als zwei Personen auf der Straße zusammenstehen, da alles, was darüber hinausgeht, als unstatthafte öffentliche Zusammenrottung gilt und polizeilich zu zerstreuen ist. Wahnsinn, werden Sie jetzt sagen, das erinnert ja an schlimmste totalitäre Regimes der Gegenwart à la Nordkorea! Tja, was bedeutet schon Freiheit, wenn man Sicherheit haben kann. Vielen Österreichern scheint dieser »Quietismus« gar nichts auszumachen, denn immerhin herrschen seit 1815 nach 25 Jahren durchgehenden Kriegszustands Ruhe und Ordnung, wenn auch das öffentliche Leben kleingehalten wird. Die bürgerlichen Kleidungsstücke der Epoche sind Schlafmantel und Schlafmütze. Es scheint so, dass außer bei ein paar hartnäckigen Revoluzzern allenthalben die Ansicht vorherrscht, dass Politik eine Sache der Obrigkeit sei und man ohnehin nichts »daran« ändern könne. Dafür kann man dann auch ganz generell und bis heute »nichts dafür« – vor allem in Wien. Verpatzte Chancen und vermiedene Eskalationen sind gleichermaßen die Ergebnisse. Deshalb bekommt Österreich erst 1847 eine Akademie der Wissenschaften, aber auch erst 1848 eine Revolution.

Trotzdem ist nicht zu übersehen, dass auch hierzulande romantische Emotionen von der Kunst auf die Religion (die sich auf gut katholisch in Gestalt des Redemptoristenpaters Clemens Maria Hofbauer, des »Apostels von Wien«, hochmodern, weil schwärmerisch, erneuert) und zugleich auf die Politik übergreifen. Nicht mehr das Herunterfahren des Aberglaubens auf spröde Erkenntnisse der Aufklärer, sondern das nervöse Hoch- und Übersteuern in lichte Höhen politischer Utopien wird jetzt zum Ideal. Die hysterische Emotion bestimmt die Gärung in den schlauen Zirkeln von Salondemokraten und in Verschwörerhöhlen. Sie ist bis heute nicht mehr aus der Politlandschaft verschwunden.

Noch ehe der rational geprägte liberale Rechtsstaat errungen ist, bilden sich gegen seine Absichten bereits jene Banden von gefühlsgeleiteten Schwärmern, die zum großen Teil aus harmlosen halben Kindern bestehen, bisweilen aus etwas härteren Veteranen der Kriege gegen Napoleon, deren Ränder im äußersten Fall aber zu brutaler Gewalt gegen Andersdenkende greifen. Der Burschenschafter Karl Ludwig Sand (1795–1820) ist darin der Vorläufer von RAF-Terroristen wie Andreas Baader (1943–1977) und Ulrike Meinhof (1934–1976). Wer ausschließlich aus dem Bauch und nur mit dem Herzen anstatt mit dem Verstand politische Agitation betreibt, ist der Pubertät des Vormärz nie richtig entwachsen. Hier läuft eine Aufwärmrunde dessen, was sich in den folgenden 200 Jahren abspielen wird. Aus diesem Fundus der Gedanken und Emotionen werden sich die politischen Parteien der Zukunft bedienen. Es ist die Ära, in der sich die Wurzeln der kommenden Massenideologien mit dem Grundwasser aus den Wunderquellen einer neuen Generation von Heilsversprechern vollsaufen. Diese Apostel sind keine Religionsstifter mehr, sondern Parteigründer und Führer einer geradezu pantheistischen Naturtümelei, die nicht die Realität in Rechtsgrundsätze fassen wollen, in einen *Code civil* der Bürgerrechte, sondern ganz im Gegenteil eine Vernatürlichung des Rechts anstreben. *Das Volk*, später *das gesunde Volksempfinden*, ein Vorläufer der *Political Correctness*, ersetzen gerade erst errungene Rechtsgrundlagen, die in deutschen Landen unter dem Druck des Bonapartismus eingeführt worden sind. Paradoxerweise hat gerade der angeblich so rückschrittliche Wiener Kongress viel Napoleonisches erhalten und bleibend festgeschrieben. Aber der *Code civil* ist ja beim Wartburgfest demonstrativ ins Lagerfeuer des dreckigen Dutzends geflogen …

Der Wiener Kongress hat einen Status quo festgelegt. Jetzt folgt die Gegenbewegung. Ihre theoretische Grundlage bildet das Werk Johann Gottfried Herders (1744–1803).

Der Sohn eines pietistischen Kirchenmusikers aus Preußen, Rigaer Freimaurer und Mitglied des Illuminatenordens, der die Herrschaft von Menschen über Menschen durch sittliches Denken und Tun überflüssig machen wollte, lehnte die Erbmonarchie ab, stand dem Staat an sich skeptisch gegenüber und beschwor stattdessen den »Genius« der Völker. Er propagierte die Kraft der alten Dichtung und der deutschen Volkslieder, stellte selbst aber kein Volk über das andere, obwohl er den Sprachen der kleineren Völker wie etwa der ungarischen den mittelfristigen Untergang durch Aussterben verhieß. Mit seinem alten Freund Goethe, dem klassizistischen Aufklärer, überwarf er sich. Goethe hatte es nicht so mit der Nation.

Auf Herder dagegen berufen sich bis heute alle, die den »ethnischen« dem »etatistischen« Nationsbegriff vorziehen, für die sich eine Nation also nicht nur durch die Bevölkerung, die innerhalb gewisser Staatsgrenzen lebt, sondern durch die gemeinsame Herkunft definiert. Wodurch auch immer diese Herkunft oder Abstammung festgestellt wird.

Auf den Vormärz übersetzt bedeutet das: Nicht die durch Fürstenwillkür zusammengehamsterten Länder und ihre Dutzenden Grenzen quer durch Deutschland sind maßgebend für die Bildung der Nation, sondern der gemeinsame »Genius«, also Sprache, Sitten, kulturelles Erbe. Das kann man natürlich weiterdenken und abwandeln – und tut es dann auch. Noch ist es eine liberalistische nationale Einigungsbewegung, noch spielt so etwas wie »Rasse« praktisch keine Rolle außer bei radikalen Zirkeln wie den »Gießener Schwarzen« des hessischen Juristen Karl Follen, der 1816 unter der Devise der gemeinsamen deutschen »Geschichte des Blutes, Glaubens, der Erziehung« Juden als der Mitgliedschaft in seiner Terrorzelle für unwürdig befindet und zu Mitteln wie »Tyrannenmord« aufruft. Solcherlei hat der 1803 verstorbene Herder nicht mehr erlebt, der übrigens auch Begriffe wie »Weltmarkt« und »Zeitgeist« erfunden hat. Ein trendiger Bursche.

Seine nachgeborenen Jünger, die romantischen Turnbewegten und Burschenschafter, wollen zurück in die Zukunft, bedienen sich aus dem Kostümladen der Geschichte, legen eine erfundene »Altdeutsche Tracht« an, und lassen Haare und Bärte so lange wachsen wie später ihre Nachfahren aus der 1968er-Bewegung. Und so wie diese wissen sie ganz genau, aber wirklich ganz genau, was gut für die Menschheit ist und wie man Demokratie definiert: wenn erst einmal *sie* und *nur* sie darin obsiegen. Alles andere wäre ein Fehler im Fortschritt des Systems. Das entspricht der Logik eines Karl Marx, der ebenfalls im Vormärz seine Ideen formuliert.

Reste dieser Mentalität sind dann später bei manchen »Arbeiterparteien« der Linken zu bemerken, die fassungslos mit ihrem Geschick hadern, wenn sie bei freien Wahlen keine Mehrheiten einfahren, weil das ihrer Logik des Drucks der Masse widerspricht. »Demokratie, das ist nicht viel, Sozialismus ist das Ziel« wird das Motto der deutschen Sozialdemokraten auf ihrem Parteitag in Heidelberg 1922 lauten. Das sind nur schlappe 74 Jahre nach 1848, dem Jahr der großen bürgerlichen Revolution(en) und dem damals wenig beachteten Erscheinen des Kommunistischen Manifests des Karl Marx, der nie einen Beruf ausgeübt hat, die eigene Frau und die eigenen Kinder ohne Bedenken dem Hunger preisgibt, zeit seines Lebens auf Kosten kapitalistischer Verwandtschaft lebt, Arbeiter (»Menschenkehricht«) ebenso verachtet wie Juden, Slawen und minder revolutionäre Völker (deren Letztere laut seinem wohlhabenden Kollegen Friedrich Engels ausgerottet gehören – »Bei uns ist eher Haß nötig als Liebe!«), und der entgegen den echten Sozialreformern seiner Zeit für die Kinderarbeit eintritt: »Allgemeines Verbot der Kinderarbeit ist unverträglich mit der Existenz der großen Industrie und daher leerer frommer Wunsch. Durchführung desselben – wenn möglich – wäre reaktionär, da, bei strenger Regelung der Arbeitszeit nach den verschiedenen Altersstufen und sonstigen Vorsichtsmaßregeln zum Schutze der Kinder frühzeitige Verbindung produktiver Arbeit mit Unterricht eines der mächtigen Umwandlungsmittel der heutigen Gesellschaft ist.«

Wichtiger als Reformen ist Marx das Schüren revolutionären Potenzials.

Marx und Engels freilich sind als Internationalisten im politischen Szenario der Gärungen der 1840er-Jahre eher kleine Lichter und von der Führung einer breiten Bewegung weit entfernt. Noch dominieren die Nationalen von weit links, also radikal demokratisch, bis mittig, liberal-kapitalistisch.

Mit der mittlerweile antiquierten Toleranz nobler Aufklärer hat dieser ganze ideologische Hexenkessel wenig zu tun. Vor allem an den Universitäten beginnt jene Unduldsamkeit, der Radikalismus der Leitkulturen, die seitdem das akademische Klima bestimmt. Tolerant ist es an deutschen Universitäten noch nie zugegangen, aber ab nun neigt man zur Absolutierung eigener Ideologien und setzt sie mit Gewalt auf dem Kampfboden Universität durch, unterstützt von Professoren, die beständig die vorgebliche politische Reife ihrer Studenten preisen, ob es sich um Alldeutsche oder später Nationalsozialisten oder Linksextremisten handelt.

»Der Weg der neuern Bildung geht / Von Humanität / Durch Nationalität / Zur Bestialität.« Das sagt 1849 … Na, wer glauben Sie? Erraten: Franz Grillparzer. Tja, er ist nun mal der beste »Hölzelwerfer« (wie man in Wien jemanden nennt, der zu jedem Thema stets ein probates Stichwort parat hat).

Was das alles mit Österreich zu tun hat? Aber meine Lieben, dort drüben, in den freien deutschen Ländern ist doch *alles besser!* Haben Sie schon vergessen? Die progressiven Österreicher schauen nach Norden und Westen, und die konservativen *ultra montes* nach Rom. Nach dem Zwischenspiel der Aufklärung sind wir wieder bei den Haltungen aus der Zeit nach 1648 angelangt, mittlerweile mit der schwärmerischen Schwarmintelligenz der Romantik geschwängert.

Die eigenen Universitäten in Österreich sind allerdings so fest in der Hand der reaktionären Obrigkeit, dass den hiesigen deutschen Bildungsbürgern Jena, Leipzig und Halle wie gelobte Städte erscheinen. Denn für das offizielle Österreich ist Herder ein Ketzer, und Deutschland oder Italien sind bestenfalls geografische Begriffe. So groß ist die Angst vor den deutschnationalen Linken und vor Liberalen aller Schattierungen, dass Metternich vom Weg Josephs II. abgeht und Deutsch als übernationale Sprache der Monarchie verhindert. Das bildet einen Keim der künftigen Kämpfe zwischen den Nationalitäten, an denen Österreich schließlich zugrunde gehen wird. Das Metternich-Regime hat die Idee einer übergeordneten österreichischen Nation, wie sie 1809 Graf Stadion wollte, fallen gelassen und die österreichische Politik wider Willen ethnisiert. Niemand sagt der Bevölkerung klar und deutlich, warum sie die Monarchie eigentlich unterstützen soll. Und das in Zeiten, in denen die liberale Idee der Volkssouveränität so verlockend scheint. Loyalität entwickelt sich stattdessen zunächst einmal gegenüber der engeren Nationalität, der eigenen Ethnie. Darin liegt der Minderwertigkeitskomplex der Österreicher begründet, die im Zeitalter des Nationalismus bis weit ins 20. Jahrhundert hinein ohne eigene Nation auskommen müssen.

Frustrierend? Na ja, da ist wenigstens eine bemerkenswerte gesellschaftliche Kultur, zumindest in Wien, dessen Bürgertum so wie in anderen Städten als Ideenpool freilich zusehends vom Rest der Monarchie und ihrer einfachen Menschen isoliert wird. Dramatiker wie Johann Nestroy und Ferdinand Raimund bringen immerhin die Abgründe der menschlichen Seele auf die österreichischen Bühnen, und Franz Schubert fasst den ganzen Jammer in geniale Töne …

Und Geld kommt ins Haus, Geld! 1816 wird nach dem Staatsbankrott die Nationalbank gegründet, und in Böhmen und Mähren florieren die Eisen- und die Textilindustrie, auch dank der neuen Dampfmaschinen. Der Bankier und Industrielle Salomon Rothschild investiert in Technologien, die aus England importiert werden, die erste Donaudampfschifffahrtsgesellschaft nimmt 1831 ihren Betrieb auf, ein Jahr später folgt die Eisenbahn (allerdings nur eine mit Pferden), und dann 1838 das Glanzstück, die dampfende Kaiser-Ferdinand-Nordbahn. Sie verbindet Wien mit dem mährischen Olmütz und Rothschilds Eisenfabrik in Witkowits, ebenfalls in Mähren. Die jüdischen Unternehmer bringen die Industrie nach vorn, müssen aber noch bis 1848 oder gar 1860 warten, um diverse diskriminierende Gesetze loszuwerden. In Wien etwa dürfen sie bis auf ein paar »Tolerierte« noch immer nicht sesshaft werden.

1835 hat der gute Kaiser Franz den letzten alten Hut genommen und ist entschlafen. Ihm folgt sein Sohn Ferdinand I. nach, ein schwerkranker Mann. Auch ihn verdanken wir Metternich.

BIEDERMANN UND DIE ANSTIFTER

Es wären wohl genügend andere Habsburgerprinzen zur Verfügung gestanden. Aber Metternich ist durch und durch Legitimist, er will nicht schon zu Beginn des neuen Österreich eine Ausnahme von der regulären Abfolge zulassen. Der durch allerlei Erbkrankheiten (er hat statt acht nur vier Urgroßeltern) geistig und körperlich beeinträchtigte Kaiser Ferdinand, bald »der Gütige« (auch »Gütinand der Fertige«) genannt, dürfte ein gar nicht so unsympathischer Mensch sein, ist faktisch aber unfähig zur Regierung. Die besorgt der Staatskanzler, samt einer »Staatskonferenz« seiner Freunde.

Die Figur Metternichs ist der kristallgewordene ewige Vorwurf gegen das verstockte, reaktionäre Österreich. Dass indes gerade er persönlich ein josephinischer Beamter ohne jeden frömmelnden oder bigotten Zug ist, bleibt die größte und oft verschwiegene Enttäuschung seiner Kritiker. Zusammen mit den Kaisern Franz und Ferdinand ist er trotz allem in der volkstümlichen Geschichtsschreibung nahezu jeder Couleur die Schießbudenfigur schlechthin für jene, die nach Schuldigen für Mängel in Österreich suchen. So ist es sehr verlockend, aus der sicheren Distanz von 200 Jahren die Macht rückwirkend in der Geschichte für den Fortschritt zurückzugewinnen und den Metternich'schen Finsterlingen vom Schreibtisch aus eins draufzuknallen. Das ist zwar zu billig, macht die Fehler des Systems andererseits auch nicht kleiner.

Sogar der nüchterne Metternich entwickelt Visionen, in deren Mittelpunkt nicht selten er selbst steht. 1820 wird er seiner Geliebten Dorothea Lieven sagen: »Mein Leben ist in eine abscheuliche Periode gefallen. Ich bin entweder zu früh oder zu spät auf die Welt gekommen; jetzt fühle ich mich zu nichts gut. Früher hätte ich die Zeit genossen, später hätte ich dazu gedient, wieder aufzubauen; heute bringe ich mein Leben zu, die morschen Gebäude zu stützen. Ich hätte im Jahr 1900 geboren werden und das 20. Jahrhundert vor mir haben sollen.«

Stattdessen hat er sich mit höchst profanen Problemen herumzuschlagen. Nachdem die Eisenbahnen verstaatlicht worden sind und ständig erweitert werden, müssen die Steuern steigen. Aber wer soll sie bezahlen? Die Bevölkerung wächst so stark, dass sie in der Landwirtschaft nicht mehr unterkommt. Industriestädte, vor allem Wien, werden schnell größer, denn die Menschen suchen Arbeit, die sie aber oft nicht finden. Dazu kommen wieder einmal Missernten, diesmal bei den Kartoffeln. Die Leute werden ärmer. Auch die kommende Elite des Landes.

Der Dichter Adalbert Stifter beschreibt eine nicht gerade wohlhabende vormärzliche Wiener Studentenschaft, und die nackten Zahlen zeigen, wie bitterarm sie tatsächlich ist. Für das Jahr

1847/48 bezahlen nur 42 von 933 neuimmatrikulierten Studenten die volle Matrikelgebühr von 40 Gulden, 275 zahlten eine ermäßigte Gebühr zwischen einem und 4.30 Gulden und der Rest, 616, zahlt gar nichts. Freilich sind darunter auch Militärschüler, Stiftlinge, Stipendiaten, Konviktszöglinge, Alumnen (Priesterseminaristen) oder Ordensangehörige, doch die meisten sind schlicht zu arm, um an Gebühren in Guldenhöhe auch nur denken zu können, wie das Zeugnis des Studentenkaplans Anton Füster erweist: »Nicht wenige Studenten gab es, welche wochenlang keine warme Speise genossen, deren einzige Nahrung Wasser und Brod war. (…) Von anderen Entbehrungen in Kleidung, Wäsche und dergl. nicht zu sprechen, erwähnen wir der Wohnungen vieler Studenten; finstere, feuchte, im Winter nicht geheizte Kellerlöcher (…) Wir kannten einen Studenten, der gar kein Quartier hatte, sondern im Winter in Heuschobern, Wagenremisen und Scheunen weit außer der Stadt wohnte, und im Sommer, wenn es nicht regnete, unter freiem Himmel schlief. Wer all dieses Elend angesehen, hätte blutige Thränen über die namenlose Armuth vieler Studenten weinen müssen. Die meisten Armen fand man verhältnismäßig unter den Juden. Den jüdischen Studenten standen die gewöhnlichen Erwerbsquellen (…), die sogenannten Instruktionen, das Lektionen-Geben, wegen des Religionsvorurtheils nicht in dem Maße offen als den christlichen Studenten, von denen übrigens auch nicht sehr viele damit reichlich versehen waren.«

Es ist eine Zeit, in der den Studenten der Habsburgischen Universitäten auch geistige Nahrung verwehrt wird. Rigoros wird der Verkehr von österreichischen mit Studenten an den Universitäten anderer deutscher Bundesstaaten verhindert. Per kaiserlicher Entschließung vom 4. November 1823 werden die restlichen Länder des Deutschen Bundes faktisch mit dem Ausland gleichgesetzt, und per 27. Juli 1829 die im Ausland durch Inländer erworbenen Studienzeugnisse für ungültig erklärt. Im Gegenzug wird allen über zehn Jahre alten Ausländern der Besuch sämtlicher österreichischer Lehranstalten untersagt. Selbst das bloße Reisen der Studenten, auch während der Ferien, wird unterbunden, oder zumindest genau überwacht. Reisen sind nur mit Erlaubnis der österreichischen Gesandtschaft im jeweiligen Land gestattet, nicht ohne dass zuvor eine polizeiliche Genehmigung zur Ausreise aus Österreich vorliegen muss. Reisepässe werden Studenten nur für bestimmte Städte ausgestellt.

In Wien selbst ist die Überwachung überhaupt total und umfassend. Jede durch Erkrankung verursachte Hinderung des Vorlesungsbesuches muss sofort angezeigt und bei Wiedergenesung durch ein gestempeltes Zeugnis gerechtfertigt werden. Studenten, die ohne Rechtfertigung mehrere Absenznoten erhalten haben, sind dem Vizedirektorat der Universität und durch dieses der Polizei-Oberdirektion anzuzeigen. Von der Hochschulautonomie in Verwaltung und Gerichtsbarkeit, wie sie seit dem Mittelalter üblich gewesen war, scheint nichts übriggeblieben zu sein, was sich besonders durch die Tatsache bemerkbar machte, dass eben nicht mehr die akademischen Behörden, sondern die Polizeitruppe des Grafen Sedlnitzky (1778–1855) die Hochschüler überwacht.

Alle diese Maßnahmen sollen verhindern, dass sich studentische politische Agenten von ausländischen (besonders von den freieren deutschen) Universitäten nur zum Schein in Wien immatrikulieren.

Ebenso ist der Verkehr mit dem Ausland auf brieflichem Weg oder mittels Austausches literarischer Druckwerke erschwert. Obwohl der Vorgänger Sedlnitzkys, Baron Hager, sich bemüht hatte, die drohenden Auswirkungen der Zensur abzuschwächen (so im »Zensuredikt«, das Kaiser Franz I. am 14. September 1810 erließ und das die Kontrolle auf Werke beschränkte, deren Verfasser verdächtig waren, die Religion, das Haus Habsburg und die bestehende Regierungsform anzugreifen), darf das gemeine Volk eine Unmenge von Werken gar nicht lesen, und sogar Personen höheren Standes benötigen einen Erlaubnisschein, um nicht allgemein zugelassene Bücher erwerben zu können. Das gilt übrigens auch für die Einkäufer der Hofbibliothek – und erst recht für die studierende Jugend.

Als nach dem Winter 1847/1848 der Hunger nach Brot und Veränderung zu groß wird, ist das Maß voll. Über die Revolution von 1848 ist dermaßen viel geschrieben worden, dass ich hier nur einige Denkwürdigkeiten wiedergeben will.

Sie beginnt im Jänner mit Aufständen in Mailand. Die italienischen Nationalrevolutionäre Giuseppe Mazzini und Giuseppe Garibaldi blasen zum konzertierten Angriff auf die Herrschaft von Bourbonen und Habsburgern in den italienischen Ländern. Der König von Sardinien will das für sich ausnützen und Italien unter seiner Führung einigen. Das vereitelt vorerst einmal ein alter Haudegen, der schon seit 1784 in militärischen Diensten Habsburgs steht: Josef Wenzel Graf Radetzky, ein strategisches Genie, das unter anderem 1813 den Plan zur Völkerschlacht bei Leipzig entwickelt hatte. Am 25. Juli 1848 wird sein Heer die Armee Sardiniens bei Custozza schlagen. Ein Herr namens Grillparzer, Sie erinnern sich, schreibt auf ihn die Verse:

Glück auf, mein Feldherr, führe den Streich!
Nicht bloß um des Ruhmes Schimmer,
In deinem Lager ist Österreich,
Wir andern sind einzelne Trümmer.

Johann Strauß Vater greift als Radetzky-Fan ebenfalls zur Feder, und jetzt wissen Sie einerseits, warum es eine geheime österreichische Nationalhymne namens *Radetzkymarsch* gibt (während sein Sohn Johann Strauß junior *Barrikaden-Lieder* und den *Revolutionsmarsch* komponiert), andererseits werden Sie auch gleich begreifen, warum die letzte Strophe der italienischen Nationalhymne bis heute die markigen Zeilen »Der österreichische Adler / Hat schon die Federn verloren« enthält, da nämlich wenige Jahre danach Italien gegen Österreich letztlich trotzdem seine Einigung erringen wird.

Aber die Italiener sind nur ein Problem dieses Jahres 1848. Ermutigt durch die dritte Französische Revolution vom 24. Februar fordert am 3. März der ungarische Nationalist Lajos Kossuth eine Konstitution, also eine Staatsverfassung für die österreichischen Länder. Binnen weniger Monate, ja Wochen, wird daraus eine magyarische Nationalbewegung, die ein unabhängiges Ungarn will.

Am 13. März geht's in Wien los. Da strömt eine Demonstration in der Herrengasse vor dem Landhaus zusammen, um den niederösterreichischen Ständen eine Petition zu übergeben. Der Arzt Adolf Fischhof fordert in einer Rede Pressefreiheit, Gewissensfreiheit, Geschworenengerichte und eine Verfassung à la Kossuth für Österreich. Die bedrängten Ständevertreter versprechen, eine Adresse an den Hof zu richten. Doch das eilig zusammengezogene Militär schießt auf die Demonstranten. Fünf Todesopfer sind die ersten »Märzgefallenen« der Wiener Revolution. Sie wird große Figuren im katholischen Studentenkaplan Anton Füster finden, der »Für das Vaterland darf Euch kein Opfer zu groß sein!« predigt, oder auch im Rabbi Isaak Noah Mannheimer, der an Füsters Seite der zum Teil auch jüdischen Märzgefallenen gedenkt.

Am 13. März spielt auch eine der berühmtesten, wiewohl nicht verbürgten Geschichten, die Kaiser Ferdinand zugeschrieben werden. Als der Rumor unter den Fenstern der Hofburg losgeht, fragt er Metternich: »Was machen denn all die vielen Leut' da? Die san so laut!« – »Eine Revolution, Majestät.« Ferdinand drauf fassungslos: » Ja, dürfen s' denn des?«

Noch am Abend des 13. März tritt Metternich zurück und flieht ins Exil nach London. Nicht etwa ins konservative Russland. Nein, in die liberale Monarchie Großbritannien mit ihrem Parlamentarismus. Der Kaiser hebt am 15. März die Zensur auf. Eine Flut von neuen Zeitungen und Flugschriften ergießt sich über Wien.

Die Wiener Studenten und Akademiker stehen im März 1848 in der ersten Reihe der Revolutionäre. Sie verlangen allgemeine bürgerliche Freiheiten, für die Universitäten Lehr- und Lernfreiheit und eine Reform des Bildungswesens. In der Akademischen Legion sind die Mediziner und Techniker überrepräsentiert – zusammen mit Juristen und Kunstakademikern wächst die Zahl der bewaffneten Studenten bis Juli 1848 auf 4665 an.

Der Völkerfrühling scheint angebrochen und alte Gegensätze sind zeitweilig aufgehoben. Polnische Fahnen hängen in diesen Tagen neben ungarischen. »Wir alle lebten wie in einem schönen Traume«, notiert der polnische Revolutionär Florian Ziemiałkowski in sein Tagebuch. Doch wer schwenkt eine österreichische Fahne?

Am 1. April wird die schwarz-rot-goldene Trikolore auf dem Stephansturm gehisst, desgleichen beim Denkmal Josephs II. und auf der kaiserlichen Hofburg. Längst sind auch in anderen Staaten des Deutschen Bundes Revolutionen ausgebrochen. In Frankfurt hat sich ein gesamtdeutsches Parlament, die Deutsche Nationalversammlung, in der Paulskirche konstituiert, und nach Preußen stellt Österreich darin die zweitmeisten Abgeordneten. Gewählter Vorsitzender wird als »Reichsverweser« der Habsburger Erzherzog Johann. Kein Wunder, dass der Schriftsteller Joseph Heinrich Garnier in Rastatt die Schrift *Soll Deutschland österreichisch oder Oesterreich deutsch werden?* veröffentlicht.

Nicht einverstanden sind damit die Tschechen, die in Prag, immerhin der Metropole eines Landes des Deutschen Bundes, einen Slawenkongress einberufen, und ihre eigene Revolution machen. Fürst Alfred Windischgrätz schlägt sie im Juni nieder, und in Wien, das da gerade von den Revolutionären besetzt gehalten wird, frohlockt man über die Strafe für die »rückschrittlichen« Tschechen durch Habsburgs Feldmarschall. Nur eine der vielen paradoxen Frontstellungen des Jahres 1848.

Es sind mehrere nationale, liberale und soziale Revolutionen, die da gleichzeitig neben- und gegeneinander laufen. Die Bürger bekommen es daher auch mit der Angst vor den Arbeitern der Vorstädte und Vororte zu tun und stellen eine Nationalgarde auf, die die liberalen Errungenschaften des März vor allem gegen die

Maschinenstürmer und Sozialrevolutionäre verteidigen soll. Sieger bleiben am Ende der Kaiser und sein Militär, auf das er sich im Prinzip verlassen kann. Die Uhr tickt … die Zeit der Revolte läuft ab.

Vorher wird's im Mai in Wien noch um eine Spur linker, da sich zu den Studenten und Kleinbürgern nun auch revoltierende Arbeiter gesellen. Kaiser Ferdinand flieht samt Familie nach Innsbruck. Bis zum Juli gewinnen die gemäßigten Liberalen unter Fischhof die Kontrolle zurück. Das erste gewählte österreichische Parlament aus deutschen und slawischen Abgeordneten ohne Ungarn, der »Reichstag«, tritt in Wien zusammen und verabschiedet am 7. September ein Gesetz zur vollen Befreiung der Bauern aus den Zwangsverhältnissen gegenüber ihren Grundherren. Diese Errungenschaft wird von der Revolution bleiben. Propagiert worden ist sie vom schlesischen Studenten Hans Kudlich, der dann wie so viele 48er in die USA emigrieren wird.

Da scheint schon irgendwie einiges modern dran. Aber wissen Sie, was? Interessanterweise fordert keine maßgebliche Kraft in Wien die Republik! Man will vor allem eine Verfassung, also einen Grundlagenvertrag, der auch für den Kaiser Gültigkeit haben soll. Die Verfechter dessen nennt man die »Konstitutionellen«. Eine solche Verfassung einer konstitutionellen Monarchie hat der Kaiser auch im April schon erlassen, aber sofort wieder zum Provisorium erklärt. Ein Papiertiger also. Ferdinand ist übrigens zwischenzeitlich wieder nach Wien zurückgekehrt.

Anders bei den Ungarn. Die wollen los von Habsburg. Der Vizekönig von Kroatien, Jellacic, rückt im September in Ungarn ein, um die Magyaren gewaltsam zur Raison zu bringen. Das radikalisiert wiederum die Wiener – am 6. Oktober folgt der bisher offenste Aufstand. In den »Praterunruhen« hängen die Radikalen den kaiserlichen Kriegsminister Latour an eine Laterne. Der Hof flieht nach Olmütz, der Reichstag wird ins ebenfalls mährische Kremsier verlegt, und am 31. Oktober schlagen Windischgrätz und Jellacic mit vereinten Kräften, mit Kanonenbeschuss der Stadt und mit blanker Klinge die Revolution nieder. Prominente Führer wie Wenzel Messenhauser oder der zur Unterstützung angereiste Abgeordnete der Paulskirche Robert Blum werden hingerichtet.

Am 2. Dezember übergibt Kaiser Ferdinand im Prunksaal der fürsterzbischöflichen Residenz zu Olmütz seinem 18-jährigen Neffen Franz Joseph die Kaiserwürde. »Es ist gerne geschehen«, sagt der Gütige zu seinem vor ihm knienden … Aber halt! Diese Szene kennen wir ja bereits. Mit ihr haben wir unsere Zeitreise begonnen!

Der Kreis schließt sich. Er hat einen weiten Radius beschrieben, der uns ein wenig atemlos, vielleicht auch ratlos zurücklässt, in unserer so fernen Gegenwart. Mir zumindest klingen die Ohren von den vielen rasanten Entwicklungen. Doch es gibt noch einiges zu erzählen …

Franz Joseph, der neue Kaiser, geht ans Werk. Und er beginnt es mit einer Reihe von Fehlern.

DIE STARKEN MÄNNER

Solange sich die starken Männer Österreichs nicht sicher sind, die Lage militärisch wieder restlos in den Griff zu bekommen, vollführen sie einen wahren Eiertanz rund um die Konstitution. Am 15. März 1849 wollen die Abgeordneten des Reichtages endlich eine bleibende Verfassung verabschieden. Da rückt am 7. März Militär in Kremsier an und löst das gewählte Parlament auf! Verfassung ex!

Darin liegt das vielleicht größte Unglück, das der junge Kaiser (weil der Weltkrieg ja erst den alten betreffen wird) über Österreich gebracht hat, denn die Kremsierer Verfassung hätte deutsche Zentralisten und slawische Föderalisten befriedigt, die Nationalitäten durch eigene Verwaltungskreise befriedet und alle Bürger vor dem Gesetz gleichgestellt – zumindest für die nichtungarischen Teile der Monarchie. Stattdessen *oktroyiert* der Kaiser eine

Verfassung auf Schwarzenbergs Veranlassung, die aber nie in Kraft tritt und ohnehin wirkungslos geblieben wäre.

In der Zwischenzeit hat Radetzky Venetien zurückerobert, und im August 1849 muss Franz Joseph zähneknirschend die Russen zu Hilfe gegen die Ungarn rufen, die die Habsburger für abgesetzt erklärt haben. Ein weiterer furchtbarer, aber in der damaligen Lage wohl nur schwer vermeidbarer Fehler, aber ein umso tragischerer, denn die Kosakenarmee von Zar Nikolaus I. wütet gemeinsam mit Radetzkys Truppen unter den Magyaren, die nun erst recht tödlich beleidigt sind. Außerdem steht Franz Joseph ab jetzt in der Schuld der Russen.

Im Deutschen Bund nimmt Österreich wieder den Vorsitz ein, nachdem die Nationalversammlung dem preußischen König Friedrich Wilhelm IV. angeboten hat, konstitutioneller Monarch eines Deutschlands ohne Österreich zu werden. Der Hohenzoller lehnt das Angebot der Parlamentarier ab, er würde allenfalls aus Fürstenhänden so eine Krone annehmen, die ihm auch in Erfurt 1850 nahegelegt wird, doch Österreichs Schwarzenberg verhindert das mit diplomatischem Geschick.

Franz Joseph schafft einen neuen »Reichsrat«, beseitigt im »Silvesterpatent« am 31. Dezember 1851 die Pressefreiheit sowie das öffentliche Gerichtsverfahren und regiert ab sofort allein mit einer Handvoll beratender Minister. Der »Neoabsolutismus« ist angebrochen und ruht auf vier Armeen: einer marschierenden, einer sitzenden, einer knienden und einer kriechenden, also aus Soldaten, Kirchenmännern, Bürokraten und Spitzeln.

Als Schwarzenberg 1852 stirbt, stützt sich Franz Joseph stattdessen auf den begabten Innenminister Alexander Freiherr von Bach, einen ehemaligen Revolutionär. Bach zentralisiert die Verwaltung nach josephinischem Vorbild. Zum ersten und letzten Mal wird die gesamte Monarchie mit deutscher Amtssprache von Wien aus regiert. Was Ungarn, Italiener und all die anderen Nationalitäten dazu sagen, lässt sich ausmalen. Die Kroaten werden noch dazu vor den Kopf gestoßen, weil sie trotz ihrer Hilfe gegen die Revolution nun gleich wie die anderen behandelt werden und faktisch unter eine zentralistische Militärdiktatur kommen.

1853 verübt der ungarische Schneidergesell Janos Libényi in Wien ein Messerattentat auf den Kaiser – es missglückt. Er wird bei der Spinnerin am Kreuz (nicht wie oft fälschlich angenommen auf der Hinrichtungsstätte auf der Simmeringer Haide) am Galgen im Wind baumeln. Der Volksmund dichtet: »Auf der Simmeringer Had', hat's an Schneider verwaht. Es g'schicht ihm schon recht, warum sticht er so schlecht.«

Nein, allgemein beliebt ist der 23-jährige Kaiser wirklich nicht. Er überschwemmt das Reich mit deutschösterreichischen Beamten, bremst die Judenemanzipation, gibt im Konkordat von 1855 der Kirche die Oberhoheit über Ehe, Familie und Grundschulen, was die Liberalen aller Schattierungen erzürnt. Der »Klerikalismus« wird ihr erklärtes Feindbild.

Die konservativen Aristokraten wiederum sind verschnupft, weil ihre Grundherrenrechte beschnitten, sie einer Zentralverwaltung unterworfen werden und Steuern zahlen müssen.

Die höhere Schulbildung kontrolliert Cultusminister Leo Graf Thun-Hohenstein. Dieser Vertreter des politischen Katholizismus muss qualifizierte Lehrkräfte aus dem deutschen Ausland holen, was paradoxerweise dazu führt, dass gerade unter ihm viele liberale und national gesinnte Universitäts- und Gymnasiallehrer aus den deutschen Ländern nach Österreich kommen. Mit Thuns Namen sind heute noch diese Reformen verbunden – auch wenn ihre Konzeption in erster Linie auf den Philosophen Franz Exner und den preußischen Philologen Hermann Bonitz zurückgeht. Ihre Eckpunkte im Geist des preußischen Humanisten Wilhelm von Humboldt: Lehre und Forschung sollen frei sein, heißt es jetzt, die Professoren übernehmen die Verwaltung der Universität anstelle der staatlichen Studiendirektoren, und die Philosophische Fakultät wird gleichberechtigt den anderen zur Seite gestellt, sie ist kein Vorstudium mehr. Braucht es auch nicht, denn mittlerweile gibt es ein österreichisches Abitur, die Matura.

Zugleich ändert sich die Ideenwelt der Studenten. Es entstehen als Zeichen der selbstverwalteten Vereinsfreiheit nach dem Vorbild der anderen deutschen Universitäten studentische Verbindungen, liberale Corps, alldeutsche Burschenschaften, später katholische Verbindungen. Sie alle sind Parteien im folgenden Kulturkampf auf akademischem Boden: Freisinnige und Liberale gegen Katholiken, Alldeutsche gegen Habsburgtreue, und fast alle gegen die Juden, die wiederum ihre eigenen Studentenverbindungen gründen. Toleranz ist ihrer aller Stärke nicht. Ist ja logisch. Wir wissen ja, dass sie die Wahrheit gepachtet haben.

Die Wirtschaft wächst mählich, die Zünfte werden durch eine Gewerbeordnung ersetzt, Rothschild baut die »Credit-Anstalt« auf, noch immer zu zaghafte Steuern stützen den Eisenbahnausbau. Das Bürgertum aber, das vom Aufbau profitiert, ist politisch oppositionell-liberal.

Das Militär verschlingt Unsummen und kommt in einer wichtigen Krise nicht zum Einsatz. Russlands Zar Nikolaus I. lädt Franz Joseph dringend ein, mit ihm gemeinsam das Osmanische Reich zu überfallen und sich dessen europäischen Landbesitz zu teilen. Franz Joseph lehnt ab und verprellt damit den Zaren, der auf Dankbarkeit für 1849 gebaut hat. Nikolaus überfällt die Osmanen alleine und unterliegt deren Verbündeten Großbritannien und Frankreich. Dieser »Krimkrieg« endet 1856 mit der Demütigung Russlands. Österreich ist pro-westlich, aber neutral geblieben, was alle anderen mokant zur Kenntnis nehmen. Man sitzt zwischen den Stühlen. Das Ansehen der Donaumonarchie ist beim Teufel.

In dieser Situation wagen die Italiener einen neuen Vorstoß zur nationalen Einheit. Das Königreich Piemont-Sardinien verleitet Österreich zu einer Kriegserklärung, womit der Bündnispartner Frankreich gegen Wien eingreifen kann. Dessen starker Mann heißt Napoleon III., ein Neffe des Schwiegersohns vom alten Kaiser Franz. Aus der Pariser Revolution von 1848 heraus hat er sich zum Imperator gemausert. Als Kaiser der Franzosen treibt er imperialistische Politik. Er hilft den Piemontesen. Gemeinsam besiegen sie die Österreicher 1859 in den unvergleichlich blutigen Schlachten von Magenta und Solferino.

Der Absolutismus ist bankrott, die reiche Lombardei perdu, die Banken werden von den Menschen leer geräumt, das Vertrauen ins Regime ist gegen null gefallen. Der Kaiser muss nun mit dem Reichsrat regieren und eine Verfassung zugunsten des Besitzbürgertums erlassen. »Ohne Verfassung kein Geld«, sagt die Gruppe Wiener Bankiers, deren finanzielle Verweigerung den Kaiser ohne Kleider dastehen lassen würde. Im »Oktoberdiplom« vom 20. Oktober 1860 wird die Monarchie dezentralisiert, und vor allem die Ungarn bekommen einige ihrer geliebten Sonderrechte zurück. Der Kaiser verlässt sich nun auf einen talentierten Deutschliberalen, Anton Ritter von Schmerling, den er zum Staatsminister macht. Nach einer weiteren Reform, dem »Februarpatent« von 1861, kann Schmerling dagegen im neuen Reichsrat, der jetzt endlich einem Parlament ähnelt, wieder eine deutsche Dominanz zusammenbringen, worauf er von Tschechen, Magyaren und Polen boykottiert wird. Der Reichsrat setzt das Budget fest, auch fürs Militär, das aber formell so wie die Außenpolitik vom Kaiser alleine betrieben und verantwortet wird.

Plötzlich ist Franz Joseph der Held der deutschen Liberalen! Sogar beim Deutschen Fürstentag in Frankfurt, wo im August 1863 sein 33. Geburtstag gefeiert wird. Will er gar ein schwarz-rot-goldener deutscher Kaiser werden? Schmerling und Freunden würde das schon gefallen!

Dagegen sind viele. In Österreich alle nichtdeutschen Nationalitäten, also die Mehrheit. Und im Deutschen Bund die Preußen. Deren König Wilhelm I. will selbst Kaiser eines neu zu schaffenden Reiches werden. Sein schlauer Ministerpräsident Otto von Bismarck lockt Franz Joseph in eine Falle. 1864 intervenieren die beiden Mächte gemeinsam in einem Streit und dann Krieg Preußens mit Dänemark und besetzen zusammen Schleswig und Holstein. Österreich fungiert dabei als »Beiwagerl«, also nur als Juniorpartner von Preußen, das sich großspurig an die Spitze der deutschnationalen Mission in Norddeutschland stellt. Das passt Franz Joseph ohnehin ganz gut, der mit den Preußen eher kooperieren als streiten will. Den großdeutschen Schmerling hat er diesem Harmoniebedürfnis geopfert und ihn als Staatsminister entlassen.

Dann schnappt die Falle zu: Preußen rückt auch im von Österreich verwalteten Holstein ein. Österreich muss handeln. Es mobilisiert die Armee des Deutschen Bundes. Preußen tritt aus dem Bund aus und erklärt Österreich am 19. Juni 1866 den Krieg. Bayern, Hannover, Sachsen, Baden und Württemberg stellen sich auf die Seite Österreichs, die thüringischen und einige norddeutsche Länder gehen mit Preußen, dessen wichtigster Verbündeter allerdings kein deutscher ist, sondern das seit 1861 als Königreich geeinte Italien. Es hat zuletzt sogar das Angebot gemacht, Venetien von Österreich nicht erobern zu wollen, sondern es dem Kaiser abzukaufen. Franz Joseph denkt ja gar nicht dran, er schachert nicht! Oder doch?

Was jetzt folgt, müssen Sie sich auf der Zunge zergehen lassen. Um gegen Preußen gewinnen zu können, will Österreich das mit Italien befreundete Frankreich neutral halten. Franz Joseph sichert den Franzosen in einem Vertrag vom 12. Juni 1866 zu, dass Österreich nach dem Sieg über Preußen einen Teil von dessen Gebiet bekommt und im Gegenzug Venetien an Italien gehen soll.

Kapiert? Sollte Österreich gegen Preußen *gewinnen*, gibt es Venedig an Italien ab! Dafür halten sich die Franzosen aus allem raus. Nun beginnt aber der Krieg gegen Italien. Österreichische Soldaten fallen in Massen bei der Verteidigung Venetiens, das Franz Joseph ohnehin aufgeben will, wenn Österreich den Krieg gewinnt … Danach sieht es anfangs sogar aus. Österreich siegt gegen Italien bei Custozza und Admiral Wilhelm von Tegetthoff erringt einen überwältigenden Sieg zur See in der Schlacht bei Lissa. Den im Süden so erfolgreichen Kommandanten Ludwig von Benedek will man jetzt auch im Norden gegen die Preußen einsetzen. Eine Fehlentscheidung. Beim Dorf Sadowa im Nordosten

Böhmens überwältigen am 3. Juli die strategisch und technisch überlegenen Preußen unter Wilhelm von Moltke die Armeen Österreichs und Sachsens. Benedek kennt sich im böhmischen Gelände nicht aus, die Österreicher haben zwar schöne Vorderladergewehre mit 900 Metern Reichweite, aber die Preußen schießen schneller mit ihren kürzer zielenden, doch modernen Hinterladern, die sie sogar liegend nachladen können. Außerdem leisten sich einige österreichische Unterführer allerlei nutzlose eigenmächtige Aktionen während der Schlacht. 7587 Tote beider Seiten bleiben auf dem Blutacker zurück, 22 000 Österreicher geraten in preußische Gefangenschaft. In der deutschen und österreichischen Geschichtsschreibung nennt man das Gefecht bei Sadowa die Schlacht bei Königgrätz.

Die starken Männer Wilhelm I., Bismarck und Moltke haben gewonnen, Benedek ist erledigt, Franz Joseph einmal mehr gedemütigt und Österreich aus Deutschland und Italien hinauskomplimentiert worden.

Das wär's dann gewesen mit der Weltpolitik.

»K. u. K.« – Kismet und Konstitution

Verwundet, doch ungebrochen. Österreichische Offiziere vor dem Lazarett in Prag nach der verlorenen Schlacht bei Königgrätz 1866

Ohne pathetisch werden zu wollen, darf man wohl sagen, dass sich am 3. Juli 1866 bei Königgrätz Alt-Österreichs Geschick in der Weltgeschichte erfüllt hat. Es wird zur Großmacht zweiter Ordnung degradiert. Was den meisten einfachen Menschen, die drin wohnen und für die das Leben so oder so hart wie Biberzahn ist, herzlich egal sein kann. Nicht so den Eliten und den politisch Bewegten. Bis auf jene der kleinen Nationalitäten träumen eigentlich alle Nationalen davon, eigene Staaten zu haben oder sich an größere anzuschließen. Einige würden Habsburg am liebsten weghexen, andere brauchen das Kaiserhaus – noch – als Schutz vor Schlimmerem ...

Franz Joseph weicht ab sofort Schritt für Schritt zurück. Weniger gestaltet er die Politik als er Zugeständnisse macht. Das erste, große an die Ungarn, die einen »Ausgleich« und einen eigenen Staat erhalten. Die kaiserlich und königliche »Doppelmonarchie«, die »k. u. k.« Monarchie, wird geboren. Das erzürnt die Slawen, vor allem die Tschechen, die sich einmal mehr zurückgesetzt fühlen.

Zu den nationalen kommen die sozialen Entwicklungen. Das Industrieproletariat wächst so rasant wie der wirtschaftliche und politische Einfluss des Bürgertums. Neben der rechten Elite von konservativen katholischen Aristokraten und der altliberalen der Besitzbürger bilden sich auf der linken Seite des Spektrums neue politische Bewegungen: eine völkisch-deutschnationale für Antiklerikale, Lehrer, Studenten und Bildungsbürger; eine christliche für Kleingewerbler, Bauern und sozial motivierte katholische Kapläne; und eine sozialreformerische bis revolutionäre Arbeiterbewegung. Für Habsburg nichts als Probleme also? Je größer sie werden, je öfter der Kaiser eine politische Ohrfeige nach der anderen abfängt … desto populärer wird er! Mit Franz Joseph identifizieren sich die meisten, die einfach in Ruhe leben wollen. Zugleich kristallisiert sich endlich ein österreichisches Nationalbewusstsein heraus, das durch harte Schläge von außen, von Preußen, Italienern und Serben, grob zurechtgehämmert wird. Es ist mehr Trotzreaktion als Zeichen ausgefeilter politischer Kultur. »Jetzt erst recht!« – oder »Justament!« sind sehr sehr österreichische Haltungen. Sie werden Franz Joseph bei Weitem überdauern – und den Weltkrieg, den er einläutet.

OPFERGÄNGE

»Wenn nicht etwas ganz Besonderes, entweder ein plötzlicher Waffenstillstand oder eine unerwartete Wendung der Waffenerfolge, dazwischen tritt, dürften wir in allernächster Zeit einen Einmarsch preußischer Truppen in Prag zu erwarten haben.« Die Prager Tageszeitung *Bohemia* meldet in ihrer Ausgabe vom 6. Juli 1866 auf der Titelseite ihren Lesern diese ernüchternde Aussicht, »nicht um sie zu ängstigen, sondern um sie zur Ruhe und zur Besonnenheit zu mahnen«. Denn Prag, so das Blatt, ist zur offenen Stadt erklärt worden, und der Bürgermeister wird gemeinsam mit

Kardinal Schwarzenberg dem Feind entgegengehen und ihn um Schonung der Goldenen Stadt ersuchen. »Dem Feinde würdig und achtungsvoll zu begegnen, alle Ausschreitungen, die den Sieger reizen könnten, hintanzuhalten, dabei aber immer die Treue gegen unsern angestammten Monarchen und das österreichische Kaiserhaus fest und unverbrüchlich zu wahren, das ist der Rath, den wir den Bewohnern Prags ertheilen.«

Die *Bohemia* ist nun nicht gerade eine der bedeutendsten deutschsprachigen Tageszeitungen wie nach ihr das *Prager Tagblatt* oder zeitgleich die Wiener *Neue Freie Presse*, aber auch ihre Redakteure sind gute und glaubwürdige Chronisten der Ereignisse. Sie bemerken in Prag »dumpfe Resignation«, mit der man auf »all die geknickten Hoffnungen zurück[blickt]«. Denn, so die Journalisten, »in Wien hatte man sich durch eine wahre Fluth von Sensation-Telegrammen von vornherein in einen förmlichen Siegesrausch hineingearbeitet – um so schmerzlicher ist nun das Erwachen«.

Der Fluch der modernen Kommunikation hatte in Form des noch relativ jungen Telegrafen mit zutreffenden Siegesmeldungen aus Italien allerlei hochfliegende Illusionen geweckt, und die fatale Randbemerkung »Hat eine Schlacht stattgefunden?« eines kaiserlichen Adjutanten in einem Telegramm des Kaisers an den Oberbefehlshaber der Nordarmee vom 1. Juli soll den unglücklichen Benedek angeblich wider besseres Wissen ins Gefecht getrieben haben. Nie wieder, so schwor sich Franz Joseph, würde er persönlich in die militärische Führung einer Schlacht eingreifen, und der alte Kaiser i. R. weiland Ferdinand I. soll auf seinem Alterssitz in Böhmen den Kommentar »Des hätt ich auch noch z'sammgebracht!« vom Stapel gelassen haben …

Nun, drei Tage nach Königgrätz ist der Jammer groß. Nach dem Verlust so vieler Menschenleben droht auch wieder einmal eine lokale Hungersnot, denn die Ernte in den Kampfgebieten ist vernichtet, wie die *Bohemia* schreibt: »Die Saaten sind förmlich rasirt und das schöne Getreide ganz niedergeritten und von den

Geschützrädern verwüstet.« Wie trostlos die Lage auch bei Österreichs Verbündeten ist, erschließt sich auf Seite vier der gleichen Ausgabe, woselbst klein, aber deutlich vermeldet wird, dass das Münchner Oktoberfest »in Anbetracht der ernsten Zeiten« abgesagt wird. Die Bayern waren mit Österreich und den meisten anderen Staaten des Deutschen Bundes gegen Preußen ins Gefecht gezogen, weshalb man den Waffengang eigentlich als Krieg Preußens gegen Deutschland bezeichnen kann. Tut aber keiner. Denn aus den Preußen und ihrer Entourage werden aus der Sicht vieler Österreicher nach und nach »die Deutschen«. Mehr davon später.

Eine große Zahl von Historikern wird nicht müde, immer wieder hervorzuheben, wie nobel sich Ministerpräsident Otto von Bismarck zu Franz Joseph verhalten hätte, weil er wahrheitsgemäß seinen siegestrunkenen König Wilhelm I. daran gehindert hat, bis nach Wien zu marschieren und Österreich zu zerschlagen. Angeblich aus Respekt Bismarcks vor diesem und jenem. Respekt? Stimmt ja gar nicht!

Noch am Tag nach Königgrätz stellt der Preuße eine ungarische Freischärlertruppe unter dem Exilungarn Klapka auf, der magyarische Kriegsgefangene anwirbt, um in Österreich Unruhe zu stiften, genauso wie der Freikorpsführer Eber nach Rumänien entsandt wird, um dort antihabsburgischen Aufruhr zu schüren. Und die Tschechen werden per offizieller preußischer Proklamation dazu ermuntert, ihre »nationalen Wünsche« zu äußern. Eher sind die preußischen Agenten verwundert und ein wenig enttäuscht, dass das alles nichts zu fruchten scheint …

Nein, in Wahrheit hat Bismarck im Juli 1866 gar keine andere Wahl, als den Ball flach zu halten. Denn Napoleon III., Kaiser der Franzosen und politischer Balancekünstler, will Österreich erhalten sehen. Noch müssen die Preußen den französischen Wünschen entsprechen. Auch militärisch ist die Lage nicht so eindeutig, denn die starke Armee Erzherzog Albrechts (des Sohns von Erzherzog Karl, dem Sieger bei Aspern 1809) hat sich mit 250 000 Soldaten und 800 Geschützen zwischen Donau und Neusiedlersee postiert – kampfbereit! Im preußischen Heer dagegen wütet die Cholera, es wäre im Fall des Falles stark geschwächt.

Doch die große Donauschlacht bleibt aus. Es siegen die Diplomaten. Im Prager Frieden vom 23. August 1866 verliert Österreich lediglich Venetien. Österreich stimmt einem »Norddeutschen Bund« unter der Führung Preußens zu. Das 1740 begonnene Ringen mit Habsburg endet mit einem kompletten Sieg der Hohenzollern. Ein Jahrzehnt danach wird Bismarck froh darüber sein, dass Österreichs Militärmacht erhalten geblieben ist, wenn er Habsburg nämlich für seine Ordnungspläne auf dem Balkan braucht.

So, damit wären also die Verhältnisse zwischen den hohen Herrschaften einstweilen geregelt. Und wer hat dafür geblutet?

»Die Geschichte ist die Wissenschaft vom Unglück des Menschen«, sagt der französische Dichter Raymond Queneau. Leider hat er recht. Wir haben gesehen, dass seit jeher gewaltige Heermassen Europa durchmaßen und mit Krieg, Sieg und Verderben überzogen hatten. Selten allerdings war die Kriegsszenerie so zerklüftet und vielgestaltig wie in den 77 Jahren von 1789 bis 1866, also einem satten Menschenalter der damaligen Zeit. In 34 Waffengängen stritt Österreich, vom letzten Türkenkrieg 1789, einem Nachhall 300-jähriger, schier nicht enden wollender Bedrohung, bis zur Niederlage 1866 gegen Preußen (ein Land, das wiederum 81 Jahre danach, am 25. Februar 1947, von den Alliierten des Zweiten Weltkrieges formell aufgelöst werden wird).

Wer will damals den Krieg? Selbst die von den Diplomaten gebastelten Friedensordnungen können nicht darüber hinwegtäuschen, dass auch für Intellektuelle dieser Periode von links wie rechts der Krieg das Mittel dazu ist, eine ersehnte Ordnung zu schaffen und zu erhalten.

Wer führt den Krieg? Auf dem Boden harter militärischer Realitäten erwächst aus den Franzosenkriegen das militärische Genie

271

Johann Josef Wenzel Graf Radetzkys. Er entwirft – wir erinnern uns – den Plan der Völkerschlacht bei Leipzig 1813, kämpft für Habsburg in Ungarn und Italien und schlägt noch 1848/1849 die Revolution nieder. Er steht für den eisenharten Machterhalt des konservativen Österreich, aber er ist, im Unterschied etwa zum berüchtigten General Julius von Haynau, dem »Blutrichter von Arad«, kein extremer Schlächter.

Nur mit sanfter Gewalt konnte Radetzky (der 1858 im Alter von 92 stirbt) von Kaiser Franz Joseph in Pension geschickt werden. Nicht mehr erlebt hat er, dass seine seit Maria Theresia aus Ersparnisgründen weiß gekleideten Soldaten ab 1866 dann nahezu durchgehend auf blau umgefärbt werden. Völlig einheitlich gestaltet sich die Uniformierung freilich auch dann nicht.

Wie lange steckt man in diesen Uniformen? Ursprünglich werden die Soldaten saisonal angeworben und in Friedenswintern nach Hause geschickt – sie durchzufüttern, ist finanziell nicht leistbar. Später bürgert sich in Österreich ein Präsenzdienst von zehn bis zwölf Jahren ein, der nach und nach auf drei Jahre Präsenz- plus Reservedienstzeiten schrumpft. Danach winkten bevorzugte Stellen im Staatsdienst.

Mit der Schaffung der Landwehr kommt wenigstens ein Spurenelement von Patriotismus auf, und gerade in der Niederlage von Königgrätz ist die Identifikation der Soldaten mit Österreich viel stärker als je zuvor.

Wie stirbt sich's in des Kaisers Rock? Noch in den Koalitionskriegen gegen Frankreich oder im letzten Türkenkrieg krepieren die meisten Soldaten durch Seuchen, schlechtes Wasser und miese Versorgung. Beim Feldzug gegen die Osmanen 1789 sterben allein beim Marsch auf Belgrad so viele kaiserliche Soldaten an den Lebensumständen auf dem langen Weg wie in einer großen Schlacht.

77 Jahre danach, 1866 bei Königgrätz, sieht die Sache ganz anders aus. Die Versorgung hat sich verbessert, aber die tödliche Waffenwirkung im Gegenzug dermaßen gesteigert, dass die meisten Toten auf dem Schlachtfeld zu beklagen sind. Ritterlich-edel ist das Kriegshandwerk auch vorher schon lange nicht mehr gewesen, doch nun wird es mit Hinterlader-Gewehren, größeren Reichweiten der Schusswaffen, einer immer vernichtender wirkenden Artillerie und Kartätschen zum industrialisierten Gemetzel. Kein Wunder, dass der Schweizer Henri Dunant 1859 unter dem Eindruck der Schlacht von Solferino das Rote Kreuz gründet.

Napoleon I. ist bei dieser Entwicklung Pate gestanden. Er, der selbst der Artillerie entstammte, machte diese Waffengattung beweglich, vom simplen Beiwerk für die Infanterie wurde sie zur berittenen mobilen Truppe, die auch selbstständig Angriffe unternahm. Die anderen Armeen ziehen hier während des 19. Jahrhunderts nach, und Österreich führt dann sogar die besten Geschütze der damaligen Zeit ein.

Auch zur See bleibt man nicht wehrlos. Die österreichische Flotte mit Adriahäfen wie Triest und Pula ist zeitweilig die sechstgrößte der Welt, und das Denkmal Admiral Tegetthoffs, des Siegers von Lissa, ziert seit 1886 als Pendant zur »Nelson's Column« am Londoner Trafalgar Square den Wiener Praterstern. Geschaffen wurde es von Carl Kundmann, und die Gestalt des Admirals dreht dem Wurstelprater so nobel den Rücken zu wie die Figur der Pallas Athene dem Reichsratsgebäude (vulgo Parlament) an der Ringstraße.

TEMPORA MUTANTUR …

… nos et mutamur in illis.« Am treffendsten hat diesen lateinischen Spruch wohl Wilhelm Busch ins Deutsche übertragen. »Einszweidrei, im Sauseschritt / Läuft die Zeit; wir laufen mit«, reimt der niedersächsische Humorist 1877 in seiner Bildergeschichte *Julchen.*

Auf Österreich trifft das in Sonderheit zu. Alle, die drin wohnen, scheinen plötzlich andere zu werden. Mit erstaunlichen Effekten. Otto Friedländer (1889–1963), ein Mitstreiter Bertha von Suttners in der »Österreichischen Friedensgesellschaft«, stellt in seinem Buch *Letzter Glanz der Märchenstadt* retrospektiv ein diffuses Veränderungsgefühl in Wien dar: »Wer nach 1840 geboren ist, hat keine Würde mehr. Heute sehen alle Menschen gleich aus. Bei den Alten, da sieht ein Pfarrer wie ein Pfarrer und ein Kaiser wie ein Kaiser aus. Was ist denn Würde als die Einheit von Mensch und Amt – die zweifelsfreie Sicherheit im Amt? Die Sicherheit, die fehlt den Jungen, sie haben nicht mehr die einfache Gläubigkeit. Ihre Überzeugung kommt auf logischen und philosophischen und historischen Umwegen – aus dem Verstand und nicht aus dem Herzen –, und diese Verstandeskatholiken sind fanatisch, nachsichtslos, hart aus Angst.«

Die Hinwendung zu Logik und Verstand orten oder kritisieren nicht alle Zeitgenossen; aber Friedländer schreibt im Rückblick aus dem vollen Herzen des guten Menschen, und das 1948, in einem Jahrzehnt, das noch bitterer war als die Zeit 100 Jahre zuvor …

Nur sehr langsam gesteht man auch den Frauen neue Rechte zu. Nein nein, keine Gleichberechtigung, wo denken Sie hin! Kein Wahlrecht oder so was. Das haben ja nicht einmal die meisten Männer. Dafür dürfen Frauen in Wien nach 1850 erstmals alleine ein Kaffeehaus besuchen, sitzen freilich, wenigstens am Land, noch bis ins 20. Jahrhundert hinein getrennt von den Männern in den Kirchen, ob katholisch oder evangelisch, und noch meine Eltern haben bei ihrer zivilen Trauung 1958 (!) die damals üblichen Ehedokumente unterzeichnet, die meinem Vater als Haushaltsvorstand das Recht gaben, darüber zu befinden, ob meine Mutter einen Beruf ausüben oder ein eigenes Bankkonto haben durfte. Auf den Feldern und in den Fabriken schuften im 19. Jahrhundert die Frauen des agrarischen und des industriellen Proletariats – das Idyll des Hausmütterchens, das sich als Heimchen am Herd um die Kinder kümmert und ruhig auf die Wiederkunft des Ernährers wartet, ist ein rein bürgerliches Phänomen; für die breite Masse bleibt es eine Chimäre.

Auf anderen Gebieten vollziehen sich dagegen größere Metamorphosen.

»Ich bin kein Deutscher, ich bin Oesterreicher«, bemerkt Franz Grillparzer (Sie erinnern sich vielleicht an ihn …) am 1. November 1870 in einem Brief. Zwei Jahre später ist er tot. Nicht so Österreich, dessen einfache Menschen, auch wenn sie Deutsch als Muttersprache haben, sich trotzig gegen die echten oder vermeintlichen Zumutungen der Preußen wehren, die im Verlauf der kommenden Jahrzehnte zu »den Deutschen« mutieren. Besonders deshalb, weil es Bismarck gelingt, nach einem gewonnenen Krieg gegen Frankreich 1871 aus dem Norddeutschen Bund, preußisch annektierten Ländern wie Hannover, Kurhessen und Nassau und der Stadt Frankfurt sowie den süddeutschen Staaten Sachsen, Bayern, Württemberg und Baden ein Kaiserreich zu machen. »Deutscher Kaiser« (und nicht etwa Kaiser von Deutschland) wird der Preußenkönig Wilhelm I.

Das »Zweite deutsche Reich«, auch kleindeutsches Reich genannt, ist ein enges Militär- und Wirtschaftsbündnis, in dem die diversen Königreiche, Fürstentümer und freien Städte zwar weiter bestehen bleiben, doch ist noch keines der Deutschlands, die wir bisher kennengelernt haben, so straff geführt worden wie dieses. Sehr rasch wird das forsche Preußen-Deutschland das alte Österreich in jeder Hinsicht überholen, militärisch, technisch, wirtschaftlich. Für die patriotischen Österreicher werden »die Deutschen« die Konkurrenten Nummer eins, der Neidfaktor steigt. Zumindest bei den meisten Menschen deutscher Zunge.

Für die Intellektuellen der deutschen Linken unter Habsburgs Herrschaft steht einmal mehr fest: Freiheit und Fortschritt sind deutsch, und ihre Unterdrückung heißt Österreich. Objekt der Begierde ist das neue, schöne, Klartext sprechende starke Deutsche Reich der Wilhelms und Bismarcks. Pfui ist dagegen das alte, nach Osten vermeintlich in Wildnis ausapernde, vielzüngige und schwächelnde katholische Habsburgerkonglomerat. Anhand dieser Formel wird eine Spaltung durch die Haltung der Eliten laufen. Das wird bis mindestens 1938 so sein, da und dort noch bis 1945, und in Restphänomenen noch bis in die 1970er-Jahre. »National, das heißt in Österreich deutschnational«, bemerkt einmal der Sohn deutsch-jüdischer Großbürger und spätere Bundeskanzler Bruno Kreisky (1911–1990).

Verstärkt wird dieser Effekt noch durch die Teilung der Habsburgermonarchie. Sie wird notwendig, weil Franz Joseph die Ungarn anders nicht mehr bei der Stange halten kann. Ihr Land heißt ab dem Staatskompromiss namens »Ausgleich« seit 1867 »Königreich Ungarn«, umfasst Altungarn, Kroatien, Siebenbürgen und Slawonien und damit 57 Prozent der Reichsbevölkerung. Die Ungarn werden von ihrer neuen Hauptstadt Budapest (vormals Ofen-Pest) aus eine harte Magyarisierungspolitik beginnen, die den anderen Nationalitäten, den Rumänen, aber vor allem den Südslawen, zeitweise den Atem nimmt.

Der Rest heißt, wie wir schon erfahren haben, mitnichten »Österreich«, sondern »die im Reichsrat vertretenen Königreiche und Länder«, und wird umgangssprachlich nach dem Grenzfluss Leitha auch »Cisleithanien« genannt.

Die beiden Reichsteile sind unteilbar aneinander gekettet und den Habsburgern erblich verbunden. Neben den eigenständigen Landesarmeen (Landwehr und Honvéd), Parlamenten, Regierungen und Ministerien in Wien und Budapest sind ihnen nur einige Agenden gemeinsam: »kaiserlich und königlich« (k. u. k.) sind Außenpolitik, Armee und Flotte und die damit zusammenhängenden Finanzen. All das, wie die heiklen Zölle und Heereskosten, muss alle zehn Jahre neu verhandelt werden, was in dieser »Monarchie auf Kündigung« mächtigen Streit vorprogrammiert, noch dazu, da die Ungarn zu Beginn nur 30 Prozent der gemeinsamen Ausgaben tragen müssen. Dennoch ist auch der ungarische Landtag permanent unzufrieden.

In beiden Reichsteilen kommen liberale Regierungen ans Ruder. In Cisleithanien wird die Schmerling-Verfassung von 1861 noch um einige Elemente erweitert, sodass ein echter Rechtsstaat mit Menschenrechten, Pflege jedweder Nationalität und Sprache und Einrichtungen wie einem Obersten Reichsgericht und einem Verwaltungsgericht entsteht. Die Wirtschaft boomt, von 1867 bis 1873 regiert die »Laissez faire«-Politik der Liberalen, was einen hochmögenden Aufschwung bringt, indes das Industrieproletariat anwachsen lässt. Es wird zu einem politischen Widerpart der bäuerlichen Mehrheit werden, die bis zu ihrer Befreiung 1848 links eingestellt war, aber seither konservativ geworden ist.

1871 wird ein Versuch unternommen, auch den Tschechen Cisleithaniens, die den Reichsrat boykottieren, einen eigenen Ausgleich zu gewähren, doch einerseits fordern sie zu viel, und andererseits sind die Deutschen und Ungarn der Monarchie dagegen. Denn die Deutschen machen bloß 37 Prozent der Bevölkerung ihres Reichsteils aus, und ihre liberalen Abgeordneten können die Mehrheit im Reichsrat nur mit einem komplizierten Wahlrecht nach Wirtschafts- und Steuerleistung halten. Mit den Polen in Galizien, einer recht großen Gruppe, haben sie sich arrangiert, aber eine Erstarkung der Tschechen würde ihre Herrschaft kippen. Die Ungarn sind in ihrem Reichsteil wie die Deutschen eine Minderheit (40 Prozent) und einigen sich wie diese (sogar in einem »Ausgleich«) mit einem numerisch bedeutenden Machtfaktor, den Kroaten. Aber vor einem übertriebenen Zugeständnis an die Tschechen fürchten sie sich. Könnte das nicht auch in Ungarn eine Kettenreaktion bei Slowaken, Serben oder Rumänen nach sich ziehen?

Über all diesen Zwistigkeiten thront der Kaiser. Er ist gar nicht so schwach, kann, wenn er's drauf anlegt, mit Notstandsgesetzen und ohne Reichsrat regieren, und die Minister sind nur ihm persönlich verantwortlich. Vor allem in Cisleithanien hat er vieles in der Hand, und seine Adeligen und Großgrundbesitzer sind ihm weitgehend treu. Die alten 1848er-Revolutionäre hat er zum Teil begnadigt und zurückgeholt, sogar in Ungarn regieren nun Männer wie Graf Gyula Andrássy, und im österreichischen Reichsteil sind antiklerikale Liberale zu den loyalsten Beamten seiner Apostolischen Majestät geworden.

Von unten besehen sieht das alles aber nicht nur idyllisch aus. Aus Sicht einfacher Menschen regieren in Cisleithanien einerseits katholische Aristokraten und Grundbesitzer mit der Kirche und deren Vorschriften und Gesetzen als Disziplinierungsinstrument; und zum anderen liberale Großkapitalisten, einige davon jüdischer Herkunft, mit dem Druckmittel von Arbeit und Brot für die Massen. Die Wahrnehmungsgrenze zwischen beiden ist fließend. Gemeinsam mit der Bürokratie und dem Militär verschwimmen sie zur »Obrigkeit«. Man ist ihr nicht treu, sondern man fürchtet sie. Gegen die da oben kann man nichts machen. Die sind miteinander im Bunde und richten sich's, wie sie wollen, ohne Rücksicht auf den kleinen Mann, der die Zeche zahlt – wofür auch immer. So denken die Österreicher damals, und so denken sie noch heute und in Ewigkeit. Amen.

Am 9. Mai 1873 lässt der erste österreichische »schwarze Freitag« die Wiener Börse abstürzen, beendet sieben fette Jahre, vernichtet manche Existenz und vor allem das Vertrauen der Österreicher in ein liberales Wirtschaftssystem. Bis heute ist der Liberalismus nicht mehr zurückgekehrt, und das ist auch der Grund, warum in der Zweiten Republik, dem gegenwärtigen Österreich, praktisch nur Parteien regieren, die den Anteil dirigistischer staatlicher Einrichtungen, von Gewerkschaften, Kammern und sozialpartnerschaftlichen Verbänden an der Wirtschaftspolitik besonders hoch halten.

Trotzdem bleiben die Liberalen vorerst an der Macht im Reichsrat. Gestürzt werden sie erst 1878, als sie dagegen Stellung nehmen, dass Österreich per Okkupation am Balkan die beiden westlichsten türkischen Provinzen Bosnien und Herzegowina übernimmt, die Habsburg am Berliner Kongress nach dem osmanisch-russischen Krieg von der Weltgemeinschaft der Mächtigen unter der

Ägide Bismarcks zur Verwaltung zugewiesen werden. Dort wohnen nicht nur Moslems, die damals kaum wen stören und zudem als »Bosniaken« zu besonders loyalen Parteigängern Habsburgs werden, sondern vor allem serbische Südslawen, was die Deutschliberalen schwer beunruhigt, da sie fürchten, noch weiter in die Minderheit zu geraten. Außerdem ist es ein unterentwickeltes Gebiet, das viel Geld verschlingen wird, und – auch das fürchten die Liberalen – Österreich werde immer mehr in die Konflikte am Balkan hineingezogen.

Um von außen zu beruhigen und den Österreichern die Angst vor slawischer Übermacht unter der Patronanz Russlands zu nehmen, schließt Bismarck 1879 einen »Zweibund« mit Österreich. Das ist der erste Schritt zu jener Konstellation von Bündnissen, die 1914 schlagend wird.

Franz Joseph zeigt sich vom Geschrei der Liberalen unbeeindruckt und setzt seinen alten, treuen, brav konservativen Jugendfreund Eduard Graf Taaffe als Minister ein. In seiner langen Amtszeit bis 1893 versucht dieser böhmische Adelige aus irischem Geschlecht, mit einem rechten »Eisernen Ring« aus Abgeordneten ganz verschiedener Fraktionen zu regieren. Diese »Rechte« besteht aus Polen, Tschechen, Slowenen, Kroaten, Rumänen, Deutschklerikalen und Deutschkonservativen. Die oppositionelle »Deutsche Linke«, die früheren Liberalen, hat mehr Sitze im Reichsrat als die Rechte, aber solange Taaffe das Vertrauen des Kaisers genießt, ist das eigentlich wurst. Der Minister bekennt sich zum »Fortwursteln«, um »alle Nationalitäten im Zustand gleicher wohltemperierter Unzufriedenheit zu halten«. Ein weiteres markantes Prinzip österreichischer Politik.

Taaffe unternimmt immerhin einiges, um Luft aus dem Druckkochtopf zu lassen, was aber kaum gelingt: Er teilt die Universität Prag in eine deutsche und eine tschechische Hohe Schule und macht Tschechisch in Böhmen und Mähren zu einer Amtssprache im Parteienverkehr – das ärgert die Deutschen, deren Beamte nun dieses slawische Idiom lernen sollen, was sie nicht wollen. Er fördert katholische Lehrer und Schulen – das ärgert die Antiklerikalen. Er reduziert die gesetzliche Arbeitszeit in Cisleithanien auf elf Stunden, schränkt die von Karl Marx so geschätzte Kinderarbeit stark ein, schafft eine Unfall- und Krankenversicherung für Industriearbeiter und übertrifft damit sogar die Bismarck'sche Sozialreform im Deutschen Reich. Er erweitert 1882 das Wahlrecht von Bürgern, die zehn, auf jene, die nur fünf Gulden Steuerleistung pro Jahr bringen. Als er jedoch 1893 das allgemeine Wahlrecht einführen will, scheitert er und stürzt.

Gemeinsam mit Taaffe verlässt die Generation der »alten 1848er« die politische Bühne, die als kaiserliche Beamte und Minister die späten Früchte zu ernten gedachten, die sie als junge Revolutionäre gesät hatten. Ab nun bahnt sich eine ganz andere Politik an.

IM BANN DER IDEOLOGIEN

Der Börsenkrach von 1873 samt der folgenden Depression hat die Bauern einem schlingernden Kapitalismus ausgesetzt, ohne dass ihnen Taaffe, der die Unterstützung der ländlichen Unternehmer brauchte, zu Hilfe gekommen wäre; die Kehrseite der Befreiung von feudaler, aber sicherer Grundherrschaft. Die Wirtschaftsdepression hat auch die kleinen Gewerbetreibenden und Handwerker gegen die Konkurrenz der großen Fabriken nicht gerade gestärkt. Viele Landbewohner gehen in die Städte und roboten als Arbeiter in zuweilen krisengebeutelten Fabriken. Taaffes Wahlrechtsreform hat die Fünf-Gulden-Männer politisch mündig gemacht, die sich als kleine, antiliberale Mittelständler besonders zur sozial orientierten, deutsch-nationalen Seite der Deutschen Linken hingezogen fühlen. Deren Wortführer ist Georg Ritter von Schönerer. Jetzt, meine Lieben, haben wir ihn: den Politikertyp einer neuen Generation!

Er ist 1842 geboren, ein wohlhabender Gutsherr im niederösterreichischen Waldviertel, einer besonders armen Gegend, und betätigt sich dort im Unterschied zu manch anderen Landbesitzern als Wohltäter seiner Schutzbefohlenen, gewährt Darlehen, schafft Ausgedinge für Alte und Kranke, stellt Behinderte ein und schützt die Kinder der einfachen Leute vor exzessiver Ausbeutung. Daneben gründet er 1879 die deutschnationale Bewegung und mischt die Politszene der 1880er-Jahre gewaltig auf.

Gemeinsam mit einigen Freunden, darunter dem Journalisten Engelbert Pernerstorfer und den jüdischen Intellektuellen Heinrich Friedjung und Victor Adler (1852–1918), legt Schönerer 1882 mit dem »Linzer Programm« eine politische Absichtserklärung vor, in der die Deutschen Österreichs gegen die anderen Nationalitäten und gegen wirtschaftliche Ausbeutung verteidigt werden – das erste sozialpolitische Manifest dieses Typs in Österreich. Es enthält aber auch die Forderung nach totaler Trennung Cisleithaniens von Ungarn und nach dem Hinauswurf der galizischen Juden, der katholischen Polen und der orthodoxen Ruthenen, also der Ukrainer aus dem Staatsverband. »Nicht liberal, nicht klerikal, sondern national!« ist das Motto.

Auch Adler und Friedjung haben nichts für die armen »Ostjuden« übrig. Gemeinsam mit Anhängern wie dem Wiener Rechtsanwalt Karl Lueger frönt man der deutschen Leitkultur, gründet gegen slawischen Einfluss Schutz- und Förderungsverbände wie den »Deutschen Schulverein«.

Schönerers großes Vorbild ist Otto von Bismarck, und der Chef der Deutschnationalen hündelt dem kleindeutschen Kanzler hinterher (und wird sich sogar dereinst nach seinem Tod 1921 neben Bismarck hoch droben im Norden, in Friedrichsruh, beisetzen lassen), der indes nichts von dem Fan aus Österreich wissen will, weil er als Junker vor allem preußischer Loyalist ist und die deutsche Nationalbewegung nur vor den Karren seines Königs gespannt hat, damit dieser Kaiser werden konnte. Das deutsche Kaiserreich ist auch kein schwarz-rot-goldenes wie das 1848 erträumte, sondern ein schwarz-weiß-roter Obrigkeitsstaat, der nichts Revolutionäres an sich hat.

Damit wandert auch die österreichische Schönerer-Bewegung von links nach rechts. Parteiemblem wird die Lieblingsblume Kaiser Wilhelms I., die Kornblume. Nicht nur dem jetzt als »Führer« titulierten Schönerer, auch dem Wiener Journalisten Theodor Herzl dient das Bismarck-Reich als Vorbild für seine Vision vom »Judenstaat«. Als Vertonung dieser brodelnden Visionen nationaler Größe fungieren die Musikdramen Richard Wagners, die auch in Österreich politisch wie künstlerisch einschlagen.

In der Realpolitik wird der Ton immer rauer. Schönerer wettert gegen die »Nordbahn«, die einer Rothschild-Firma gehört und dann 1884 notverstaatlicht wird – der Antisemitismus kocht hoch! 1885 schreibt Schönerer das Linzer Programm zu einem Manifest des »biologischen Antisemitismus« um, der stark von vulgären Auslegungen des damals in Mode kommenden Darwinismus getrieben wird. Nicht mehr das Bekenntnis, sondern das »Blut« macht »den Juden«. Daran scheiden sich nun endgültig die Geister.

Adler und Friedjung trennen sich von Schönerer und seiner immer radikaler werdenden Bewegung, desgleichen Karl Lueger (1844–1910), der beschließt, in Wien pragmatische Politik zu machen, demonstrativ eine Fronleichnamsprozession besucht, und vom antiklerikalen Liberalen zum politischen Katholiken mutiert.

Die Globalisierungskritik der Zeit richtet sich gegen tatsächlich existierende oder vermeintliche internationale Mächte, gegen das Komplott der reaktionären Adelsherrschaft, die von Rom gesteuerte Kirche, die übernational organisierte Freimaurerei und das internationale und als »jüdisch« denunzierte Finanzkapital. Politik soll gefälligst das tun, was für uns, das Volk, die kleinen Leute gut ist! Nicht mehr um Religion geht es dabei, die ist höchstens ein zusätzliches Mittel im Kampf der Ideologien. Die sind natürlich Definitionssache. Damit das Volk sie begreift, braucht es große Gestalten, die sie ihnen klarmachen. Es ist die Stunde der Volkstribune.

Während Schönerer immer obskurer wird, 1888 wegen einer Schlägerei sogar vorübergehend ins Gefängnis wandert und seine alldeutsche Bewegung von anderen deutsch-völkischen Antisemiten wie Otto Steinwender und Karl Hermann Wolf übernommen, zerstückelt und weiterentwickelt wird, ehe sie nach der Jahrhundertwende als Folge des allgemeinen Wahlrechts zusammenschrumpft, baut sich in der Reichshauptstadt ein populistischer Realpolitiker auf.

Karl Lueger entwickelt aus den Kreisen der Krämer, Handwerker und einfachen Priester Wiens eine Massenpartei, die anfangs als »Kaplansbewegung« belächelt wird, es aber immerhin 1897 schafft, mit Großdemonstrationen den Widerstand des Kaisers gegen die Bestellung des vom Gemeinderat gewählten Lueger zu brechen und seine Ernennung zum Bürgermeister durchzusetzen. Der Gründer (1893) der »christlich-sozialen« Partei ist ein wahrer Volksmann, dem man nicht den Vorwurf eines übertriebenen Intellektualismus machen kann: »Lassen Sie sich von den alten Römern nicht imponieren. Es ist vollständig gleichgültig, was die alten Römer für eine Meinung gehabt haben, ob sie Ulpian, Julian, Tribonius, Papinian oder … Pavian geheißen haben, es ist, wie gesagt, vollkommen gleichgiltig.« »Ich habe in mir die Überzeugung, daß in den Schulen viel zu viel Spielerei getrieben wird (…)« »Ich bitte, nur keine überflüssigen Programme! Man bindet sich damit zu sehr die Hände.« – Also sprach der »schöne Karl« und begründete damit eine markante politische Tradition bisweilen christlich-sozialer Ignoranz. Bis heute manifestiert sich die Abneigung gegenüber intellektuellen »Spintisierereien« in den Kraftgestalten diverser älplerischer oder voralpiner Landeshauptleute.

Lueger nimmt den liberalen Unternehmern gute Geschäfte aus den Händen, kommunalisiert Straßenbahn- und Gasgesellschaften und erweitert die schon in der liberalen Ära begonnene Wasserversorgung der Stadt mit Hochquellwasser. Er wettert gegen die Konkurrenten seiner christlichen Klientel, gegen die jüdischen Geschäftsleute und gegen die Ungarn im anderen Reichsteil. Die Wiener Tschechen, die »Behm«, hingegen macht er zu Verbündeten. Sie sind einfach zu viele, als dass sie sich der Opportunist Lueger selbst im »deutschen Wien« zu Feinden machen wollte. Sein bisschen Ideologie stützt er auf eine Sozialenzyklika des Papstes und die Ideen des katholischen Denkers Karl Freiherr von Vogelsang. Lueger hat die vulgäre, wenn auch nicht die rabiateste, dafür aber lange wirksame Form des Antisemitismus in die Politik für die breite Masse eingeführt, was ihm die Stimmen von Deutschradikalen und Klerikalen gleichermaßen sichert.

Konrad Heiden, der früheste Biograf Hitlers und selbst jüdischer Abkunft, schreibt 1935 über die österreichischen Juden des 19. und beginnenden 20. Jahrhunderts: »In den deutschen und tschechischen Landesteilen assimilieren sie sich schneller und steigen zum Beispiel in Prag zu einer hohen und feinen Kultur auf, geradezu Vorbild und Beispiel ihrer Umgebung; in Galizien bleiben sie der alte Ghetto-Typ. In Wien vereinigen sich diese verschiedenen Kulturgrade zu einem (…) Gemenge. In Handel und Gewerbe, vielleicht noch mehr in Presse und Literatur, erlangt (…) ein bestimmter Bildungs-Typ zeitweise übermäßigen Einfluss, denn diese weit Herumgekommenen kennen die Bedürfnisse aller Schichten und Nationen des Reichs. In dem unruhigen Völkergemisch werden die Juden von keiner Nation endgültig angezogen, wechseln herüber und hinüber, erhalten aus den Ghetto-Siedlungen Galiziens immer wieder Nachschub mit ausgeprägten Nationalzügen und assimilieren sich aus all diesen Gründen als Ganzes langsamer als in anderen Ländern. So entsteht eine von allen Nationen Österreichs gehetzte Zwischenschicht, überwiegend proletarisch, mit wohlhabenden, beneideten und verlästerten Spitzen.«

Der Antisemitismus wird zum Volkssport, bemerkt der Historiker Albert Lichtblau und benennt einen Zeitzeugen. Der 1872 in Wien geborene Richard Kola, später Bankier und Verleger, schildert eine Episode, die er im Alter von zwölf Jahren, also 1884, im kaiserlichen Wien erlebt hat: »Wir zogen gemeinsam in den Wurstelprater, machten Halt vor den Buden und Ringelspielen, hörten mit Entzücken den diversen Ausrufern zu, die die Attraktionen der einzelnen Buden priesen, und stellten uns schließlich zum Wurstel hin, um zu sehen, wie der Jud' erschlagen wird.

Damals gab es noch keinen Wiener Antisemitismus, der ja erst viel später von Dr. Lueger erfunden wurde, und da löste der Umstand, dass im Marionettentheater der lustige Hanswurst zum Schluss jeder Vorstellung den Hammer ergriff, um den Juden totzuschlagen, nur unbedingte Heiterkeit aus, ohne dass die Zuseher deshalb zu weitergehenden Folgerungen veranlasst worden wären.« Die Banalität künftiger Bestialität. Radikale Sozialisten nehmen den Antisemitismus ebenso gerne in Kauf, wenn er ihren Umsturzplänen hilft, wie der aus Prag stammende deutsch-tschechische marxistische Theoretiker und Agitator Karl Kautsky 1883 in einem Manifest über »Judenhetzen« in Ungarn schreibt: »Diese Judenhetzen aber werden und müssen sich in verstärktem Maße wiederholen, und sie werden schließlich nicht den Juden allein, sondern allen Besitzenden gelten.«

Auch andere Nationalitäten der Monarchie gießen ihre Nationalismen in Ideologien. Die »Jungtschechen« machen eine radikalnationalistische und linkssoziale Politik und stecken sich als Gegensymbol zur deutschen blauen Kornblume die rote Mohnblume ans Revers, und in Wien schreibt der junge Student Mihai Eminescu das Leibgedicht der rumänischen Nation, den *Luceafarul* (»Abendstern«), und so machen sie es alle, die Herren Nationalen …

An den Universitäten ergeben sich paradoxe Frontstellungen. In Prag schlägern sich nach der Jahrhundertwende im »akademischen Kulturkampf« deutsche und jüdische Studenten auf der einen mit tschechischen auf der anderen Seite, es gibt sogar Todesopfer. An der Universität Innsbruck geht die katholische Kirche gegen den antiklerikalen, deutschnationalen Professor jüdischer Herkunft Ludwig Wahrmund und seine burschenschaftlich geprägte Anhängerschaft vor, und an der Uni Wien beginnt die »Hatz« der Deutschvölkischen gegen die zahlreichen jüdischen Medizin- und Jusstudenten einzureißen, aber auch gegen die neu gegründeten katholischen Studentenverbindungen im Cartellverband (CV). Einzig an der östlichsten Universität der Monarchie, in

Czernowitz in der Bukowina, herrscht Burgfrieden, weil dort keine der Nationalitäten eine Mehrheit hat und Deutsche, Juden, Polen, Ruthenen und Rumänen samt ihren farbentragenden Corps, Burschenschaften, Landsmannschaften, CV-Verbindungen und Vereinen wohl oder übel miteinander auskommen müssen.

Was alles in Bewegung gerät und wie groß die Zerrissenheit ganzer Generationen von Intellektuellen ist, wird am Beispiel des Schriftstellers Hermann Bahr, geboren 1865 in Linz, deutlich. 1881 wegen einer sozialistischen Maturarede am Benediktinergymnasium in Salzburg zum Skandalmaturanten hochstilisiert, schließt er sich als Jusstudent in Wien der deutschnationalen Burschenschaft Albia an, zu einer Zeit, als die Sozialdemokraten Victor Adler und Heinrich Friedjung ebenfalls noch Burschenschafter sind. Bahr ist Anhänger des Alldeutschen und Antisemiten Georg Schönerer und wird 1883 nach einer deutschnationalen Trauerrede für Richard Wagner von der Universität Wien verwiesen. Nach mehreren Stationen als Theaterkritiker in Berlin und Paris beschließt er sein Leben 1934 als tiefkatholischer Literat in München.

Besonders beeindruckt zeigt sich Bahr von dem jüdischen Armenarzt Victor Adler. Dieser persönliche Freund des deutschen Sozialisten August Bebel und des Kommunisten Friedrich Engels schafft es, zur Jahreswende 1888/1889 im kleinen niederösterreichischen Hainfeld die im Schatten bedrohlicher Anti-Sozialistengesetze zusammenrückenden radikalen bis gemäßigten roten Arbeitervereine und -parteien aus Cisleithanien zu einer »Sozialdemokratischen Arbeiterpartei« (SDAP) zusammenzuschließen. Dabei ist es gar nicht leicht gewesen, eine Bezirkshauptmannschaft zu finden, die keinen Einspruch gegen eine solch politisch verpönte, womöglich umstürzlerische und daher risikoreiche Versammlung erhebt. Wie es dann doch noch dazu gekommen ist, dass der Markt Hainfeld im Verwaltungsbezirk Lilienfeld die 110 Delegierten »ausgerechnet zu Weihnachten«, wie Bürgermeister Heinrich Zmoll raunzt, aufgenommen hat, diese Geschichte findet sich in der packend kommentierten Edition des Parteitagsprotokolls aus dem Jahr 2014 der Historikerin und Kuratorin des Hainfeld-Museums Margarete Kowall. Aus dieser Story von Blut, Schweiß und Tränen wird ersichtlich, welch hohes Gut die Versammlungsfreiheit ist, und sie sei vor allem jenen Fanatikern ans Herz gelegt, die noch im 21. Jahrhundert Veranstaltungen ihrer politischen Gegner zu sprengen versuchen.

In ihrer Prinzipienerklärung scheint gleich zu Beginn des Einigungsparteitags klar zu werden, dass diese Bewegung nicht nur sozial reformieren, sondern letztlich das herrschende System stürzen, den realen Sozialismus einführen will und die Forderung nach einem allgemeinen Wahlrecht nur als Umweg empfindet. »Ohne sich über den Wert des Parlamentarismus, einer Form der modernen Klassenherrschaft, irgendwie zu täuschen, wird sie das allgemeine, gleiche und direkte Wahlrecht für alle Vertretungskörper mit Diätenbezug anstreben, als eines der wichtigsten Mittel der Agitation und Organisation.«

In Hainfeld plantscht man noch in der sozialistischen Ursuppe der Diktatur des Proletariats. »Hinweg mit der Privatwirtschaft!«, schreit auf Tschechisch der Delegierte Adolf Burian aus Böhmen, und der Schneider Johann Resl aus St. Pölten sagt offen: »Ich stehe nicht auf dem Standpunkte, mich auf alle möglichen politischen Rechte zu verlassen. Alle sind nur Mittel zum Zweck. Wir wollen damit die Massen gewinnen. Allein geht es nicht. Zur Propaganda müssen wir Mittel haben. Wenn ich dem Bauer oder dem Indifferenten sofort sage: Ich will die sozialistische Gesellschaft, wirft er mich hinaus. Aber wenn ich sage: Wir verlangen das und das, dann wird er zu denken anfangen und dann wird er auf den Weg kommen, auf den wir gehen wollen.«

Geschickte Propagandastrategien wie diese werden neben vielen anderen Zeitgenossen unter anderem auch den jungen Adolf Hitler in seiner Wiener Zeit an der Sozialdemokratie faszinieren, so wie ihm andererseits die herrische Kraftgestalt ihres Opponenten Karl Lueger imponiert.

Am 30. Dezember 1888 sagt Victor Adler in Hainfeld: »Wir sagen zum Beispiel in Bezug auf die Arbeiterschutzgesetze, die Einführung des Normalarbeitstages und so weiter, wie sehr gerade all das dazu beiträgt, um die wirtschaftlichen Zustände noch mehr zuzuspitzen, zu verschärfen, wie alle diese Gesetze sich auf einen immer kleiner werdenden Kreis des Proletariates beziehen, weil sich hinter jenen Schichten des Proletariates, auf die sich zum Beispiel die Arbeiterschutzgesetze beziehen, die große Masse der ungelernten Arbeiter befindet und hinter diesen die Arbeitslosen, die von den Arbeiterschutzgesetzen gar nichts fühlen. Wir sagen das fortwährend (…). Aber es wäre, und ich bin überzeugt, dass es nur unbewusst geschieht, eine Methode, das Volk zu täuschen, wenn man sagen wollte, es sei möglich, (…) aus geradezu menschenunwürdigen Zuständen direkt zu Zuständen hinüber zu gelangen, die das Ideal der Menschheit sein sollen. (Rufe: Sehr gut!) Wir wissen ganz genau: Das ist unser letztes Ziel; der Zeitpunkt des Umschlags hängt nicht von uns ab, sondern von den ökonomischen Verhältnissen. Wir haben nur das Volk auf diesen Zeitpunkt vorzubereiten. (Rufe: Das ist das Richtige!) Das ist unsere große Aufgabe. Dieser Umschlag wird eintreten mit oder ohne Sozialdemokraten, er liegt in der ökonomischen Entwicklung. Nur wenn es nicht Sozialdemokraten gibt, die all diese politischen Mittel in bewusster Weise als organisierte Partei anwenden, dann wird der Umschlag in einen Zeitpunkt fallen, wo es das Volk in der vollkommensten Vertierung und Verblödung antrifft. Unsere Aufgabe ist es nur, das Volk physisch und geistig reif zu machen, um den Moment benützen zu können …« Was am Ende herauskommt, und das ist das große Verdienst Adlers, ist nach einem deutlich gemäßigteren Parteiprogramm von 1901 eine zwar verbalradikale, doch im Kern sozialreformerische Partei. Sie ist nicht nach dem Muster der revolutionären Marxisten, sondern eher nach dem Vorbild des deutschen Ur-Sozialdemokraten Ferdinand Lassalle gestrickt, bindet aber durch ihre extremen roten Phrasen genügend radikale Kräfte, um links von ihr wenig Raum für eine starke kommunistische Partei zu lassen. Andererseits reichen die Klassenkampfparolen aus, um alle anderen politischen Lager samt der österreichischen Obrigkeit gründlich zu beunruhigen; noch dazu, wo die Roten international gut vernetzt sind und unter das Verschwörungsverdikt des bei den Eliten herrschenden Zeitgeistes fallen. Auch wenn die SDAP 1914 ihrem Spitznamen »k. u. k. Sozialdemokratie« gerecht werden und den Kriegskrediten Österreichs zustimmen wird, haben ihre Parteigänger bis dahin unter allerlei Pression zu leiden. Allein Victor Adler sitzt wegen politischer Delikte zwischen 1887 und 1900 nach 17 Anklagen insgesamt neun Monate im Gefängnis. Und als 1907 bei den ersten nach dem allgemeinen, gleichen, direkten und geheimen Wahlrecht (für Männer über 24) durchgeführten Wahlen zum Reichsrat die Sozialdemokraten mit 87 Sitzen nach den Christlichsozialen und Konservativen zweitstärkste und 1911 sogar stärkste Fraktion werden, bildet sich in den Biografien ihrer Mandatare die hinter ihr liegende Kampfzeit ab. Im Verzeichnis des österreichischen Abgeordnetenhauses, des Reichsrats des Jahres 1911, stehen bei 50 von 81 sozialdemokratischen Abgeordneten Vermerke wie »Wegen Pressevergehen wiederholt bestraft« (Max Winter, bedeutender Journalist der *Arbeiter Zeitung* und der *Unzufriedenen*, des Lieblingsblattes meiner Großmutter, der alten Haidinger, sowie Gründer der »Kinderfreunde«), »Wegen polit. Delikte wiederholt vorbestraft« (Jakob Reumann, späterer Bürgermeister des »Roten Wien«) oder »Wegen polit. Delikte zwanzigmal vorbestraft« (der italienische Abgeordnete Cesare Battisti, der im Ersten Weltkrieg als Hochverräter gehenkt werden wird). Unter den 431 Abgeordneten der anderen Fraktionen zusammengenommen ist Ähnliches nur bei 25 Personen der Fall.

Viele Zahlen, ich weiß. Verweilen Sie trotzdem noch ein wenig. Denn es lohnt, sich diese Politlandschaft am Vorabend des Ersten Weltkrieges genauer anzusehen und einen Blick in die Sitzreihen des Abgeordnetenhauses am Franzensring zu werfen. Die politisch gemaßregelten oder bestraften Abgeordneten der XII. Legislaturperiode teilen sich wie folgt auf: 28 deutsche Sozialdemokraten, 15 tschechischautonomistische Sozialdemokraten, drei italienische Sozialdemokraten, drei polnische Sozialdemokraten, ein ruthenischer Sozialdemokrat; weiters 20 Angehörige slawisch-nationaler Klubs und Parteien, vier Angehörige von Parteien des Deutschen Nationalverbandes und der Alldeutschen, sowie noch ein weiterer Abgeordneter einer anderen Fraktion.

Damit hat die Sozialdemokratie 1911 exakt doppelt so viele politisch gemaßregelte, oder treffender: politisch verfolgte Abgeordnete in ihren Reihen, wie alle anderen Klubs und Fraktionen des Reichsrates zusammen! Dokumentiert ist das alles im 1911 erschienenen Büchlein *Das österreichische Abgeordnetenhaus. Ein biographisch-statistisches Handbuch. 1911–1917. XII. Legislaturperiode* (Verlag Dr. Rudolf Ludwig, herausgegeben von Fritz Freund).

Beim Herausgeber des *Reichsrats-Handbuches* dürfte es sich übrigens um denselben Fritz Freund handeln, der bereits 1906 einen Privatdruck des, wie man mittlerweile weiß, von Felix Salten anonym verfassten Romans *Josefine Mutzenbacher. Die Geschichte einer Wienerischen Dirne. Von ihr selbst erzählt* herausgebracht hat – also mehr oder weniger zur Entstehungszeit dieses nachmals so berühmten Werks. Freunds publizistisches Wirken dürfte demnach im Sinn einer »Aufklärung« thematisch sehr breit angelegt gewesen sein … Nun gut, zurück zur seriösen Politik.

Der aus Prag gebürtige Victor Adler muss ein faszinierender, mit einem gerüttelt Maß an natürlicher Autorität ausgestatteter Mann gewesen sein. Das Österreichische Phonogrammarchiv hat uns eine Wortspende von ihm aus dem Jahr 1906 auf Edisonwalze hörbar überliefert, in der der Anhänger eines »wissenschaftlichen Marxismus« und Einiger der Sozialdemokratie vom allgemeinen, gleichen und direkten Wahlrecht als »Waffe in ihrem Klassenkampf« spricht. Wie der alte Burschenschafter (gemeinsam mit dem Schulvereinsgründer Pernerstorfer hatte er seine Kneip- und Paukstunden bei der nach ihrer Mützenfarbe so genannten »braunen Arminia« zugebracht) wirklich getickt hat, erzählt immer wieder einmal der Wiener Soziologe Roland Girtler als Anekdote, die der sozialdemokratische Publizist Alfred Magaziner einst in einer Erzählung festgehalten hat: Als der nachmalige Arzt und führende Arbeiter-Abstinentenbündler Michael Schacherl als zeitweiliger Sekretär wieder einmal einen Artikel Adlers festhalten sollte, hatte Adler, der aus seiner Studentenzeit das Getränk gewöhnt war, Bier kommen lassen. Für sich und den Sekretär. Schacherl weigerte sich zu trinken. Worauf Adler fragte: »Warum wollen Sie das Bier nicht? Haben Sie Tripper?« »Nein«, antwortete Schacherl, »ich bin abstinent.« »Also Tripper im Hirn«, antwortete Adler trocken, und begann sein Bier zu trinken.

Auch wenn ausgerechnet sein eigener Sohn Fritz 1916 zum politischen Attentäter des Ministerpräsidenten Graf Stürgkh wird, so ist der alte Adler quasi der Hofrat der Sozialdemokratie. Adler junior und andere Parteilinke kritisieren das an ihm und dem besonders wetterwendigen Genossen Karl Renner (1870–1950) als »Verchristlichsozialisierung« der Arbeiterbewegung (tatsächlich hat auch die Lueger-Partei einen, wenn auch kleineren, Arbeiterflügel) und wollen lieber eine gesamtdeutsche Revolution und das Ende Österreichs. Der linke Parteiintellektuelle Otto Bauer lehnt die »Verknüpfung des deutschen Volkes an den verwesenden Leichnam der Habsburgermonarchie« ab.

Doch da sei der k. u. k. Sozialdemokrat Victor Adler vor! Er ist für den Erhalt der Donaumonarchie. Seine besondere Abneigung gilt dem zaristischen Russland, er bleibt der deutschen Kultur und der entwickelten österreichischen Zivilisation eng verbunden und gibt diese Linie auch für seine Partei vor. Ein kollektives Abgleiten in kommunistischen oder anarchistischen Terror ist da nicht drin.

An solchen Haltungen beißen sich totalitäre Ideologen und Banditen die Zähne aus. Nicht umsonst meint der italienische Kommunist Antonio Gramsci in seiner Wut über das Scheitern der bolschewistischen Revolution im Westen nach 1918: »Im Osten war der Staat alles, die Zivilgesellschaft war in ihren Anfängen und gallerthaft; im Westen bestand zwischen Staat und Zivilgesellschaft ein ausgewogenes Verhältnis, und beim Wanken des Staates entdeckte man sogleich eine robuste Struktur der Zivilgesellschaft. Der Staat war nur ein vorgeschobener Schützengraben, hinter welchem sich eine robuste Kette von Festungen und Kasematten befand ...«

Und auch Lenin ärgerte sich 1918. In den westeuropäischen Ländern sei es »schwieriger, die Revolution zu beginnen, weil sich dort der hohe Stand der Kultur gegen das revolutionäre Proletariat auswirkt und die Arbeiterklasse sich in Kultursklaverei befindet.« Diese Kultursklaverei vulgo Zivilgesellschaft ist – auch – ein Verdienst der »k. u. k. Sozialdemokratie« gewesen.

VISIONÄRE UND OBSKURANTEN
AM RAND DES ABGRUNDS

Über allem Zwist und Hader sitzt – Sie erinnern sich an ihn – der Kaiser. Er steht dem Fortwursteln vor und wirbt um Russlands Gunst, ohne von Deutschlands Seite zu weichen. 1881 schließen Zar, Kaiser und Kaiser einen feinen Dreikaiserbund, und 1882 tritt Österreich der Allianz Deutschlands mit Italien bei, die so zum »Dreibund« wird. Mit Großbritannien schließlich geht man eine Mittelmeer-Entente ein. Viele dieser und anderer Abkommen sind reine Defensivbündnisse und werden im Fall eines Angriffskriegs nicht schlagend.

Gegen einiges an dieser Politik, vor allem gegen das Engagement in Bosnien und die enge Allianz mit Preußen-Deutschland, wendet sich der intellektuelle, aber verhaltensoriginelle Thronfolger Erzherzog Rudolf. Der einzige Sohn Franz Josephs ist ein Liebhaber der schönen Frauen und der schönen Künste, er gebärdet sich wie seine Mutter, die Kaiserin Elisabeth, als Begierde-Magyar – in den Augen seines realpolitisch denkenden, nüchternen Vaters nicht gerade eine günstige Ausgangsposition für einen künftigen Kaiser. Außerdem hat er unpassenden Umgang mit linksliberalen Freunden wie dem Freimaurer und Autor des *Tierlebens* Alfred Brehm oder dem Journalisten Moriz Szeps. Dass Rudolf selbst Angehöriger des Freimaurerbundes gewesen sein könnte, hält der Wiener Forscher und zeitweilige Direktor des Freimaurermuseums in Rosenau/Niederösterreich Rüdiger Wolf heute für wenig wahrscheinlich. Der auf Schritt und Tritt überwachte Kronprinz hätte dazu extra nach Ungarn fahren müssen, weil die Freimaurerlogen bis 1918 in Cisleithanien verboten bleiben. Aber als ein »stiller Gesellschafter« der Bruderschaft sei Rudolf durchaus anzusehen, meint Wolf.

Am 30. Jänner 1889 (nur einen knappen Monat nach dem SDAP-Parteitag in Hainfeld, was aber keinen kausalen Zusammenhang hat) trifft am Hof die Todesnachricht des Erzherzogs ein. Er hat sich, so die bis heute gängigste Version, gemeinsam mit seiner jungen Geliebten Mary Vetsera in Mayerling das Leben genommen. Seine Tochter Elisabeth wird dereinst in zweiter Ehe den roten Lehrer Leopold Petznek heiraten und als überzeugte Sozialdemokratin einen möglichen innerfamiliären ideologischen Kreis schließen.

Im Nachlass von Rudolf findet sich ein bemerkenswertes Schriftstück, das offenbar nicht für die Öffentlichkeit bestimmt und als *Gebet* bezeichnet ist: »Du mächtiger Lenker der Gestirne, Du Schöpfer und Herr … Gebieter des Weltalls; Jahrtausende von Deinen Werken verehrt; Du olympischer Zeus der Hellenen; segenspendende Isis der Ägypter, Brahma der Inder, Sonnengott der Perser, mächtiger Allah! des Islams, versöhnender Gott der Liebe Jesus, als Mensch am Kreuz gestorben … Du Schöpfer des menschlichen Geistes, lasse uns fortschreiten in wahrer Erkenntnis, in der Art der Veredelung des Denkens. In gleicher Liebe wechselseitig vereint, mögen Deine Völker preisen immerdar: den Herrn des Weltalls.«

Ein Bruder der Freimaurer im Geiste? Oder doch nur ein esoterischer Schwärmer ohne Hintersinn? Jedenfalls ein Kosmopolit, bar jeder totalitären Gesinnung.

Nach Rudolfs Ableben und dem Tod von Franz Josephs nächstjüngerem Bruder Karl Ludwig 1896 wird dessen Sohn Erzherzog

Franz Ferdinand zum Thronfolger. Er führt den Namen Habsburg-Este, da ihm zusätzlich das Erbe dieser Nebenlinie übertragen worden ist. Und er ist von ganz anderem Schlag, als es Rudolf gewesen ist oder noch geworden wäre. Seine Vision ist die eines föderalistischen Österreich, eines Bundesstaates, in dem jede Nationalität ihren eigenen Teilstaat besitzt. Als diese Pläne ruchbar werden, hassen ihn besonders die Ungarn, die erkennen, dass sich die Vorhaben vor allem gegen ihre Magyarisierungspolitik richten. Franz Ferdinand wird im Belvedere, seinem Wiener Domizil, eine Schattenregierung als Gegengewicht zu »Schönbrunn«, also den alten Ministern des Kaisers, aufbauen, darunter junge Vordenker wie der christlichsoziale Journalist Friedrich Funder. Dazu kommen aber auch noch rauere Gesellen, forsche Machertypen wie Alexander von Brosch, der Chef von Franz Ferdinands Militärkanzlei. Sie werden den Hof genauso irritieren wie die Tatsache, dass der Habsburger die rangmäßig weit unter ihm stehende Gräfin Sophie Chotek heiratet, die dann zwar zur Fürstin von Hohenberg erhoben wird, aber deren Kinder von der Thronfolge ausgeschlossen bleiben.

Noch vor der Einführung des allgemeinen Wahlrechts hat eine wechselseitige Obstruktionspolitik der tschechischen und deutschen Parteien den Reichsrat lahmgelegt. 1897 erlässt der Regierungschef des Kaisers, der polnische Graf Kazimierz Badeni, eine Sprachenverordnung für Böhmen und Mähren, die den Streit zwischen Tschechen und Deutschen eskalieren lässt. Im Reichsrat wird geschrien und geprügelt, und Dauerreden, die sich von 9 Uhr morgens bis 9 Uhr abends hinziehen, legen das parlamentarische Leben lahm. Auseinandersetzungen wie diese werden nicht nur vom amerikanischen Schriftsteller Mark Twain, der sich gerade in Wien aufhält, registriert, sondern werden auch bei den Österreichern das Vertrauen in den Parlamentarismus für Jahrzehnte zerstören. Badeni wird schließlich entlassen, die Probleme aber bleiben.

Eine Flut von Denkschriften zur Nationalitätenfrage, wie die des Banater Rumänen Aurel Popovici zu den »Vereinigten Staaten von Groß-Österreich« und dergleichen, erscheint, die später den Völkerbund und sogar die russische Sowjetverfassung beeinflussen wird, das akute Dilemma Österreichs aber nicht auflöst. Viele künftige internationale Politgrößen lernen hier denken oder weiterdenken. In den Jahren zwischen 1907 und 1914 halten sich Gestalten wie Lenin, Stalin, Trotzki und Hitler aus unterschiedlichen Gründen in Wien oder wie Josip Broz Tito in Wiener Neustadt auf. Ist es ein Wunder, dass Sigmund Freuds Couch ausgerechnet in Wien steht?

Die in der Hauptstadt herrschenden Christlichsozialen werden immer konservativer, haben ihre Anhängerschaft mittlerweile auch auf dem flachen Land und sind zu einer Staatspartei geworden. Als Hauptfeind machen sie die »Roten« aus. Die Front zwischen zwei Lagern ist gezogen.

In den 1890er-Jahren geht's wirtschaftlich bergauf, die Gold- hat die Silberwährung abgelöst, man zahlt in Kronen statt in Gulden, Minister wie Ernest von Koerber und Wladimir Beck betreiben … na, nennen wir's gnädig Realpolitik.

1908 wird pünktlich zum 60. Thronjubiläum Franz Josephs das okkupierte Bosnien nach der Revolution der Jungtürken im Osmanischen Reich formell annektiert. Über den Festzug der Vielvölker durch Wien zu Ehren des Kaisers ergießen sich Spott und Hohn der Wiener über die »bloßfüßigen« Abgesandten aus den entlegensten Teilen der Monarchie. Der Nationalismus, ja der Rassenhass erreicht einen Höhepunkt.

Parallel zur kulturellen Blüte des Fin de siècle arbeiten seltsame politische Bewegungen unter der Haut der Gesellschaft, die nicht viele Menschen erreichen, aber bis ins Okkulte gehen und längerfristig böse Folgen zeitigen.

Seit 1905 gibt ein gewisser Jörg Lanz von Liebenfels in Wien eine nach der heidnischen Frühlingsgöttin Ostara benannte Heftchenreihe heraus, in der er seine »Ariosophie« niederlegt, eine Lehre, die den Kampf der arischen Herrenrasse über die »Äfflinge« oder »Tschandalen« beschreibt, die in mystischer Vorzeit durch Sodomie aus der schändlichen Verbindung von höherrassigen Frauen mit pygmäenähnlichen Tieren hervorgegangen seien und in Form von Juden, Negern, deren Mischlingen und anderen Untermenschen bis in die Gegenwart fortlebten. Es bleibt nicht bei harmlosem Schwachsinn, denn Lanz von Liebenfels mischt aus Elementen eines schlicht erfundenen Vorzeitrassenkampfes, verzerrten Versatzstücken christlicher Überlieferungen (für Jesus verwendet er stets den an sich korrekten Namen »Frauja« aus der gotischen Bibelübersetzung des Wulfila, tut das aber aus Gründen der »Gotisierung« des Christentums) und ganz hanebüchenem Antisemitismus eine ganz spezielle Ideologie. Schon bei Lanz werden Schädel aus rassehygienischen Gründen vermessen, tauchen erstmals die höher- und minderrassigen Gesäß- und Fußformen auf, werden Pläne zur Versklavung, Deportation und Ausmerzung der »Tschandalen«, der Minderrassigen, gewälzt.

Das alles kann man ab 1905 an Wiener Zeitungskiosken und in Trafiken kaufen. Einer, der das nachgewiesenermaßen tut, ist der junge Adolf Hitler, der so an seine »ersten antisemitischen Broschüren« kommt und Lanz 1909 sogar einmal persönlich aufsucht, um fehlende »Ostara«-Nummern von ihm zu erbitten. Der als Hilfsarbeiter arbeitende und abgemagerte Hitler erregt Lanzens Mitleid und bekommt die Hefte samt Rückfahrgeld für die Straßenbahn geschenkt. Überschätzen darf man diesen Einfluss nicht, aber in Lanz' Verein, dem »Orden des Neuen Tempels« (ONT), versammeln sich neben dem Dichter August Strindberg auch Männer aus dem Umfeld des Thronfolgers Franz Ferdinand wie Oskar Potiorek, Landeschef von Bosnien-Herzegowina.

Strindberg und selbst der jüdische Literat Karl Kraus oder Schriftsteller wie Fritz von Herzmanovsky-Orlando messen Lanz zu, mehr oder weniger wissenschaftlicher »Fachmann« für das »Rassenproblem« zu sein. Der parlamentarischen Demokratie als »Äfflingsideologie« gewinnt Lanz natürlich nichts Positives ab, zumal sein Weltbild keinerlei »soziale Gerechtigkeit« beinhaltet, sondern nur dienende Tschandalen und herrschende Arier kennt.

Lanz hisst eine Fahne mit der »Swastika«, dem Hakenkreuz, auf seiner Ordensburg Werfenstein bei Grein in Oberösterreich bereits 1907.

Nimmt man es ganz genau, dann war der Begründer der »Ariosophie« eigentlich der kauzige Wiener Schriftsteller Guido von List (1848–1919), der nicht nur das angeblich altgermanische »Armanentum« (ein von List erfundener Begriff für »Priestertum«) mit allerlei Rückblenden in sagenhaft brodelnde Urzeiten entdeckt zu haben glaubte, sondern auch eine einschlägige »List-Gesellschaft« ins Leben rief. Auf den Ideen Arthur de Gobineaus, der Theosophie Helena Blavatskys, und den zeitgenössischen Arbeiten Houston Stewart Chamberlains fußend, beeindruckte er neben Lanz von Liebenfels, der den erheblich älteren List freundschaftlich förderte, auch einflussreiche Persönlichkeiten in Österreich und Deutschland, die noch vor dem Ersten Weltkrieg der »List-Gesellschaft« beitraten. List verabscheute neben dem Judentum besonders die katholische Kirche und begann, von ihm selbst »erschaute« okkulte ersatzreligiöse Praktiken zu entwickeln, die er 1911 einem inneren Kreis der »List-Gesellschaft« zur Verfügung brachte, dem »Hohen-Armanen-Orden« (HAO).

Die »List-Gesellschaft« wurde von seinen Jüngern gegründet, nachdem 1903 eine seiner Schriften von der kaiserlichen Akademie der Wissenschaften kommentarlos zurückgeschickt worden war. Eine wohl deutliche Abfuhr für diese Art von »Wissenschaft«. Die Gesellschaft traf sich zunächst alle paar Wochen in einem Wiener Wirtshaus.

In Lists Schriften finden sich neben dem als Symbol neuentdeckten Hakenkreuz praktisch alle wesentlichen Elemente späterer Hitler'scher Weltanschauung, die über den konventionellen Nationalismus und Antisemitismus der Zeit hinausgingen: der Mythos von der Reinerhaltung des Blutes, die Feinde der arischen Herrenrasse, die »Internationalen«, also die katholische Kirche, Juden und Freimaurer; der kommende ario-germanische Weltkrieg, der geführt werden müsse, »um die Tschandalenbrut wieder in ihre Fesseln der Kultur zu schlagen, die sie freventlich zerbrochen haben, damit Ordnung geschaffen werde und der Herrenmensch wieder zu seinem ihm abgelisteten und abgegaunerten Herrenrecht gelange …«; ein pangermanisches Deutschland, das aus Deutschen, Engländern, Holländern und Skandinaviern bestehen solle, und schließlich der Mythos des »Starken von Oben« – der ersehnte germanische Volksführer würde als Gottmensch regieren und keinem Gesetz unterliegen. Erkennbar sei er daran, dass er aus jedem Kampf als Sieger hervorgehe. Der Starke von Oben habe immer recht. Denn er sei im Einklang mit den Naturgewalten und in alten Sagen schon als Retter der Germanen prophezeit. Er könne nicht irren. Der Endsieg sei ihm gewiss.

List schreibt, dass sich Reste der reinen ariogermanischen Rasse in entlegenen Gegenden erhalten haben, »in den Elbniederungen, in Niederösterreich, in den Tälern der Krems, der Kamp und der Isper«. Der Kamp durchfließt das Waldviertel, aus dem sämtliche Verwandte Hitlers stammen …

So mancher mörderische Unsinn entstammt also einer Runde von Wiener Wirrköpfen, die sich ihrem skurrilen Mentor, dem rauschebärtigen Guido von List, zu Ehren jeden zweiten Mittwoch um acht Uhr abends in einem Wirtshaus in der Währinger Straße 67 zum Trunk traf. Das war die von dem Wiener Juristen und Soziologen August Maria Knoll sogenannte »österreichische Narretei«, die nur mehr auf das »preußische Schwert« wartete, das ihr zum Durchbruch verhelfen sollte.

VON FALKEN UND ERLEGTEN TAUBEN

Wir sind einigen Narren begegnet, aber lassen wir trotzdem die Kirche im Dorf. Auch wenn es jetzt gerade nicht den Anschein hat, denkt nur eine Minderheit in der Bevölkerung an die Auflösung der österreichischen Monarchie. 1905 haben sich die Deutschen und die Tschechen in Mähren in einem »Ausgleich« auf ein Zusammenleben geeinigt, 1910 die Völker der Bukowina, und 1913 machen die Ausgleichverhandlungen der Nationalitäten in Galizien und sogar in Böhmen gute Fortschritte. Die meisten seiner Bewohner wünschen, dass Österreich erhalten bleibt, dieser Exot unter den Großmächten, ohne eigene Nation und ohne Kolonien in Übersee. Nur wollen halt alle ihre Mitsprache haben, und die wird in politischer Hartwährung eingefordert.

Draußen in der Welt wird derweilen die Situation am Balkan immer enger. 1903 ist in Serbien die österreichfreundliche Königsdynastie Obrenović durch einen Offiziersputsch gestürzt worden, und das russland-affine und großserbisch denkende Haus Karađorđević folgt ihr nach. Ein Handelskrieg Österreichs, der »Schweinekrieg« (1906–1910) gegen eine Zollunion Serbiens mit Bulgarien, endet mit einer diplomatischen Katastrophe für Wien, denn die Serben finden andere Absatzmärkte für ihr Borstenvieh.

Auf die Annexion Bosniens 1908 reagieren neben Russland auch Großbritannien und Italien verschnupft, zumal die österreichischen Außenminister Graf Lexa von Aehrenthal und Graf Leopold von Berchtold in ihrer zuerst mehr und dann weniger aktiven Südostpolitik zwar nicht militärisch in die beiden Balkankriege 1912/13 zwischen den Osmanen und den neuen slawischen Nationalstaaten eingreifen, aber durch die Schaffung eines eigenständigen Albanien (um Serbien den Weg zum Meer zu versperren) wiederum die italienischen Interessen empfindlich stören. Österreich gerät immer mehr in diplomatische Abhängigkeit von Deutschland, das seit 1888 von Kaiser Wilhelm II. regiert wird, der hochfliegende Großmachtpläne zu Land und zur See hat.

Aber an wen sonst sollte sich Österreich auch groß anlehnen? 1913 ist Serbien aus dem zweiten Balkankrieg groß und stark hervorgegangen, die Osmanen sind weitgehend aus Europa verschwunden und Österreichs Außenpolitik im Südosten ist auf der ganzen Linie gescheitert. Im ungarischen Reichsteil bringt eine

Parlamentsreform den Ministerpräsidenten István Tisza an die nahezu absolute Regierungsmacht, und Karl Graf Stürgkh, Ministerpräsident Cisleithaniens seit 1911, löst ebenso den Reichsrat auf. Im März 1914 wird die Doppelmonarchie mittels eines bürokratischen Absolutismus regiert. Cisleithanien ist de facto eine Zivildiktatur geworden, die gegen Jahresende in eine Art Militärdiktatur übergehen wird.

Einer der Obermilitärs, der Chef des Generalstabs Franz Conrad von Hötzendorf, fordert schon 1911 beharrlich einen Präventivkrieg gegen Italien, mit dem man formell ja verbündet ist. Franz Joseph winkt ab. Auch zusammen mit den muslimischen Osmanen gegen christliche Staaten zu gehen, widerstrebt ihm. Was will man von ihm? Sein großväterlicher Freund und Lieblingsfeldmarschall Radetzky ist noch 1789 (!) gegen die Osmanen ins Feld gezogen. Ach, Österreich …

Die Ermordung Franz Ferdinands und seiner Frau Sophie am Rande der bosnischen Manöver in Sarajevo am 28. Juni 1914 ist eines der meistbeschriebenen Ereignisse der Weltgeschichte. Dazu habe ich nicht mehr viel zu sagen, was Sie, meine Lieben, nicht schon wüssten. Uns ist bewusst, dass die Täter (denn der junge Gavrilo Princip, der die tödlichen Schüsse abgab, war ja nur einer von ihnen) serbische Nationalisten aus Bosnien waren, dass sie Verbindungen zum serbischen Geheimdienstler und Geheimbündler mit dem Decknamen Apis, und damit eine Tangente ins Königreich Serbien hatten.

Für Österreich war die Ermordung seines Thronerben, auch wenn er bei vielen im Land unbeliebt war, eine unannehmbare Provokation. Dazu kam, dass Wien Beweise für die Fernsteuerung der Attentate aus Belgrad zu haben glaubte. Und, nicht unwesentlich: Nach zwei sündteuren Mobilmachungen der Armee angesichts der Balkankriege, die für die Österreicher aber Trockenübungen blieben, hatte der Kaiser die Devise ausgegeben: Wenn das nächste Mal mobilgemacht wird, muss schon ein Waffengang draus werden, damit sich's auszahlt! Nach diesem Attentat konnte man nun nicht mehr zur Tagesordnung übergehen.

Im Juli 1914 weiß die Öffentlichkeit von diesen Usancen allerdings nichts. Der Wiener Geschichtsschreiber Günther Steinbach spricht in seinem Buch *Schicksalstage Europas* von einem kurzfristigen »Bin Laden«-Effekt: »Österreich wurde zugebilligt, dass es etwas gegen diese Art von Terrorismus tun müsse und dass Serbien – das durch seine Agitation gegen die österreichisch-ungarische Monarchie zumindest moralisch für das Attentat mitverantwortlich war – bestraft werden sollte.«

Dazu kam, dass die Österreicher um den letzten Rest ihres ohnehin schon recht ramponierten Ansehens als Großmacht fürchteten, wenn sie auf die Provokation des Attentates zu schwächlich reagierten, und dass ihre stärkeren deutschen Verbündeten sie nicht mehr ernst nehmen würden. Also wurde der Standpunkt des Bündnispartners erkundet. Graf Hoyos, Bürochef des Außenministers Graf Berchtold, wurde nach Berlin zu Kaiser Wilhelm II. geschickt.

Die Deutschen schwankten. Kaiser Wilhelm II., mit dem ermordeten Thronfolger befreundet und knappe zwei Wochen vor dem Attentat noch zu Besuch bei ihm auf seinem Schloss Konopischt in Böhmen, sagte dem österreichischen Abgesandten vor dem Mittagessen, dass man vorsichtig sein müsste; die Folgen eines Vorgehens gegen Serbien wären schwer einzuschätzen. Nach dem Essen hatte er es sich überlegt. Jetzt versprach er volle Unterstützung, wenn Österreich energisch gegen Serbien vorgehen würde – und drängte ausdrücklich darauf. Das war am 5. Juli, eine Woche nach dem Attentat. Die Deutschen wollten Österreich nicht schon wieder – wie in den Balkankriegen – von einem Eingreifen abhalten und es womöglich als Verbündeten verlieren. Von da an bestimmte diese Linie die deutsche Politik. Und es gab dort auch Politiker, die ohnehin glaubten, Deutschland sollte besser jetzt als später einen Krieg für die ihm zustehende Weltmachtrolle führen. Damit, und man beachte das frühe Datum, war für die Österreicher die Entscheidung gefallen. Am 7. Juli beschloss der österreichische Ministerrat die Vorbereitung des Krieges gegen Serbien. Um die Form zu wahren, sollte dem ein diplomatisches Vorspiel vorhergehen: ein Ultimatum mit möglichst unannehmbaren Forderungen.

Das vorzubereiten, dauerte noch einmal mehr als eine Woche. Und noch weitere Zeit ließen die Österreicher vergehen – um eines Kalküls willen. Weil nämlich der französische Staatspräsident Henri Poincaré Mitte Juli einen Staatsbesuch bei seinem Bündnispartner, dem Zaren, absolvierte, sollten die Forderungen in Belgrad erst übergeben werden, wenn der Franzose wieder abgereist war. Das sollte Absprachen in St. Petersburg erschweren …

Während sich der französische Präsident am 23. Juli gerade von seinen russischen Gastgebern verabschiedete, überreichte Baron Giesl, der österreichische Gesandte in Belgrad, das Ultimatum. Der englische Außenminister Edward Grey nannte es das formidabelste Dokument, das je von einem Staat an einen anderen gerichtet wurde. Österreich-Ungarn verlangte eine offizielle Distanzierung der serbischen Regierung von allen antiösterreichischen Aktionen, das Verbot einschlägiger Vereine und Publikationen sowie die Entlassung und Bestrafung von österreichfeindlichen Beamten und Offizieren. Und die am weitesten gehende Forderung: die Duldung der Beteiligung von österreichischen Behördenvertretern an der Durchführung dieser Maßnahmen und an den Untersuchungen gegen die Mitverantwortlichen für den Mord von Sarajewo in Serbien selbst. Eine Antwort wurde binnen 48 Stunden verlangt. – Hier endete das Verständnis der Weltöffentlichkeit für Österreichs Standpunkt. Besorgnis kam auf, und auf internationalen Druck verlängerte Österreich die Frist.

Jedenfalls übergab der serbische Ministerpräsident Pašić knapp vor Ablauf des Ultimatums am Nachmittag des 25. Juli Baron Giesl die Antwort. Es war ein sehr geschickt abgefasstes Papier. Im Prinzip sagte Serbien alles zu, was Österreich verlangt hatte, außer dem Einsatz offizieller österreichischer Vertreter in Serbien. Aber man schlug wenigstens vor, darüber zu verhandeln.

Wieder Günther Steinbach: »Baron Giesl hatte nicht viel Zeit, diesen wichtigen Text, der immerhin über Krieg oder Frieden entschied, zu studieren: Der Zug, mit dem er auftragsgemäß Belgrad verlassen sollte, wenn das Ultimatum nicht ohne Einschränkung angenommen würde, fuhr eine halbe Stunde nach der Übergabe der serbischen Antwort von Belgrad ab. Giesl stellte fest, dass die Antwort keine bedingungslose Annahme der österreichischen Forderungen war, brach die diplomatischen Beziehungen ab, bestieg den Zug und war nach wenigen Minuten am anderen Ufer der Save auf dem Gebiet der Monarchie. Damit war die Situation sehr ernst geworden. (…) Geradezu gewaltsam mussten die Gelegenheiten übergangen werden, doch noch zu einer friedlichen Lösung zu kommen.«

Am Dienstag, dem 28. Juli, telegrafierte der österreichische Außenminister Graf Berchtold nach Belgrad die österreichische Kriegserklärung. Was Berchtold nicht wusste: Kaiser Wilhelm hatte, eben aus dem Urlaub zurückgekehrt, wenige Stunden vor der österreichischen Erklärung die serbische Antwort für ausreichend befunden und keinen Grund mehr für einen Krieg gesehen. Aber – Absicht oder Schlamperei: Der deutsche Reichskanzler Bethmann Hollweg gab das erst nach Wien weiter, als Österreich Serbien bereits den Krieg erklärt hatte.

Doch im Grunde war dem Großteil der österreichischen Öffentlichkeit die ganze Sache mit dem Ultimatum schon egal. »Niemals wurde ein Krieg für eine gerechtere Sache begonnen als der, für den sich nun Österreich erhebt« beginnt der Leitartikel der vom Freund Franz Ferdinands, Friedrich Funder, als Chefredakteur geleiteten *Reichspost* am 28. Juni 1914. Neben dessen Schlagzeile: »Anklage vor Europa!« wird die Marschroute in einem Gedicht Richard von Kraliks vorgegeben:

Oestreichs Heil und Oestreichs Ehre,
Seine Kraft und seine Wehre
Standen nie in bess'rer Hand:

Mit uns fordern heil'ge Mächte
Nur das Gute, das Gerechte:
Sühne für Franz Ferdinand!

Es konnte also losgehen. Und die meisten, die hinaus ins Feld ziehen mussten, glaubten, schon nach wenigen Wochen wieder als Sieger nach Hause zurückkehren zu können.

Wer hatte den Krieg gewollt? Ach, Herrschaften, fragen Sie mich was Leichteres! Derjenige, der den Anlass dazu bot, jedenfalls nicht. Zumindest deutet nichts darauf hin. Franz Ferdinand war kein »Falke« wie die Kriegstreiber im Außenministerium, aber er hatte auch nicht das Zeug zum Heiligen. Der Bewohner des Belvederes war in seiner fahrigen Art jedenfalls ein passenderes Abbild seiner zerrissenen Epoche als Erzherzog Karl Franz Joseph, der dann statt ihm als Kaiser Karl I. die letzten zwei Jahre auf dem Thron absitzen musste.

Karl, dynastisch denkend und von schlichter Frömmigkeit, war in seiner Grunddisposition vielleicht der letzte typische, in ätherischer Zeitlosigkeit verharrende Habsburger, und als Karl I. von Gottes Gnaden im Zeitalter von Automobil, Luftkrieg, Sozialismus und Zwölftonmusik ein Anachronismus. Ganz im Gegensatz zum bodenständigeren Franz Ferdinand, der sich trotz seiner traditionellen Erziehung zum weihevollen Gottesgnadentum aufbrausend nahm, was er wollte, *against all rules* seine böhmische Gräfin heiratete, seine Aggressionen mit einem manischen Hang zum industriell Massenhaften an unschuldigem Wild auf der Jagd abreagierte – und von Männern umgeben war, die teilweise schon die Züge des fatalen 20. Jahrhunderts trugen: Brutalinskis, die alt-feudale Arroganz mit dem Willen zum modernen, technisierten Krieg vereinten. Diejenigen, die den Krieg nach dem Tod des Thronfolgers führten, nahmen den Waffengang zumindest billigend in Kauf.

Franz Joseph I. – 1914 noch nicht senil – ließ seine Armee, ganz so wie er es seit 1848 gewohnt war, sehenden Auges ins Gefecht marschieren. Für ihn war es der dritte Balkankrieg. Skeptisch war der ungarische Ministerpräsident Tisza, ließ sich dann aber vom »Blankoscheck« der Deutschen überzeugen. Deren Wilhelm II., der dann irgendwann einmal sagte, er »habe es nicht gewollt«, ließ sich von seiner Militärmaschine namens Generalstab gängeln und unterwarf sich ihrem Kriegsdiktat. Der »liebe Willy« hatte seinem russischen Vetter, dem »liebsten Nicky«, in seinen skurrilen Briefen noch ewige Freundschaft geschworen, doch auch der Zar war von Kriegshetzern umgeben. Ihr großes Ziel war es, Österreich vom Balkan zu vertreiben. Das Kuscheln der Deutschen mit den Osmanen, den Erzrivalen der Russen, und das wirtschaftliche Engagement deutscher Unternehmen, die dort ihre Bagdadbahnen bauten, beunruhigten St. Petersburg noch zusätzlich. Und dass Entente-Politiker wie der französische Staatspräsident Poincaré nach Krieg geradezu lechzten, war ohnehin offenkundig. Revanche für alle erlittene Schmach durch die Deutschen, und überhaupt … Die Briten hatten noch am wenigsten Anlass, sahen jedoch immerhin eine Möglichkeit zur Begradigung weltpolitischer Schieflagen, auch in Übersee.

Franz Joseph aber hatte seine Funktion als Schleusenwärter für die Flut an Ereignissen erfüllt. Ab dem 28. Juni folgte eine Kriegserklärung auf die andere und ergab eine deutliche Schlagseite: Österreich, Deutschland, das Osmanische Reich (das sich seit 14. November 1914 offiziell im Dschihad befand) und ab 1915 noch Bulgarien praktisch gegen den Rest der bewaffneten Welt. Nur Italien hielt sich zunächst noch zurück, da der Dreibund ein Defensivbündnis war und Österreich Serbien den Krieg erklärt hatte und nicht umgekehrt. Die Italiener eröffneten dann im Mai 1915 die Front, und zwar an der Seite der Entente gegen das Habsburgerreich, um ihre Grenzen in Tirol zu begradigen und weil sie lieber an der Seite der Engländer als gegen sie gingen. Verräterische »Abruzzenschufte« nannte sie die österreichische Propaganda. »Ein Treubruch, dessengleichen die Geschichte nicht kennt«, formulierte es etwas nobler, aber nicht weniger heftig der alte Kaiser.

Das erste Kriegsjahr 1914 hat Österreich-Ungarn nach schweren Kämpfen und verheerenden Niederlagen gegen die Russen in Galizien und die Serben auf dem Balkan 190 000 tote, 490 000 verwundete und 280 000 gefangene oder vermisste Soldaten gekostet. Die Deutschen, selbst im Zweifrontenkrieg, müssen aushelfen, damit die k. u. k Armee standhalten kann. Gemeinsam überstehen die Verbündeten im Stellungskrieg die Winterschlacht in den Karpaten.

1915 kommt die italienische Offensive gleich wieder zum Stehen, die Österreicher halten am Isonzo stand, die Verluste aber sind groß. Der Weltkrieg wird die letzte große Bewährungsprobe für die stolze k. u. k. Kriegsmarine.

Der Preis für die reichsdeutsche Hilfe ist die militärische Unterordnung der k. u. k. Armee unter ein gemeinsames Oberkommando an der Ostfront, das man »Oberost« nennt. Fortan bestimmt nicht mehr Generalstabschef Conrad von Hötzendorf die Linie, sondern die preußischen Generäle Paul von Hindenburg und Erich Ludendorff dirigieren und führen den Krieg.

Der Sozialdemokat Karl Renner hat einmal von der österreichischen »Tyrannei, gemildert durch Schlamperei« gesprochen. Dieses niedliche Wort gewinnt im Krieg eine bittere Note, denn der Agrarstaat Österreich fällt in die Starre einer Hungerblockade, weil alle, vor allem die Ungarn, ihr Getreide und andere Nahrungsmittel für sich behalten wollen und die Organisation der Verteilung vielfach versagt. Die rationierten Lebensmittel an der »Inneren Front« werden weniger, teurer und immer schlechter, Hunger bricht aus. Die Italienfront gräbt sich ein. Die Polen rufen einen eigenen Staat aus. Friedrich Adler erschießt im Oktober 1916 im Hotel-Restaurant Meissl und Schadn am Neuen Markt in Wien den Ministerpräsidenten Karl Graf Stürgkh, der dort gerade speist. Adler ruft: »Nieder mit dem Absolutismus, wir wollen den Frieden!« Wenig später schreibt die sozialdemokratische *Arbeiter Zeitung*: »Die lange Kriegsdauer schuf eine Unmenge von Denkwürdigkeiten, an die man früher gar nicht dachte. Wer hatte bei uns eine Ahnung von Lebensmittelkarten; wer mochte es glauben, daß Gemeinden und Staat so tief in das Privatleben eingreifen werden, daß einem vorgeschrieben werden wird, wann man Fleisch essen darf, wann die Verwendung von Fett verboten ist, wie groß die Menge der verschiedenen Lebensmittel ist, die man genießen darf?« Und am 15. November 1916 an gleicher Stelle: »Die Organisation des Materiellen ist jetzt das Allheilmittel. Hunger, Kälte oder Kleidermangel sind nicht mehr eine rein persönliche Angelegenheit. Der Krieg macht diese Bedürfnisse zur allgemeinen Sorge, weil davon der Bestand und die Entwicklung der ganzen Gesellschaft abhängig ist.«

Am selben Tag, kurz nach der neunten Isonzoschlacht, lässt sich mein Großonkel Josef Ilek in seiner Korporalsuniform heroisch auf kahlem Felsen stehend ablichten, dort unten irgendwo zwi-

Der brave Soldat Ilek
am Abgrund ...

schen der Anhöhe Fajti hrib, Kostanjevica, dem Dorf Hudi log und dem Fluss Timavo bei Monfalcone in Friaul-Julisch Venetien. Auf die Feldpostkarte kritzelt er schnell: »Felde 15.11.1916. Euer Pepschl« Dann gehen die Lichter aus. Am 21. November 1916 stirbt Franz Joseph I.

DIE ERBEN

21. November 1916. 21.05 Uhr. Wir halten inne. Mitten im Film. Standbild. Der alte Mann liegt im Schloss Schönbrunn auf dem Sterbebett, das von einem Dutzend Menschen, Verwandten und Höflingen, umringt wird, und hat soeben seinen Geist ausgehaucht. Von seinen 86 Lebensjahren hat er 68 als Kaiser verbracht. Ist Ihnen aufgefallen, wie wichtig Franz Joseph war? Und wie wenig er selbst dazu getan hat? Vermag ein einzelner Mensch überhaupt so viel zu bewegen, dass man ihm mit Fug und Recht nachsagen kann, er habe ein wahrhaft großes Leben geführt? Größer als die Leben seiner knapp 52 Millionen Untertanen?

Seine letzten Worte um 20 Uhr sind gewesen: »Bitte, mich morgen um halb Vier wecken; ich bin mit meiner Arbeit nicht fertig geworden.« Ein pflichtbewusster Mann. Aber reicht das auch aus, um einen großen Monarchen aus ihm zu machen? Oder ist es die falsche Frage? Ist es wirklich so entscheidend, was ein Einzelner zuwege bringt?

Wir haben gesehen, was alles in und rund um Österreich vorgegangen ist – von grauer Vorzeit bis zum 21. November 1916, 21.05 Uhr, und wir sind vielen, so vielen Getriebenen begegnet, die als Gefangene ihrer Zeit gehandelt haben – von Ötzi bis zum alten Kaiser. Trotzdem waren sie für ihre Taten verantwortlich. Sollte uns das nicht nachdenklich machen, wie viel oder wenig wir selbst in unserer Umwelt aus eigener Verantwortung heraus schaffen und wie frei wir in unserem Tun wirklich sind? Andererseits, brauchen wir für eine solche Erkenntnis überhaupt Geschichte? »Und die Geschichte, mit der ihr mich quält! Die alte ist gewiss nicht wahr, und die neue erlebe ich«, lässt Marie von Ebner-Eschenbach in ihrer Novelle *Das Schädliche* das 14-jährige Mädchen aus gutem Hause namens Lore maulen. Die Dichterin aus Mähren teilt mit dem Kaiser Geburts- und Sterbejahr (1830–1916), und die Erlebnisse einer Generation.

Gewiss, man muss nicht unbedingt Wissen um die Geschichte haben, die doch laut einem Diktum Voltaires nur die Lüge ist, auf die man sich geeinigt hat. Man muss nicht, aber es hilft. Es hilft zu begreifen, was man sieht, wenn man alter Römersteine oder Ritterburgen in der Landschaft gewahr wird, es hilft zu begreifen, was eine Kirche ist und was sie den Menschen einmal bedeutet hat, was Obrigkeit geheißen hat, wie schwer der Lebenskampf war und wie allgegenwärtig der irdische Tod gewesen ist. Es hilft zu begreifen, dass Krieg ein Normalzustand war und wie kostbar und zugleich gefährlich ein Buch sein konnte, in dem etwas Neues zu lesen stand; es hilft die eigenen Leidenschaften besser einschätzen zu können, wenn man einen Eindruck von jenen der Altvorderen gewonnen hat, und vor allem helfen ihre Schatten dabei, gewisse Gewohnheiten und Verhaltensweisen deuten zu können, die wir heute noch an uns und anderen wahrnehmen. Oder wahrzunehmen glauben. Vielleicht kapieren wir besser, was in Österreich seit dem 21. November 1916 vorgegangen ist, wenn wir eine Ahnung davon haben, was bisher geschah.

Sie fragen, wie es weiterging? Tja, über die 100 Jahre von 1916 bis 2016 erzähle ich Ihnen einstweilen nichts, davon werden Sie noch früh genug erfahren; aber wahrscheinlich wissen Sie *eh* schon alles. »Eh«, das ist in der österreichischen Sprache eine etwas resignative Variante von »ohnehin.« Ich für meinen Teil will, ehe ich Sie wieder in die Gegenwart entlasse, nur noch mit Ihnen teilen, was ich dann und wann fühle, wenn ich mit oder ohne Reisegefährten aus manch ungemütlicheren Weltgegenden nach Hause zurückkehre und gerührt mein kleines Österreich wiedererkenne:

»Im ersten Momente standen wir alle gebannt und voll Unglauben
da, dann brachen wir, hingerissen von der unverscheuchbaren Wahrhaftigkeit unseres Glückes in den stürmischen Jubelruf aus: Land,
Land, endlich Land!«

Finis

Personenregister

Bildnachweis

Raimund Lang: Seite 9; IMAGNO/ÖNB: Seite 18, 39, 71, 88, 128, 179; IMAGNO/Wien Museum: Seite 58; Heeresgeschichtliches Museum: Seite 219, 267; Privatarchiv des Autors: Seite 307
Vielen Dank an Marco Zimprich für das Autorenfoto am Schutzumschlag.

Danksagung

Ich danke allen Lehrern meines Lebens, die mir die Geschichte Österreichs und anderer Länder nähergebracht und vermittelt haben.